逆熵

市场常青树思维与抉择

王 飙 /著

NEGENTROPY

MARKET EVERGREEN THINKING AND CHOICE

经济管理出版社
ECONOMY & MANAGEMENT PUBLISHING HOUSE

图书在版编目（CIP）数据

逆熵：市场常青树思维与抉择 / 王飙著 .—北京：经济管理出版社，2022.3
ISBN 978-7-5096-8323-1

Ⅰ.①逆…　Ⅱ.①王…　Ⅲ.①企业管理—研究　Ⅳ.①F272

中国版本图书馆 CIP 数据核字（2022）第 037774 号

组稿编辑：杨国强
责任编辑：杨国强
责任印制：黄章平
责任校对：董杉珊

出版发行：经济管理出版社
　　　　　（北京市海淀区北蜂窝 8 号中雅大厦 A 座 11 层　100038）
网　　址：www.E-mp.com.cn
电　　话：（010）51915602
印　　刷：唐山昊达印刷有限公司
经　　销：新华书店
开　　本：710 mm×1000 mm/16
印　　张：15
字　　数：253 千字
版　　次：2022 年 7 月第 1 版　2022 年 7 月第 1 次印刷
书　　号：ISBN 978-7-5096-8323-1
定　　价：68 .00 元

目　录

第一章 何以逆熵

世界的重要业务是商业[①]。

从历史上看,企业家至少和政治领袖同样重要,

那些伟大的企业家们曾经让欧洲变得强大,如今也正在让中国变得强大,

他们是和政治领袖一样重要的人物[②]。

幸福就是不断前进[③]。

企业的生命价值,就是人类现代经济文明的价值。在遵循熵增定理中,能否充分展示企业生命价值魅力,完全取决于企业逆熵能力。

企业乃商。商有熵运,熵运有道,道法逆熵。熵,热力学中表征物质状态的参量之一,反映的是一个系统的混乱程度。熵增原理指的是一个孤立系统内的自发过程,都是朝越来越混乱的方向发展,意思是向熵增的方向发展。生命就是一个熵增与对抗熵增的过程。熵运,即事物由定数与变数组合进行的一种模式,熵为定数,关乎趋势;运为变数,指时空转化。熵泛指特

---

① GE 前 CEO 杰克 · 韦尔奇所持观点。见《读杰克韦尔奇封笔之作〈商业的本质〉》,搜狐网,2020 年 3 月 3 日。

② 诺贝尔经济学奖得主罗伯特 · 蒙代尔所持观点。见《公司的力量》,中国国际电视总公司 2010 年出品的大型电视纪录片解说词。

③ 美国学者罗曼 · W. 比尔的所持的观点。罗曼 · W. 比尔《态度决定一切》第 2 页著者,海峡文艺出版社 2003 年版。

定对象与生俱来的某种定数；运却因时因势因人而改变。企业之熵、熵运如何变化，变化如何，一切皆由逆熵，皆由企业对逆熵的理解、顿悟与践行。所谓逆熵，就是抵抗熵增、改变熵运的一切理念、意识、方略及实践、行为与努力等的总和。

逆熵乃抗争，改变则是逆熵的结果。熵为一生之所归，运是一生之历程，随着时空的转化而有所不同。人，如此；组织，也如此；企业，更是如此。

第一节 企业与人类

德国物理学家埃姆登有一句话被广为流传：在自然过程的庞大工厂里，熵原理是经理，因为他规定整个企业的经营方式和方法；能原理只不过是书记员，平衡着贷方和借方。逆熵对企业很重要，企业对人类发展很重要。在现实中，商品与服务在市场（实物市场与虚拟市场）中买卖，而经济生活由企业主导。

美国经济学家德隆的研究表明，从旧石器时代到2000年的250万年间，人类花了99.4%的时间，也就是到15000年前，世界人均GDP达到了90国际元，然后花了0.59%的时间，到1750年，达到180国际元，从1750年到2000年，即在0.01%的时间里，达到6600国际元，增加了37倍。换句话说，人类97%的财富是在过去250年，也就是0.01%的时间里创造的。在250年财富迅速增长的机制就是市场经济，而公司组织正是市场的重要主体。

在现代人类经济文明范畴中，企业与人类共熵运。在今天和未来，人们会看到，企业对人类越来越重要。至少今天，人们对企业之于人类的意义还没有完全领会，部分管理层对逆熵之于企业的意义，也没有完全领会。未来，企业会倒逼政府等法人重构组织，甚至会重构人类文明——对人们的生活来讲，政党或政府的作用可能会无关痛痒，但企业却绝不可能被无视。

一、现代文明的企业影响力

现代企业无所不在的影响力已越来越被人们重视。在跨国企业左右着世界经济运行的当代，企业（本书企业一词与公司一词通用）已成为最重要的一种经济组织。企业创造财富、提供就业、带动经济增长；企业推动创造发明、产生新的时代文化；企业改变公共大众生活形态秩序、影响制度建设……

（一）决定现代文明生活的强大组织

中国国际电视总公司2010年出品的大型电视纪录片《公司的力量》，以世界现代化进程为背景，梳理公司起源、发展、演变、创新的历史，讨论公司组织与经济制度、思想文化、科技创造、大众公共生活等诸多层面之间的相互推动和影响。《公司的力量》谈道：

1883年11月18日，美国第一个全国统一铁路时刻表诞生，这一天的正午时分，美国东部的时钟全部回拨，从此，上帝的时间被改用人间的指针来度量，改变这一切的，不是宗教，不是政治，甚至不是科学本身，而是一个叫作公司的组织。

NBA是一种篮球比赛，也是一个公司，每一次完美的对决，都会转化成合约和钱，公司能将一个人，甚至一双拳头、一只脚，包装成明码标价的商品。

日本学者大前研一说过：通过被雇用，我们获得生活所需的费用，成就自己的人生，养活自己的家人，这些钱是从公司那里获得的。华盛顿大学美国企业研究中心的默里·韦登鲍姆指出：离开了有组织的商业活动，我们就不会有现代人类生活，就无法获得大多数的商品和服务，无论是公共事业、电力供应、信息通信、银行体系或仅仅是产品。哈佛大学商学院的约翰·奎奇认为：在提高生活质量方面，公司也是十分重要的促进者。

英国《经济学人》编辑阿德里安·伍尔德里奇更进一步强调：

公司是世界历史上最伟大的革命性组织之一，许多哲学家、作家和学者都曾说过，政党、国家、宗教是现代社会的缔造者，但是我认为，真正缔造了现代生活的是股份有限公司[①]。

全球化把整个人类联系得更紧密，从而彻底改变人类的发展模式。其首功非企业莫属。从产品的全球化到经营行为的全球化，再到市场经济文化与制度的全球化，无不与企业有关。

仿佛如有天命，企业注定不会安心于局部区域的发展，有人类存在的地方，企业都想去挖掘财富，而不是仅仅去看看。当然，只有企业发展到一定规模，才具有开拓全球市场的能力。与此同时，企业还会千方百计地为包括本企业在内的企业全球化创造更好的条件。自19世纪末20世纪初始，美国经历了三次企业兼并的高潮。第一次兼并浪潮发生于19和20世纪之交，主要为

---

① 《公司的力量》，中国国际电视总公司2010年出品的大型电视纪录片解说词。

同一产业部门的大企业吞并小企业。第二次兼并浪潮发生在20世纪20年代，其特点是从控制生产开始，到控制原料的供应和加工，直至最终控制销售市场。第三次兼并浪潮就发生在第二次世界大战后，从20世纪50年代中期至70年代，其特点为混合合并，即在产品的生产和销售上互不联系的企业进行合并和吞并，从而形成混合联合公司。这样的混合联合公司从一开始就不是仅以争夺美国国内市场为主要目标，而是以世界市场为导向，为世界市场设计商品。根据全球资源（物质资源和人力资源）的不同分布情况，同时在几个国家生产，并把自己的金融和销售战略瞄准世界市场。由此，通过"战后"混合兼并的美国大公司纷纷成为现代跨国公司。它们拥有巨额的资本，广泛的经营范围，并且业务经营强调"全球战略"。

（二）引领现代文明生活的决定性力量

今天已经很清晰地看到，计算机深刻影响了现代人类的生活，甚至文明进程。计算机产业的发展史显示：为了满足特定用户群对机器设备持续改良的需求，产业的发展轨迹时不时被产业中新出现的重要组件技术所打断。这些新技术更好地满足了现有用户群的需求，同时也提供了服务新用户群的可能性。20世纪40年代末和50年代初，美国和欧洲的大批企业纷纷投资计算机研发项目，希望所开发的计算机能有效赢得科学实验室、大型企业和其他组织等的青睐。20世纪50年代初IBM主要是一个打孔制表机械企业，但在电子计算能力方面有自己的优势。后续来自政府的研发合同，促进了IBM计算能力的发育。早期，产业中的另外五家进入者，也就是后来著名的"BUNCH"（Burroughs、Univac Rand、NCR、Control Data和Honeywell），组成了一个小组。再后来，GE和RCA也加入了该小组。当然，这些企业在战略、设计及生产并销售可获利的设备等方面存在差异。1954年，随着650型计算机的推出，IBM开始领先于Bunch小组。1960年，1401型计算机问世，IBM开始统治了为大量会计工作服务的电子计算机市场。IBM不仅统治了美国计算机市场，还统治了欧洲和日本计算机市场。

这就是说，人类整体现代起步，也是由跨国公司兴起的。进入21世纪，新一轮科技革命和产业变革孕育兴起，以数据为生产要素的新经济模式正在重塑全球经济格局和竞争优势，全数字化成为颠覆性创新的重要支撑；以平台经济为代表的信息经济快速发展；互联网、大数据、云计算、智能化等，在形成经济新增长点和发展新模式的同时，也在重塑人类工作与生活方式，尤其是经济文明的发展方式。默多克的新闻集团像五角大楼一样成为重要客户。来到AT&T，通信领域革命甚至更为惊人，客户对宽带像性一样沉溺。广播用15年时间争取到5000万用户，电视用同样的时间吸引到同样的观众，而互联网仅用6年就让1亿人深陷其中。当今，人们身处工业时代与信息时代的转移过程。大量法律、游戏规则正在失效，而企业已经确信成为新规则的主要推动者[①]。

二、人类越发展企业越重要

任何势力都已不能藐视企业，尽管一些势力看上去很强大，虽然其能量可以打压部分企业，但它必然要依靠另外一部分企业，因为企业在人类发展中的强势地位和作用都是不可抗拒的。20世纪五六十年代，被称为意大利的"统治阶级"也就四五千人，其中重要的私营公司和银行的总经理2000~2500人，国营公司的总经理400~500人，像工业联合会那样最主要的行业组织的头头100~200人，这三部分人超过"统治阶级"总人数的50%[②]。

当今，在仍然是以国家为单位进行全球竞争的体系下，企业尤为重要。在日本，大约每四个人中，就有一人是企业的员工，其余三人则大体是员工的后备军（青少年）、员工的家属或退休员工。换句话说，企业成为绝大多数人的归宿，几乎人人都直接或间接地从属于某家企业。东京大学经济学教授伊藤元重说过：在经济全球化进程中，情况变得越来越复杂，在其中，公司的作用越来越重要，是否拥有大量强大的公司，已经成为关乎一个国家经济实力的问题。

《公司的力量》更认为：近代以来，任何忽视市场力量，不能发挥公司组织优势的国家都逐渐凋落，唯借由公司推动市场经济的生产力、解放个人的创造力，国家才能登上世界舞台的中心。历史总在反复地验证，但历史并不会简单地重复。公司正在改变世界的权力结构，以至于人们甚至开始担心，最终有一天，公司会收购国家。

---

① 许知远：《首席执行官——新商业政治家》，百度文库2012年6月7日。
② 罗伊威利斯 上海市"五七"干校六连翻译组：《意大利选择欧洲》，1976年版。

（一）熵运变迁与企业之贡献

全球最大的发展中国家——中国，最大的熵运变迁——改革开放四十年的成功，最为主要的是企业的成功。企业，尤其是私有企业功绩甚伟。1978年，中国没有一家私有企业；2018年，中国有超过2700万家私有企业。1978年，中国企业难以参加全球竞选；2018年，在世界500强企业中，中国占120席（2019年所占席数首次超过美国）。1978年，中国经济总量占世界不到2%；2018年则接近15%，中国是全球第二大经济体。四十年，中国人均GDP按购买力平价计算增长了10倍。2017年，中国私有企业对国家税收的贡献超过50%，技术创新和新产品占比超过70%，提供就业岗位超过89%，企业数量占比和新增就业贡献率均超过90%。在中国，90%的人都是在企业里面就业，而不是在政府里面工作。

截至2019年底，中国已有市场主体1.21亿户，其中企业3858万户，个体工商户8261万户。习近平指出：这些市场主体是我国经济活动的主要参与者、就业机会的主要提供者、技术进步的主要推动者，在国家发展中发挥着十分重要的作用（2020年《在企业家座谈会上的讲话》）。

（二）国家逆熵与企业话语权

作为全球最大的逆熵引领型国家的美国，2018年，科技业巨擘苹果公司市值突破1兆美元，创下美国企业历史纪录。包括脸书、亚马逊、谷歌、微软等巨型企业快速崛起，凸显一批巨型企业掌控美国经济的趋势。这些巨型公司拥有的强大公共和政治影响，引发舆论要求应加强监管。英国《经济学人》就曾指出，在1860~1917年，全球经济因巨型新兴产业（钢铁和石油）和革命性新技术（电力和内燃机）兴起而重塑，造成长期的寡头垄断。这些大企业透过优势，让竞争对手破产并与政客建立紧密的政商关系巩固其地位。如今苹果、脸书和谷歌等企业，乘着全球化机遇，再次打造宛如1860~1917年的寡头企业高度控制的市场，世界仿佛倒退百年。《经济学人》同时也谈到，美国百大企业对全国每年GDP贡献，从1994年的33%，增长到2013年的46%；五大银行占全美银行业的总资产，从2000年的25%，上升到2013年的45%。对此，《经济学人》还要加上一句："这些都是警讯"。

经济学家麦可利表示：巨型企业崛起是当代最重要的趋势之一，并且与经济增长、经济不平等和消费者福利息息相关。自1980年以来，超过3/4的美国产业发展更为集中化。企业集中化在科技业特别明显，少数公司主宰着美国经济中增长最快速、最活跃的那部分。科技业的快速集中化趋势最明显，但在金融业、航空业和电信业也有同样情况。20世纪90年代末期，前五大银行的市场占有率仅略高于1/5，如今则掌控美国金融业一半资产；在过去十年内，美国最大的6家航空公司合并为3家，4家电信公司掌控98%的美国无线网络市场。2019年，针对美国一些政府官员提出脸书应该拆分的言论，脸书回应称，脸书拒绝将Instagram和WhatsApp拆分成独立企业，但表示接受监管。很多人都在问，为什么美国政府那么喜欢对公司开出涉嫌垄断的质疑，甚至于说热衷于拆分大公司？因为，人们担忧的不是垄断，而是垄断对人类文明的破坏，从内心深处还有对企业整体这个越来越大的庞然大物的恐惧。

在经济出现工业革命之前，整个人类一直都是处于小生产的状态，以家庭为单位进行小生产。所以这个时候除非是非常特殊的情况，基本上不会存在垄断现象。美国在19世纪末出现了很多产业的托拉斯现象，比如非常有名的，在钢铁工业出现了卡内基的钢铁垄断，在石油工业出现了洛克菲勒的石油垄断，在金融产业出现了摩根财团的金融垄断，正是这些大规模的垄断存在导致美国出现了很多产业非常严重的问题。这些垄断企业凭借自己的市场支配地位，恶性的操纵市场价格，让很多人迫不得已用高价去购买产品。也正是在这样的大背景之下，美国政府出台了反托拉斯法，凭借反托拉斯法将大量的美国垄断性企业进行拆分，就是像摩根财团直接由1家公司被拆成了2家，这就是现在也都非常有名的摩根士丹利和摩根大通。

再看一个特例：由国家力量主导的运载火箭发射，已被私人企业高调"侵占"。埃隆·马斯克的猎鹰重型运载火箭的发射成功，是人类航天史上的重大突破，表现在两个方面：第一，它是史上推力第二、现在运行的推力最大的火箭，并实现了火箭的再回收；第二，它是全球有史以来首次由私人企业发射到太空的火箭。2012年，马斯克已经发射了飞船并顺利折返，打破了航天领域过去由官方垄断的局面，开启了太空运载和发射的私人时代。2002年，这位特斯拉创始人成立了太空技术探索的Space X公司，宣布自己要研制和发射火箭，并在2010年12月8日，用公司研发的猎鹰9号火箭成功将"龙飞船"发射到地球轨道，实现私人企业发射飞船的零的突破。2020年5月30日，太空探索科技公司成功将两名美国航天总署人员送上轨道，完成该公司成立18年来最重大的任务，创办人马斯克创造了一项私人企业送航天员上太空的历史。

　　企业的影响还不仅仅如此。许知远认为，跨国公司几乎比传统民族政府更能改变普通人的生活。这些在全球飞来飞去的领导者，在柏拉图选择了哲学家，托马斯·杰斐逊选择了开明贵族，罗斯福、丘吉尔选择了政治家之后，这个时代选择了首席执行官——商业政治家，作为世界的新领袖，成为这个时代的新统治阶层。杰夫里·E.加登用"商业政治家"形容今天的企业领导者。这位耶鲁大学管理学院院长访问了40位美国最有影响公司的首席执行官，从AOL、AT&T到邦诺书店、高盛投资银行……加登指出：首席执行官们在世界舞台上正在扮演着前所未有的重要角色，他们的影响力早已渗透出商界，而进入政治、全球化、环保、贫困等诸多领域。

　　一次民意调查显示，3/4的美国人认定，商业的影响力过大。或许20世纪80年代之前的首席执行官只需要盯着他的公司，稳定地制造产品，为股东创造利润就足够了。但今天，企业领袖们一方面得盯着产品，另一方面要关注华尔街股票分析家的看法，关注企业在亚洲、欧洲的分公司员工状态，突然出现的新公司的竞争，甚至要预测拉丁美洲是否会发生革命。企业的影响力无处不在，其发挥的作用日趋重要。在面对全球环境危机面前，壳牌石油公司的重要性与英国政府同样重要。

　　英国在1640~1720年，美国在1860~1920年，两个全球工业化领先的国家发生过极为类似转变。前者是英国乡村的城市化，纺织业主取代了农庄主；而后者则是地方公司扩展成全国性的公司，个人有能力累计巨额财富，如J.P.摩根、安德鲁·卡内基这样的亿万富翁。

　　早在20世纪五六十年代，皮尔·卡丹已经建立起横跨时装、餐饮、艺术、房地产、金融等多个领域的商业帝国。而皮尔·卡丹最大的贡献，是让高贵的时装走下T型台，直接服务于平民百姓。自从第一次来到中国以后，他就怀着圣教徒一般的情怀，把万紫千红的色彩撒向这片广袤但却单调、沉闷的国度。有人称，这位商业巨头和时装大师给中国所带来的冲击和影响，恐怕是任何一位国外企业家所无法比肩的。30年里，他频繁地光顾中国，举办了一次又一次引起巨大轰动的时尚秀，把精彩纷呈的世界一下子推到了满脸惊愕的中国人面前。有"经营之神"美誉的松下幸之助，1979年6月被邓小平亲自请到了中国。中国领导人谦虚和诚恳，引发了以松下为首的一轮日本公司投资中国的热潮。从此，日本商品如潮水般涌向中国。

　　李·艾柯卡在担任福特汽车公司总裁期间，为公司创下了空前的汽车销售纪录。来到濒临破产的克莱斯勒公司后，又在短短的6年后，创下了24亿美元的盈利纪录，比克莱斯勒此前60年利润总和还要多。艾柯卡因此成为美国人心目中的英雄。《时代》周刊如此赞誉他："他说一句话，全美国都洗耳恭听。"德意志银行副行长曾给任正非女儿孟晚舟讲，华为公司默默地奋斗，改变了世界一个文化；剑桥、哈佛等学校有几篇文章写到，华为改变了世界；西方很多经济学家已经清晰认识到，华为的价值观会对世界产生很大的改变。2016年10月，《福布斯》发布"美国400富豪榜"，比尔·盖茨以资产810亿美元，第23年蝉联榜首。2019年1月，入选美国杂志评选出"过去十年影响世界最深的十位思想家"。

一个不争的事实是，企业作为经济生活的"主细胞"，已经成为现代国家持续发展的基础。研究企业，研究企业逆熵，研究企业兴衰存亡背后的决定性选择，已是必然要求。

第二节　逆熵与熵运

终极竞争力源于逆熵。逆熵是一个国家、一个民族掌控自己熵运的必然选择、自然选择、本能选择，是抗争熵增的灵魂。逆熵关系整体、全局、根本。逆熵兴则国运兴，逆熵强则民族强。企业也是如此。

逆熵是改变熵运的必由之路。能够改变熵运的要素有很多，诸如：制度与政策会改变熵运（有些也会带来熵增），因此成为法人组织逆熵的重要工具，明显的佐证是君主立宪制成就日不落帝国、封闭极权拖垮了清王朝；科学与技术会改变熵运，因此成为法人组织逆熵的重要方法，突出的例子是工业革命让欧洲免予熵寂死灭；思想与价值观会改变熵运，因此成为法人组织逆熵的重要选择，鲜明的例证是新教伦理造就美国的繁荣；教育与管理会改变熵运，因此成为法人组织逆熵的重要手段，日本脱亚入欧走向富国强兵就是很好的论据；阶层穿透、优质移民会改变熵运，因此成为法人组织逆熵的重要选项，美国就是非常有说服力的案例……

支配人们思想、观念与行为的，是理想与经济利益。没有经济利益的理想是空洞的，没有理想因素的经济利益是无力的。这是M.韦伯与R.本迪克斯的共识，也是定律。而思想、观念和理想的每一个细胞，无不打上逆熵或熵增的烙印。没有强大的企业逆熵力量，没有卓越的逆熵之企业价值观、企业精神和企业哲学信仰，再高明的管理战略也无法成功。

由此，人们看到逆熵及其文化所体现的逆熵力量和逆熵韧性。而企业及所有的法人、组织及群体集合要赢得逆熵力量和逆熵韧性。

一、逆熵力量

企业逆熵有规律，并决定企业的生命价值、兴衰存亡。纵观全球，超过百年的企业并不少见。企业生命的长短、价值的高低、发展质量的优劣，实质上无不体现逆熵力量的强弱，其中精神的作用不可或缺。考察世界各国长盛不衰的企业，会发现他们有一个共同的特征，就是不懈地追求、坚持和发扬优秀企业逆熵精神，不断推进企业逆熵，使企业得以一次次涅槃重生。其中，两大逆熵精神所呈现出的无可替代的逆熵力量，颇受关注。

（一）关键性动因实例：企业家精神之逆熵力量

2020年，有人统计，86%的富豪都是白手起家的成功者。无疑这些富豪，都是成功的企业家。企业家是企业成功逆熵的重要决定性要素，企业家精神则是企业逆熵的关键性动因之一，也是逆熵的重要力量。众所周知，日本经济的高增长不是少数精英计划的结果，而是靠国民的高储蓄率和勤劳精神以及企业家进取不已的努力达到的。

企业家一词在16世纪即已出现，其原意是指"冒险事业的经营者或组织者"。18世纪法国人用这个词定义其他种类冒险活动的人。法国经济学家理查德·坎博龙将企业家精神定义为"承担不确定性"；萨伊《政治经济学概论》第一次将企业家列入经济发展的要素之一。法国经济学家让·巴蒂斯特·赛伊认为，企业家就是冒险家，是把土地、劳动、资本三种生产要素结合在一起进行活动的第四种生产要素，企业家承担着可能破产的巨大风险。英国经济学家阿尔弗雷德·马歇尔认为，企业家是以自己的创新力、洞察力和统率力，发现和消除市场的不平衡性，给生产过程提供方向，使生产要素组织化的人。1942年"创新主义经济学之父"美籍奥地利经济学家约瑟夫·熊彼特在《资本主义、社会主义与民主主义》中，使"企业家"这一独特的生产力要素成为最重要要素。熊彼特指出，创新是企业家对新产品、新市场、新的生产方式、新组织的开拓以及新的原材料来源的控制调配。企业家被称为"创新的灵魂"。创新，对传统生产力要素的重新组合，使企业家成为企业的催生婆或者是走出困境的领路人。

约瑟夫·熊彼特说，创新就是一种新的组合，一种产品或技术从无到有一定是组合而来的。而组合就是一种想象力。许多美国人以为是福特发明了汽车，其实无论在欧洲还是美国，乃至他本人的家乡，都有很多人这么认为。福特说：我什么都没有发明，我只是把其他人的发明组合起来了而已。当然，福特其实也确实做出了非常令人震惊的新发明，这并不是说他创造了效率高于过去五倍的自动生产线。他真正的天才创意还有：每个人都应该拥有一辆汽车的理想。

大前研一认为，企业家应有统筹全局、高瞻远瞩的战略头脑，善于根据市场变化，抓住关键因素，制定扬长避短、取得竞争优势的企业战略的能力。彭罗斯在《企业成长理论》中认为，企业家的素质在于创见的多面性、取得信任的说服力、野心和冷静的判断力等多项能力的综合。企业家机能的根本重要性在于预见未来和发现生产机会的能力。

一般认为，现代企业家精神由三要素组成：首先，以事业为重，有为事业艰苦奋斗、勤俭节约的精神。马克斯·韦伯认为，货币只是成功的标志之一，对事业的忠诚和责任，才是企业家的"顶峰体验"和不竭动力。其次，是开放的心态和与时俱进的创新精神。最后，有公共责任感和历史责任感。企业家精神是带来改变的重要原动力，能够给企业带来创造性的想法，并帮助企业增长、盈利。作为市场竞争的主体，企业要发展、要生存，其组织者、管理者、经营者、领导者作用的重要性不言自明。如果企业组织者、管理者、经营者、领导者没有企业家的素质，不具有企业家精神，那么在激烈的市场竞争中，企业要发展、要生存是非常困难的。原北京大学光华管理学院院长、经济学教授张维迎，在什么是"企业家精神"的问题上又补充强调了四点：第一是对盈利机会的警觉性。在别人看不到机会的地方，能够看到机会，这是企业家与众不同之处。第二是简单化。经济学家经常会被人批评说想问题太简单，而企业家则把问题看得更简单。这或许也是企业家和管理者之间的重要区别。管理者通常把问题想得复杂，企业家则把问题想得简单。简单化当中包含很多道理，它能帮助人们抓住问题的本质，同时也给人们解决问题的勇气。第三是想象力。第四是毅力和耐心。

今天，中国互联网企业的兴起，不仅促进了中国经济的高质量发展，也引起了全球的关注，英国《金融时报》称，中国的企业家正在改变中国经济的面貌，在这个过程中，他们创造了就业，提升了中国的公平度。这些令人刮目相看的人物（企业家）的崛起，也将改变投资的面貌。显然，中国政治领域高层充分意识到这一点，因而更加重视企业家作用，高度肯定企业家精神。2017年9月8日，中共中央、国务院专门制定印发的《关于营造企业家健康成长环境弘扬优秀企业家精神更好发挥企业家作用的意见》（以下简称《意见》），就充分肯定了企业家的作用：

企业家是经济活动的重要主体，为积累社会财富、创造就业岗位、促进经济社会发展、增强综合国力作出了重要贡献。

这是新中国首次以中共中央和国务院的名义，强调企业家精神。《意见》要求营造依法保护企业家合法权益的法治环境，营造促进企业家公平竞争诚信经营的市场环境，营造尊重和激励企业家干事创业的氛围。其积极意义毋庸赘述。

（二）决定性动因实例：敬业精神之企业逆熵力量

任何目标的实现皆需人来完成，企业运行是员工在各自的岗位上一点一滴的工作组合而成。员工对工作的态度决定其付出，也决定工作成效。因此敬业精神非常重要。敬业精神是员工在心里与企业主动签订的心灵契约，是其工作主动性的主要来源。契约与主动性，显然是非常重要的关键词。在德国大多数企业中，他们长期以来形成的员工的敬业精神——实质上是一种契约精神，一直被人们所研究和模仿，这是人文环境和历史沉淀所起的作用，所以德国优秀企业的逆熵力更会被人们所关注。

经济学家科斯认为，组建企业或企业存在的原因是：利用价格机制有成本，主要是发现相对价格的搜寻成本和谈判签约成本。一是市场的谈判和签约会较多。而建立企业会大大减少这种成本，众多契约被一个契约所取代。二是建立企业是签长期契约，即用较长期的契约取代短期契约，用较少的契约取代较多的契约。契约的长度和数量的变化导致交易成本下降。显然，坚守契约、维护契约，发挥契约的作用对企业的生存与发展尤为重要。而做到这一点，从业人员的职业道德和敬业精神则至关重要。敬业精神与企业家精神一样，是企业能否持续发展的重要的决定性的逆熵动因之一。马克斯·韦伯在《新教伦理与资本主义精神》中写到：这种需要人们不停地工作的事业，成为他们生活中不可或缺的组成部分。事实上，这是唯一可能的动机。职业不仅是换取财富的工具，货币只是成功的标志之一，对事业的忠诚和责任，才是从业者的精神动力。敬业精神有两个重要的组成部分：其一，是对工作本身的认真敬业；其二，是对服务对象的尊重关怀。这两者构成了企业生存与发展特别需要的从业者的宝贵素质。哲学家马丁·布伯认为，我们对待他人有两种态度：一种是我与他的关系，将其他人看成非人的他者，或者说是实现目的的工具和手段；另一种是我与你的关系，放下自己的期待和目的，关注对方的兴趣与利益，这样的关系出于尊重、友谊和爱。

保持敬业精神并非易事，其中必须要知道为什么而工作。并非所有的内容都能与人们的优势匹配，但知道了自己为什么工作，就能够从琐碎的工作中找到价值。亚力克斯·帕塔科斯在《打破思想的囚笼》中写道："如果我们的工作是令人满意的，那是因为我们知道了为什么工作。正是知道为什么，才代表着意义……生活中两件事最能驱动我们——爱与良心。"

二、逆熵抉择

任何企业，包括大企业、优秀企业都逃脱不了逆熵之道缺失则速衰的定律。有时，很多大企业、优秀企业死掉，不是管理太差，而是逆熵之道缺项，甚至忤逆熵运逆熵法则。比如，有些企业因为自有优质资源投入和外部咨询力量引入，往往能更早地看到未来变化趋势；但由于内部既得利益格局牵制，往往逆熵选择失据、逆熵行动缓慢或逆熵路径错误，造成逆熵功效基本丧失。

经济学规律涵盖内容很广，研究也很深入。但从产业革命的角度来说，经济学规律要服从科学界的热力学定理。一个较为典型的例子是柯达公司。柯达鼎盛时占据了全球2/3的市场份额。100多年前，第一台柯达相机研发成功，之后迅速占据行业75%的市场份额，获取90%的行业利润。但从1997年开始，整个产业发生拐点后，它的市值从当时的310亿美元一直滑到1.75亿美元，蒸发90%以上，2012年不得已破产重组。2000年时，胶片市场迅速萎缩，柯达已经逐步陷入亏损，但由于既有的利益格局，组织人事繁杂，导致其逆熵无力，这是所有有成功历史的大企业通病。柯达公司的问题本质是丧失逆熵理性。第一台数码相机是柯达发明的，但它却错过了数码相机市场。柯达失败的根因，是丧失了自我批判能力——逆熵理性。一个案例是加拿大Research In Motion Ltd.公司推出的黑莓手机。2006年，其市场占有率已达较高水平。2010年，智能手机行业迎来井喷式增长，而黑莓却依旧故步自封，认为自己根基稳固，对逆熵紧迫性缺失判断力，依然我行我素地采用烦琐的传统键盘。2016年Research In Motion Ltd.公司宣布其手机业务结束。

（一）熵增挑战

法人组织熵增是自然规律、必然趋势。而且，那些缺失逆熵文化、逆熵之道发挥作用的企业，会加快熵增。熵增因素既来自企业内部，也来自企业外部。

从它的内部看，由于经营规模的扩大，管理的复杂度变大，历史沿革出冗余的东西，不创造价值的因素会越来越多，边际效益也在递减。企业运行的成本主要有两部分：一是业务成本。涵盖产品或服务的制造或创造成本，主要是针对物理形态而言。二是人际成本，主要是处理人和人的关系所需要的成本，又叫制度运行成本。通过企业分工的深化，使业务成本降低，但伴随分工的深化则是协作关系更加复杂。所以，随着企业的发展，单位成本中人际成本占的比重必然上升，即体系运行成本必然上升。进入现代企业发展模式以后，在处理各种关系、各类问题上，越来越需要付出更多的资源、更多的成本。而要处理这些问题，也变得越来越困难，需要付出更多的代价，并且容易促成官僚主义。企业越大，平衡业务成本与体系之人际成本的难度越大，抗击熵增的难度越大。官僚主义本身就是非常关键的熵增因素，也是企业必须克服的熵增因素。

从企业外部看，由于经济、政治乃至市场的发展，各种不可预测的因素，主要是外部的技术进步、新商业模式层出不穷、产业周期规律等因素，不断对企业构成威胁，带来程度不同的熵增。加上内部的熵增因素，最后表现为企业创造价值的功能失效。有时，外部的熵增因素往往会给企业带来颠覆性灭顶之灾。比如近年来，企业作为商业组织，面临的最重大变革是业务变革，特别是几十年遇到一次的产业周期变革。没有逆熵之道的坚守，任何优秀企业都难免会加速走向衰亡。有观点指出，这些比较优秀的企业，往往也只会迎合客户需求，而不是创新市场需求；只会优化管理流程，而不是变革管理流程；只会追逐最新的持续型技术，而不会接受甚至拒斥扰乱型技术。尽管每一步都是在当前环境下理性的最优选择，但结局只能是直到环境剧变，灾难降临，企业坐以待毙，走向衰亡。

在西方，市场经济体制的熵增也非常明显，至少资本主导经济的合法性已经面临两大熵增挑战。有观点认为，重要的是它似乎不再提供平等机会，这是一个非常严峻的熵增挑战。近年发生的经济危机让人们对至少某个商业领域（银行家）的赚钱途径产生了怀疑。同时，许多中产阶层人士认为致富前景看来非常渺茫，部分原因在于取得成功的"通行证"——良好教育的费用变得难以承受。这一切都削弱了自由企业的支持率。第二大挑战是对财产权的选择性执法。在繁荣的20世纪60年代，西方经济体承诺了巨大养老和医疗支出，"买到"了国民凝聚力。随着经济增长放缓——加上近年的危机和银行纾困行动令局面雪上加霜，公共债务大幅增加。在几个工业国家，政府已无充足财力兑现以往的承诺。有观点认为，由于政府需要借债，它们将在偿还债务的同时，试图重新协商其在养老金和医疗上的承诺。如果政府给人留下的印象是照顾富有投资者而牺牲广大民众利益，那将势必削弱民众对财产权的支持。

（二）必然选项

企业，作为市场中促进人类进步的最为重要的力量，必须遵循决定其熵运的逆熵规律，包括培植、优化决定其熵运的逆熵基因密码。自然界是一个理性的世界，人们可以发现规律，运用规律，但不能改变规律。规律存在于运用或发现者之外，即所谓客观性与真理性。人们只要严格尊重客观真理，才有可能驾驭事物。人们可以直接依靠理性进行判断，确认事物的对与错，是与非。对于企业来说，尊重逆熵规律、遵循逆熵法则就是体现企业理性，或者说是能铸造企业理性的建设性工具；其实质，是对规律的敬畏，对定律的坚守。作为自然人，强者始终将熵运掌握在自己手中。企业也是如此。作为法人组织，必须在变、不变、变与不变的熵运之中，研究逆熵、尊重商道、遵循法则。关键是要回归逆熵理性的生意，彰显对商业规律、熵运定律的敬畏，多些定力，离价值更近一点。

从人性上讲，人有积极向上天性，有理性，有成就感、价值感的驱动。同时，人也有贪婪、安逸的一面。要弘扬奋斗精神，启动砥砺逆熵的这一面其实很难，而贪婪则与生俱来，随时发生。逆熵要做的就是要扬人性之美，遏人性之恶。对企业等法人组织来说，也是如此。比如，对法人组织来说，官僚主义就是组织中的人性之恶。在对付官僚主义，美国的GE公司采取了很好的逆熵措施，尤其是在韦尔奇执掌时期。为使公司更有竞争力，GE致力于构筑"无界限组织"，建立一个流畅和进取的世界性公司。其观念和行动的变化是化繁为简，向小公司学习。比如，压缩规模，10年裁员达35%；减少层次和流程，从董事长到现场管理者之间的管理级别数目从9个减到4~5个，管理层中的二、三级部门和小组完全删掉。总部机关只有5个职能部门（人力资源、研究开发、法律、信息和财务），却非常有效地控制着公司所有的重大决策。"无界限"行动将大公司的雄厚实力、巨大影响，与小公司的发展激情欲望、组织灵活性较好地结合起来，消除了制度性官僚主义影响，激发了管理者与员工的热情，大家共同承担责任，相互合作。同时，还有助于加强与顾客、供货商的联系，消除公司的外部界限。GE让供货商参与设计与生产过程，如发展新的超声系统时请医生参加。GE的"无界限"行动，是基于对速度与效率的推崇与追求。因为，GE意识到，更快的速度，给公司带来的不只是直接的商业利益，还有更大的现金流量、更强的赢利能力和更高的市场份额。1989年，GE只用了3天就完成了与英国GEC集团的联盟。

在激烈的市场竞争中，针对企业的内外部熵增风险，今天的企业已普遍自觉推动企业家带领员工遵循逆熵之道，采取有效措施，超前和积极应对各种熵增，主要表现在四个方面：一是遵循维新逆熵之道，以主动保障有利于企业逆熵的投资赢得熵减。企业鼓励和引导面对高风险、收益不确定的新业务进行大胆投资。在这种情况下，逆熵使命会鼓励决策者承担更大的压力，使决策者敢于担当，使其持续保持业界洞察，敢于决断，并通过娴熟掌控投资组合管理的理论实践来平衡好"成长与风险"。二是遵循治理逆熵之道，以主动保障有利企业逆熵的权力结构赢得熵减。即，激励大企业的高管和专家，主动摒弃在传统业务成长起来所形成的惯性思维和传统压力，提升对于新业务的深刻洞察和知识更新，自觉配合新业务必然引发的权力分配，以及企业原有的思想话语权、决策权的重新调整，把重大业务逆熵作为"一把手"工程，努力提高逆熵领导力，为开辟企业新的发展空间者充分赋能。三是遵循人本逆熵之道，以主动保障有利于企业逆熵的物质利益分配赢得熵减。市场发生巨变的时代，投射到企业里，必将表现出从投资预算、人力编制、考核激励等各方面，都可能存在传统业务和新业务的明争暗夺。这一表象的背后，则是代表企业发展方向截然相反的利益群体博弈。逆熵使命会引导企业尽可能在经营好的时候主动逆熵使命选择，用传统业务的增量投向于新业务，并采用差异化的考核，逐步将资源向代表企业新生方倾斜配置。四是遵循格局逆熵之道，以主动保障有利于企业逆熵的就业安全赢得熵减。在时代、政治、经济、文化发生巨大变迁的今天，逆熵比较好的企业会积极推动"换脑"，以缓解"换人"引发的对队伍的冲击；并且会积极超前建设好内部"人才市场"培训机制等；妥善处理员工关系，合理付出员工被动流动的补偿。

今天，人类经济文明正面临新的发展机遇与挑战，企业逆熵的重要性不言而喻。经济学认为的经济增长达到一定的限度之后，就很难再提升，那是在技术水平和人类发展保持恒定的情况下，如果技术发生革命性的变化，就会带来经济的爆炸式增长。这也正是科技创新在逆熵、熵减、负熵中的作用。有观点认为，并不是每次技术变革都可以称之为新一轮工业革命或者浪潮。必须满足以下三点：第一，要有新的传播通信技术。新的技术会极大地改变人类沟通交流的方式和效率，对人类的组织架构产生巨大影响。第二，新的能源体系。更高效的能源能够满足和推动经济的不断增长，因为能源越便宜，经济发展越有动力。第三，新的交通物流模式。高效率的交通物流，对经济的推动和人们生活方式的改变极为重要。这三点是全球发生颠覆性变革的基础条件。三者的有机结合会在很大程度上改变人类生活的面貌，变革原有的组织结构。更重要的是，全新的变革会改变经济运行的模式、商业模式乃至政府的管理模式，它重新定义了市场、竞争等关键概念，它还能为下一轮经济增长提供技术支持。这对于每个国家来说，都是不能错过的重大机遇。2020年，虽然暴发了新型冠状病毒肺炎疫情，但是以上三个特点已非常明朗，人类面临新的发展机遇，但包括国际关系在内的重大变革则不可避免。

回顾历史，19世纪的工业革命和20世纪的第二次工业革命，对人类来说意义重大，是人类逆熵的重大进展。19世纪，蒸汽机的发明彻底改写了人类的历史，廉价的煤炭大大助推了蒸汽机的作用，推动了人类各方面的发展，比如印刷术也进化成为使用蒸汽为动力的产业，电报的发明更是极大地扩展了人们的交流效率。与此同时，蒸汽机带给交通物流产业重大的革命，火车从此成为最重要的交通物流之一，直到今天火车在全球的物流体系中仍然扮演着不可或缺的角色（只不过"火车"已经进化为今天的"动车"）。工业革命的进步，带来了经济的突飞猛进发展，也带来了全新的人类组织结构和国家管理系统。人类从此进入了高速发展的现代公共生活形态。20世纪的第二次工业革命也是如此，通信、能源和交通三个领域的重大技术进步，电灯的发明、化石燃料的被广泛使用，交通系统也得到了革命性的进步，这些都推动人类向前迈进了一大步。20世纪70年代，利用太阳能生产1瓦电的成本将近80美元，今天这个数字已经降到不足60美分。目前德国有30%左右的电能均来自太阳能和风能，欧盟一直是使用新能源的先驱。

人们也需要对未来有所准备。有些行业在今天看来，是非常庞大而重要的行业，在未来可能会消失；有些在今天看起来很不起眼的行业，在未来可能是支柱性产业。比如共享出行这个领域，在未来可能会有很好的发展，而汽车制造这个在今天看来庞大的产业，在可预见的未来将会大幅减少。有人研究后认为，每共享1台汽车，就会减少15台的生产。也就是说未来共享的车越多，人们需要生产的车就越少。Larry Burns曾经是通用汽车的副总裁，他做了一个研究发现，根据现有的物联网的发展水平，超过80%的车都没有用处。他预计几十年内，随着物联网、分享经济等技术理念的兴起，全球将减少8亿台汽车。显然，这有利于环境保护，同时也将颠覆今天的汽车产业。比这两条更重要的是，逆熵、负熵、熵减也将随之而来。21世纪的"共享经济"是全新的商业模式，是引发经济文明发展进化的聚变因子，核心是共蓄法则使然。在新模式下，只有共蓄市场、共蓄大众的企业才能生存和发展得更好。这种模式的确与人们熟悉的传统意义上的"交换经济"有较大不同。共享经济不需要中间商，但需要提供良好信息系统基础、需要大规模数据交换的基础设施、需要无所不在的物联网的发展等。数据显示，到2030年，将有超过100万亿的传感器分布在几乎所有的机器、设备上。通过数据连接之后，庞大的物联网就搭建而成，将极大地推动数据交换的成本和效率，任何行业都可能变成类似今天的被"共享经济"洗牌的零售、唱片、出版等行业。有人坚信，未来的企业，应该要朝着不断提高生产率、降低边际成本、提升竞争力的目标发展，所以包括能源、大型制造业等都会朝着共享经济的方向发展，任何行业都有可能涌现出巨星级平台型公司。

任正非是最早把"熵"的概念引到企业管理中并系统阐述的企业家（2011年）之一。他发现自然科学与社会科学有着同样的规律，企业发展的自然法则也是"熵"由低到高，逐步走向混乱，并失去发展动力。因而任正非经常把华为和灭亡两个词关联起来。在考虑企业管理时，他会把"熵"作为一个重要视角。任正非要解决的核心问题是如何让组织充满活力。对于任何企业、组织来讲，充满活力是其走向未来的重要保证。组织熵减要解决的核心问题，是让组织充满活力。这也是华为做熵减、引进热力学第二定律、引进耗散结构理念的原因。

熵增的终点是热寂，即死亡。这一规律对人类生产、生活影响巨大。有观点称之为自然界的最高定律。由热力学第二定律所决定，法人公民之熵，是无法回避之熵。近50年是全球较为和平的时期，恰恰在和平年代，企业的寿命在缩短，人类的寿命在增长。显然，对企业来说，逆熵则更为重要而紧迫。

统计显示，农耕文明时代，大致来讲年均技术进步率不超过0.05%。这意味着每1500年左右，人均收入才翻一番。但进入工业时代，人类的技术进步达到1.5%，意味着每50年不到人均GDP翻番。21世纪，5G、互联网、人工智能，智慧经济浪潮迎面而来；共享、绿色、高质量发展，新理念冲击人们的思维；贸易战、科技战、金融战，全球经济摩擦风起云涌；价格竞争、服务竞争、价值竞争，日趋复杂的市场生存环境挑战十分严峻……这一切，已向企业发出了清晰而强烈的信号：勇于逆熵、遵循逆熵之道者生，抱守残缺、忤逆逆熵之道者衰。

逆熵，是所有市场常青树企业的不变思维与不二选择。

第二章　格局逆熵

> 一家公司从诞生的那一刻起，
>
> 就不只属于经营者和其家族等一部分人[①]。
>
> 任何公司的目标都是帮助社会变得更加美好，如果不是的话，
>
> 这样的公司可能并不需要存在[②]。
>
> 甚至在17世纪初的英国，纯粹根据金钱的损益来讨论经济组织问题，
>
> 仍然带有不很尊重的讽刺意味[③]。

　　企业等法人组织生存发展的内外部积极意义，是该法人组织的生命价值，也是法人组织的格局价值。其积极意义就在于，在熵运上，能够有助于使该企业法人组织的生命价值与其他法人生命价值、自然人生命价值，在趋于最高峰值上实现融合、共享，从而能够有效地抵御熵增，提升逆熵能力，改变熵运，实现法人组织的生命价值增值。在企业逆熵要素中，格局逆熵无疑处于相当重要的位置。具有"总开关"的作用。

　　格局是检验企业法人主体是否实现超越自我、跃升更高层次的重要衡量

---

① 日本经营学专家坂本光司所持观点。见铭哥：《公司为谁而存在》，新浪网，2011年11月7日。

② 福特汽车公司董事长比尔·福特所持观点。《公司的力量》，中国国际电视总公司2010年出品的大型电视纪录片第一集解说词。

③ 英国学者R.H.托尼所持的观点。R.H.托尼 赵月瑟等著：《宗教与资本主义的兴起》，上海译文出版社2006年版。

标准。毋庸讳言，一个法人，如果没有格局，终将要被时代、市场或历史唾弃、抛弃、淘汰。这种熵增宿命，任何具有民事权利能力和民事行为能力、依法独立享有民事权利和承担民事义务的组织，包括政党、政府都不可能回避。可以说，格局熵运的重要性，是所有追求生存质量和发展可持续的法人都不能忽视的。企业尤其如此，因为企业要在市场中生存与发展。政治、经济、文化等越进步，市场竞争越公开、越透明、越激烈。

人们常说，一个人的格局决定其胆识、情操、韧性、层次、品质，企业也是这样。企业的格局越高，生存的质量越高、发展的可持续性能力越强。格局决定一个人事业的宽度和长度，决定个人事业生命或政治生命质量和年限。同样，格局决定企业的发展战略，成长宽度、幅度和质量，决定企业的熵运，甚至决定企业生命。格局体现企业的情商、智商，是企业眼光、胆略、胸怀和智慧的外在表现。格局源于理念、价值观，决定企业的发展战略与经营管理行为。

格局体现的是建立在哲学思考基础上的企业行为。企业格局的高下取决于企业的哲学思考水平。所以，企业格局实质上反映的是企业哲学。有格局的企业，也是哲学思想水平有相当高度的企业，往往在生存与发展这两个问题上有深入的哲学思考，并伴随一系列异乎寻常的实践。

郑永年批评中国"企业家"缺少格局。第一，以钱的数量来衡量自己的成功和企业的成功。第二，大多数企业集中在几个最赚钱、能赚快钱的行业，更有一些企业脱离自己本来的行业而转入能赚快钱的行业。第三，"跟风"现象严重。哪个地方可以赚钱了，就会蜂拥而至，造成企业之间的恶性竞争和向下竞争，大量企业没有自身持之以恒的探索和追求。第四，依靠市场简单的、无限的扩张赚取微薄的利润，产品的附加值很低。第五，有了钱就进行大量的个人消费，缺乏进取心。第六，大多数企业进行的是简单再生产，经不起折腾，企业"出生率"高，"死亡率"也同样高。其列出的仅仅是现象，实质上，中国一些所谓的"企业家"之所以缺少格局，恰恰是他们没有从哲学层次思考企业为什么要存在，为什么要发展，或者是思考过，但最终在价值观及客观环境的压力下，没有做出正确的行为选择，也就是缺少企业格局逆熵的核心建设。

这里还需要为中国企业领导人申辩的是，中国连续的市场经济时间还比较短，市场经济的文化、市场经济的观念、市场经济的环境发育等还很不成熟。在时代的大背景下，对企业提出格局的新要求，未免有些苛刻。随着市场经济的发展，中国企业一定会提升自我，格局逆熵是必然选项。但，有无格局，实在是一种能力的体现。人的需求本身是具有层次性，不能对一个仍然需要竭力解决温饱问题的人提出过高的道德要求。当一个人的能力已经解决自身温饱问题绰绰有余时，那就要有更大的担当，这也是一般常理性对其的行为假设。企业也是如此。当然，即使同是面临温饱问题，有的人同样也有格局。这说明有格局者能力的确非同一般。

第一节　生存哲学

格局逆熵的一个基本命题，就是对企业生命，包括存在与发展熵运的哲学思考。企业为什么存在，企业向哪里去，企业生命如何延伸，等等。没有这些哲学思考，就是没有格局，更谈不上什么格局逆熵。有人说，企业格局逆熵体现的是企业领导人格局、企业员工的格局，是自然人格局内化为企业法人格局的文化。此言很有道理，但企业格局逆熵更是要使企业历任领导人和所有在企业服务的员工都注重保持和提升企业格局。

一、为谁生存

民国时期，家国情怀，实业救国理念风行中国。胡厥文中学毕业就决心走实业救国之路，1914年考入北京高等工业专门学校时，他认为机械是工业之本，于是选择了机械系。1918年毕业后，他抱定一不做官，二不从教，终身以实业救国为己任。26岁那年，他就创办了新民机器厂、合作五金厂、长城砖瓦厂等企业，并被推为上海机器同业公会主任委员。

中国重化学工业的奠基人、化工实业家，被称为"中国民族化学工业之父"的范旭东来到天津塘沽，以一个化学家的眼光，一眼就看中了那片海洋蕴含的宝贵资源，决心在那里实现实业救国的人生理想。他创办了中国第一家精盐生产企业——久大精盐公司；创办了亚洲第一家苏尔维法制碱企业——永利制碱公司，打破了西方对这一核心技术的长期垄断，用纯碱代替洋碱，使中国成为世界上第31个用苏尔维法制碱的国家；创办了中国第一个民办企业科研机构——黄海化学工业研究社；创办了中国第一个发酵微生物学学术期刊《发酵与菌学》；创办了中国第一家大型化工联合企业——永利公司硫酸铔厂……所有这些被统称为"永久黄"。"永久黄"不是一般意义的企业团体，它们不以营利为唯一目的。创办了"永久黄"偌大产业的范旭东，去世后竟没有留下私产，身后连夫人的生活费、女儿留学的经费都没有保障，却将个人名下的久大、永利公司创业人的酬金捐给黄海化学研究社做日常经费。范旭东为"永久黄"团体所制定的"四大信条"，可以为人们破解他们的非"经济人"提供一点点线索，并且成为中国企业家精神中的宝贵财富：在原则上绝对地相信科学；在事业上积极地发展实业；在行动上宁愿牺牲个人，顾全团体；在精神上以能服务社会为最大光荣。

当然，日本企业，尤其是具有超凡格局的企业，同样非常值得研究学习借鉴。日本的一些企业，包括不少小型企业，之所以具有强大的竞争力、生命力，有的甚至延续千年，仍然具有活力，原因很多，但一个深层次的因由，是其对企业为谁而生的精到思考与践行。

坂本光司，日本经营学专家，专门研究中小企业经营等，著有《日本最了不起的公司》一书。企业到底因何存在？我们到底为何工作？中国企业界迫切需要深入思考的这两个问题，在书中有了回答。两大问题实际上正是反映了企业格局"生命哲学"的重要一点：为谁生存——企业为谁而生而活。

日本著名的企业家稻盛和夫，在企业初创之期就陷入沉思：办企业，到底是为了什么。随后他领悟到，办企业绝不是为了满足经营者的一己之私，而是要追求全体员工物质与精神两方面的幸福。同时，做企业还应该有更高的追求，那就是为人类与时代的进步和发展做出贡献。之后稻盛和夫把"敬天爱人"四个字作为社训。公司步入正轨后，稻盛和夫的前辈兼好友吉田源三对他说过一句充满赞许和深意的话：稻盛，你虽然这么年轻，但是你有明确的哲学。从此，技术员出身的稻盛和夫开始了思想的升华，不断总结自己的人生哲学和经营哲学，最终将其传播到了全世界。稻盛和夫将"活法"与"实学"相结合，把经营思想建立在人性发现和善行追求之上，最终跳出了传统经营的窠臼。

日本企业的哲学观，有一个鲜明的认知，是其他国家很少见到，也是中国在当今个别企业方才认识到，这就是日本经营学专家坂本光司所指出的：

一家公司从诞生的那一刻起，就不只属于经营者及其家族等一部分人。

日本有一种超血缘继承的传承模式，如果儿子不够优秀，女婿和养子都可以继承家业。日本有句古语就叫"铸就百年老铺基础的是，三代之中有一养子"。为了在内部形成竞争激励机制，日本家族企业往往会通过招赘女婿、收养养子等做法，在不分割财产的"总有制"前提下，将没有血缘关系的才干之士立为一家之主。日本国立银行创始人涩泽荣一甚至收养过仅比自己小两岁的"养子"。即使在赫赫有名的"平成景气"时期，将家业传给非亲生儿子的情况也比比皆是，比例高达25%~34%。

本田宗一郎自己很后悔的一件事，是把公司叫"本田"。他说他一生最大的遗憾就是用自己的名字命名了公司。为什么呢？他说：

"这违背了我的哲学。我一直认为公司是大众的公司，是天下人的'公器'，并非我一人的公司，不能把公司作为'私器'。因为公司用我的'姓'取名，便会引起误会，大家会认为我把公司'私物化'，是一个独裁的经营者①。"

以制药、化学起家的德国默客家族，家族治理很有特色：1920年就开始引进外部人才，设置"专业经理人制度"，并严格遵守"傅贤不传子"，将所有权与经营权分离，公司利益优先于家族成员。而且，公司对于在执行董事会中的非家族成员十分亲厚，享有"暂时的表亲"，意思是拥有等同家族的福利待遇。公司以真诚赢得了专业经理人的忠诚相待。

这种境界，在中国当代企业经营者或所有者中的确很难见到。有些私有企业，发展刚刚有所起色，争权夺利便纷至沓来。像2020年疫情期间某企业的抢夺印章事件，夫夺妻权，虽然有另类广告之嫌，但确确实实是一场争权夺利的闹剧。这样的格局，企业还能够生存与发展，值得深思。

《日本最了不起的公司》中介绍的企业，都是真正在致力于带给人们美好的生活工作体验的企业，甚至可以说这种美好体验就是这些企业存在的理由。美好体验包括：一是让它的员工真正地感觉到身在其中是美好的；二是让企业所在社区，以及企业所面临的消费者，因这家企业的存在而感受到美好。利润固然重要，但看起来并非这些企业的首要追求，甚至成长速度和规模扩张也并非这些企业所特别看重。其中有一家公司，为了不因为过快的发展速度和过宽的扩张半径而影响到公司提供服务的质量，甚至干脆将自己圈定在一个区域市场内，只在该区域发展，不向外扩张。但这种看起来很傻的态度和做法，却保证了企业对外服务的品质纯度。

（一）企业生命为员工而存在

在日本，企业经营者和老板普遍认同这样的观点：企业不过是员工创造幸福的载体，双方不应是雇佣关系，而是为了共同的愿景和使命的合作关系。这也是"仁"在企业管理中的体现。什么是格局？这就是格局。什么是

---

① 李歆然：《本田宗一郎经营语录——这才叫伟大》，个人图书馆网，2010年4月7日。

格局逆熵？这就是格局逆熵。格局、格局逆熵只有高下之分，没有企业大小之别。

"企业不是为企业而存在，它是为了员工的幸福而存在""从员工的幸福出发，贡献社会"，是日本伊那食品工业的经营理念。自1958年创业以来，已经被当成夕阳产业的寒天制造工厂，却能够打下连续48年增收增益的纪录。50年来从不裁员，也不与同业者竞争，工厂的设置完全配合环境考量，透过"百年月历"，以长远的眼光来经营。在日本国内享有80%、海外也有15%的市场占有率，堪称是寒天制造厂的世界第一。

不少日本企业都把员工及员工的家人摆在第一位。之所以这样，是因为在他们的企业哲学里，员工的工作，就是借着制造商品、提供服务来感动顾客。如果他们对自己所属的公司有所不平、不满、不信任的话，就不可能带着笑容服务顾客。如果员工对自己所属的企业组织没有高度的满足感和归属感，就不可能提供令顾客满意的服务。皮笑肉不笑的态度，在顾客面前马上就会露出马脚。道理简单而深刻：心中对自己的公司怀着不平、不满与不信任的员工，如何能带给顾客打从心底感动的服务？如何能制造出令顾客感动的商品？

在这样的企业里，员工也并不只是追求利益，他们寻求的是工作中的幸福感与尊严。当企业员工感到幸福时，他们就会自发地努力工作，为公司忠诚效力。

与这些企业相近的还有德国的一些企业，如奥托集团这家德国著名家族企业是世界邮购业泰斗。有人问公司创始人奥托先生：你的公司做得那么大，又很赚钱，为什么不上市呢？奥托回答：我不愿意我的员工为利润打工。这句话的内涵非常深刻。他是希望员工能为消费者带来更大的利益。因为这个公司把员工和客户都放在第一，所以它能够长久。

荣宗敬和荣德生是荣氏商业家族的第一代掌门人。荣氏兄弟创办的企业是中国民族企业的前驱。早在近一百年前，荣氏兄弟就在自己的工厂建设了一个"劳工自治区"，不仅有男、女职工单身宿舍和职工家属宿舍，还兴办了食堂、储蓄所、合作社、医院、工人夜校、子弟学校、图书馆、电影场，乃至公墓、功德祠、尊贤堂，为员工从生活、教育、文化娱乐、劳动保险到老、病、死诸方面创造了相当程度的保障。抗战期间为国家做出巨大贡献的中国企业家卢作孚，其民生公司为员工在重庆修建了一个"民生村"宿舍，全部是平房，一家人入住一套。但是卢作孚本人却没有搬进去住，一家人还是住在自己租的楼房的一层,厕所在房子外面的菜地里。身为企业总经理,他的夫人、孩子坐民生轮船,一样按照职工家属买半票的规定买船票,和其他乘客一样排队等候上船。从这些看似很小的事情上,人们看到卢作孚那如金如玉的品行,映照出中国企业家的崇高境界,百年不朽。

企业为员工而存在,员工的价值就会持续增值,从而为企业而努力工作就有了更大的内心付出心愿,企业的生命价值就有了持续的提升,使企业价值与员工价值能够始终在最高峰值上实现融合、共享。

(二)企业生命为公共大众而存在

企业为谁而存在?这就像一个人的立志与理想,是精神饭碗,是一切行为和态度的出发点。日本最了不起的公司,也应该是世界最了不起的公司,其共同点,是以"服务社会,为人们所需要"作为企业存在的根本,才获得了公众的尊重,创造了员工的幸福和满意度。即使是很不起眼的企业,同样是如此。柳月——北海道的小甜点铺,但每年应聘的大学毕业生达到录取人数的100倍。杉山水果——为了保证品质,它婉拒1亿日元的订单,只做限量精品。让顾客赞赏"成为你的客户是我的光荣!"

面对地方、面对社区,企业总要在"为地方、社区做些什么"上有所作为。许多优秀公司都认为,最重要的是借着经营,以企业法人公民的身份,去参与地方公共日常的活动。一家公司的经营,如果能以地方公共生活和社区居民的幸福为己任,一定能够打动人心、赢得认同,形成企地亲如一家的紧密关系。

很多德国企业建立在远离市区的小镇,比如西门子医疗器械公司位于纽伦堡附近的厄尔兰根,奥迪总部在巴伐利亚名不见经传的城市英戈尔斯塔特,卡尔倍可在鲁尔区的边缘小镇哈根。这并非偶然。相比在大都市,员工在这里找到另一个工作岗位的可能性要小;另外小镇优质劳动力有限,所以企业也更依赖它的员工。这种情况创造了雇员和雇主之间的相互依赖,造就了相互认同,避免了对立关系。对于当地社区来说,企业通常是最大纳税人,所以居民也很关心企业状况。"如果西门子咳嗽了,那整个厄尔兰根都不会好过。"一位西门子员工说。当地一半以上的居民都是西门子员工。社区尽力让这位"纳税人"心情舒畅,而作为回报,它向许多协会、博物馆和文化活动提供赞助。

日本理化学工业株式会社创立于1937年,主要生产无灰粉笔,只是一家拥有50名员工的小公司，却有三成的身障雇员。大约在50年前，他们开始雇用身心障碍者，却并不是为了压榨残疾人劳动力和逃避税收，而是真正想为残疾人提供一个有尊严地生活和工作的场所。依照法律规定，所有企业都有义务雇佣一定比例的身心障碍者。雇用肢体障碍者的规定是在1976年确定，而对于雇佣智能障碍者的规定，则到了1987年才总算定案。没有达到身障者法定雇佣率的公司，是会被征收罚款的，但全日本47个都道府县中，达成法定雇用率的公司却只有42%，有六成以上的公司都是付钱了事。

种种企业哲学，体现出企业家令人尊重的格局、理念与态度。企业为现实的和潜在的可能消费者的公共大众而存在，消费者的需求价值实现就会持续提升，从而会使消费者为企业产品与服务价值的实现更加心甘情愿地付出，由此，使企业价值与公共大众价值能够始终在最高峰值上实现融合、共享。

（三）企业生命为股东而存在

一些优秀企业让人感动的方面，还有对股东的责任：要为造就股东的幸福而存在。他们认为，公司对这些在资金、资本方面提供支援的人有着使命与责任。而使命与责任在他们眼里又可划分成两个部分：一部分是物质层面的，也就是股东可得到的分红或回馈；另一部分是精神层面的，让股东们知道自己所持有股份的是一家受到员工、顾客，以及地方公众尊崇与爱戴的公司。中村复健器材——它为日本每一种弱势群体定制专门的辅助器材，即使人数极少。由于不断开发新产品，它被誉为"世上唯一真正的创造产业"。这让为其提供资金、资本支援的人深以为荣。企业为股东而存在，股东的价值就会持续增值，从而会对企业更加关心、付出，不仅杜绝了用脚投票，而且会影响潜在股东对企业的投入意愿，企业的生命价值的持续提升就有了更有力的保障，使企业价值与股东价值能够始终在最高峰值上实现融合、共享。

正因为做到了坚守自己的价值准则，持续保持企业格局达到令人敬佩的境界，形成了独具特色的企业格局逆熵内涵，才做到了可持续经营、长久发展。在这样的企业格局逆熵之下，这些企业生命充满了活力，充满了敬畏，不能不令人赞叹。其实，正是这样的格局逆熵促成了企业"把目光放长远"的理念，让它们一步一步走到今天、走向更加美好的明天，从而把握熵运，实现生命价值增值。在这些优秀企业的格局逆熵范畴里，公司的使命是满足包括员工、社区、分包商等"大多数人"的需求。在这些企业自然地追求永续存在的光辉生命里，人们会自然得出这样的结论：景气并不完全由环境造就，公司也从自身内部创造。将上述企业称之为价值共蕃生态文明的先驱，也实不为过。

二、怎样生存

有人认为，日本之所以在亚洲率先步入现代化道路，成为亚洲最先进的国家，有相比于亚洲其他国家无与伦比的客观因素，主要是日本既没有因沦落为殖民地而遭到欧美的商业打击，也没有发生全国范围内的内战。但话说回来，人们还看到，日本也没有浪费上苍给予的机缘。日本的崛起靠的是企业，企业的发达靠的是其历史传承和发展起来的非常宝贵的企业格局逆熵内涵，形成了"怎样生存"这一体现日本企业格局逆熵内涵的生命哲学。

世界长寿企业之所以长寿，短命的企业之所以短命，从企业格局逆熵内涵的生命哲学看，都能够找到其原因，关键要看企业能否遵循格局逆熵定律、格局逆熵法则。这些长寿企业的"三个始终如一"值得关注、借鉴。

（一）以始终如一的专注己业去追求永续生存

世界上第一家真正意义上的股份制公司诞生丁英国(1554年)。但值得思考的是，今天全球拥有200年以上历史的公司，无一例外都是家族企业。近年来，家族企业传承成为显学，《财富》指出，世界500强的企业中，有高达三分之一以上是家族控制。日本调查公司东京商工研究机构数据显示，全日本超过百年历史的企业竟达2万多家，其中89.4%都是员工少于300人的中小企业，多以家庭为单位经营。经营范围大部分是制作食品、酒类、药品以及与传统文化相关行业。美国麦肯锡咨询公司也曾做过统计：首届财富500强企业到21世纪初，只有不到一半的企业还存在。财富500强企业的寿命平均40~50年。有观点认为，日本家族企业之所以长寿，一是多数长寿家族企业非常重视本业，细水长流，连绵不绝。不追求眼前利益的经营理念，使日本的家族企业很少跨界经营。日本一家仅有100多人的做汽车轴承的公司，但服务的客户却是丰田、本田、铃木这些大名鼎鼎的公司，从未考虑多元经营。公司认为，光轴承需要研究的东西就太多了，几代人都研究不透，哪有精力再去做别的？在去赚钱和做产品之间，日本企业普遍对产品本身更感兴趣。二是一些企业，尤其是小的家族企业，用百年时间专注于某个领域，也为企业赢得了公共大众的信赖，这种信赖成为长寿家族企业最宝贵的财富，提高了企业的抗风险能力。

德鲁克认为，获致效能的秘诀，便是"专注"。微软研究院的一项研究发现，员工若分心，生产率可减4成。尝试一次专注于一个以上的优先事项，会让生产率下降40%，这在认知上相当于熬夜。惠普公司的研究发现，被电子邮件、电话或简讯打断的员工，智商会降低10分以上——这是吸食大麻影响的2倍。公司需要擅长"单一任务处理"，在一段时间内不分心地做一件事。这种能力能助人专注于正确的任务、更快完成，且压力更少。加州大学信息系教授马克发现，每一次任务中断，平均需要23分15秒才能完全再回到任务上。干扰越低意味着工作得越快。畅销书《工作大解放》作者福莱德说，管理者的工作就是保护团队的时间与注意力。每位员工每天应该拥有不被干扰的8小时工作时间，公司与管理者应该对这段时间的需求很少。而当他们有需要时应该提出需求，除非是重大的紧急事件，否则不该期望立刻得到响应。实际上，对于企业，这些科学研究同样适用。看看日本的一些千年企业的做法，就可以领悟到"专注"——对企业生命的重要。日本有一家小吃店，年龄几乎与京都同岁，只卖一样东西——用竹签串起来蘸酱吃的小年糕。尽管食物看似简单，但经营此店的第25代传人仍然全家上阵。老板娘经常严肃地盯着年龄不小的女儿，生怕她调控炭火的动作不对。

本金刚组第四十代首领金刚正和认为：生存这么久其实没有什么秘密，坚持最基本的业务才是生存之道。金刚组有一个桐木箱子，里面保存着一份珍贵的手稿，是第32代首领金刚喜立下的家训，内容大致为：敬重神佛祖先；节制、专注本业；待人坦诚谦和；表里如一。日本京都田中伊雅佛具店，历史1131年。其经营者盐田米松认为：

"我觉得最重要的是，不要忘了人之为人原因，不要让机械化的生产和生活带走原来停留在物件上的体温和热爱。"[1]

德国德古萨是全球最大的专业化学品生产商，有着悠久的历史。公司无论在规模方面还是在盈利方面都成为该行业的"领头羊"。德古萨一直专注于专业化学品市场，公司认为，相对于大批量的化学品供应商而言，专业化学品公司的边际收益更大、生产周期更短、差异化更强、带给顾客的价值增值更高。

用百年、千年时间专注于某个领域也为企业赢得了公共大众的信赖，这种信赖成为长寿家族企业最宝贵的财富，提高了企业的抗风险能力。20世纪

---

[1]　Lens：《日本千年老店：传统需要很长时间慢慢建造》，搜狐网，2016年1月31日。

80年代末，在引发超过日本20万家企业倒闭的平成大萧条中，超过一半的长寿家族企业的业绩持平甚至获得了增长。

当然，也不是所有家族企业都长寿，实际情况是多数家族企业同样也较为短命。全球范围内家族企业的寿命平均24年。之所以出现这样的结果，一个重要的原因是这些家族企业与其他企业一样，缺少专注或保持企业专注的能力。

（二）以始终如一的控制冲动去追求永续生存

1882年的"家法"，是自住友政友以来住友家的传统精神形成的文化。其家法的根本精神是"我们以实际的经营为宗旨，不能被轻浮的利益所驱动。"这种把握定力，警觉性控制自我冲动的理念为许多日本企业信奉和践行。1891年，住友家"家法"详细记载了"交易宗旨"。第一条，我们的交易，要以诚实守信为根本理念，以此使住友家坚如磐石，日益繁荣昌盛。第二条，我们的交易，要考虑时代变迁，理财得失，决定扩张、收缩、创业、废业；不得追求眼前利益，不得草率盲进。这两条作为家法的核心，放在家法的最前面。而这两条，现在依然作为住友集团各公司的交易指针。须藤本家是日本最古老的酒窖，一年只生产800瓶古法清酒，每瓶180毫升，这个数量保证了他们手工制酒的质量。

伊那食品工业的冢越会长基于自己企业生命哲学的主张与理念，订立了这样一项经营方针，就是"不勉强追求成长"。这指的是不为景气左右、不追求流行。所谓被景气左右，就是景气的时候，便花大钱投资设备，一旦面临景气衰退，就变成过度投资，最后只得硬着头皮裁员或是降价求售。订单蜂拥而至的时候，他们对所有下订单的顾客说：非常感谢您的惠顾，但我们公司最重视的是员工，我们没有要求员工加班制度，因此无法接受您的订单。冢越会长的观点是：我们应该婉拒所有订单。因为这种一时的流行，一定会有衰退的一天，届时也必定会带来不好的影响，我不想到时候牺牲员工。几亿、几十亿日元的生意就在眼前，却丝毫无法动摇他们"不勉强追求成长"的经营方针。对伊那食品工业来说，最重要的不是提升业绩，而是永续经营。冢越会长回答提问者说：因为我们为了永续经营，随时都要播下成长的种子。伊那食品工业厂区中到处张贴的"百年月历"，是一张印着2000~2100年的月历，在员工餐厅和会议室里也看得到。冢越会长曾专门做过解释：我的经营和决策都是以一百年后这家公司还能够具有存在价值作为考量。我希望员工们都知道这一点，坚强、勇敢地做下去。

（三）以始终如一的尊重员工去追求永续生存

许多日本企业的经营者都对人的重要性有清醒的认识。日本企业人力资源管理一个显著的特点是，注重人情味和感情投入，给予员工家庭式的情感抚慰。日本著名企业家岛川三部曾自豪地说，我经营管理的最大本领是把工作家庭化和娱乐化。索尼公司董事长盛田昭夫也说过：一个日本公司最主要的使命，是培养它同雇员之间的关系，在公司创造一种家庭式情感，即经理人员和所有雇员同甘苦、共命运的情感。日本企业内部管理制度非常严格，但日本企业家深谙刚柔相济的道理。他们在严格执行管理制度的同时，又最大限度地尊重员工、善待员工、关心体贴员工的生活。

放眼全球，曾经辉煌的企业都是因为企业善待员工而得以辉煌。杰克·韦尔奇接任美国通用电气公司总裁后，推行全员决策，公司在决策讨论会上邀请那些没有参与过决策会的员工出席会议，听取员工的意见，因为员工对自己的工作要比老板清楚，这样做出的决策才有针对性，避免决策失误的发生。美国BHP炼油厂公司规定：管理人员不能随意对员工发号施令，管理人员需认真对待员工的意见，尊重每一个员工。而在100年前，尊重员工的重要性并不是企业管理思维的主流。在1884~1921年打造NCR公司（National Cash Register）的帕特森在对待雇员时有一个"三步曲"：摧毁雇员的自尊心；从头开始让雇员建立自信心；最后再解雇之。一天，NCR的一位主管发现自己的办公桌和椅子在公司草坪上被烧毁，才知道自己已被开除。美国伟大的发明家之一查尔斯·凯特灵曾被解雇不止5次。而同样是在那个时代，在企业管理思维上已有像今天优秀企业那样尊重员工的思考与实践者。阿尔弗雷德·P.斯隆与帕特森性格截然相反，1923年他主持通用汽车公司（GM），几乎不受个人好恶影响，从来不曾用命令的形式发布命令，而是在研究数据后，提出一个方案说，"这是一个办法"。他将这一观点引入公开讨论。他认为所有人都是平等的。

第二节 发展哲学

作为企业，要发展，即做大、做强、做久，是正常的基本愿望。但是能否实现这些愿望，主观上主要取决于是否有强有力地促进企业格局提升的格局逆熵。对一个企业来说，加强企业格局逆熵，提升企业格局，必须在为什么要发展、以什么方式发展的哲学思考上与时俱进。

一、为什么要发展

近年来，身为美国龙头企业的企业家"大佬"们，开始出现不少改革"资本主导经济"的倡议。美国长年信奉的"资本主导经济"，突然成为辩论的话题。而质疑资本主导经济的市场制度的一些更有影响力的发言，竟是来自包括现有体制里捞到最多好处的金融业高层。企业大老板讨论如何改革不公平，最大的问题是讨论必然会指向他们自己的财富。

2018年一个盖洛普民调显示，18~29岁美国年轻人中对"社会主义"持正面评价的比例维持在稳定的51%，但对资本主义有正面评价的比例，则从2010年的68%降至45%。根据咨询公司Equilar的统计，2018年美国大型企业主管的薪水，是公司平均员工薪资的254倍，其中有1/10还超过1000倍。在40年前，主管薪水还不到员工平均工资的30倍。

这些迹象表明了一个极为深刻的问题，即使在发达的市场经济的美国，企业为什么发展的哲学问题，也已成为广泛关注的焦点。

（一）企业发展是为了发展世界

市场常青树企业，尤其是伟大的企业家，往往不仅仅眼光独到，拥有宽广的胸怀，更是有一种放眼全球、超越时间和空间界限的气概，把企业的发展与世界的发展、人类的发展紧紧地联系在一起。把发展世界作为企业发展的首要理由，作为企业的使命，并使之固化为企业的格局逆熵要素，形成企业发展法则的路径依赖，企业越大依赖越大，企业越强依赖越强。

稻盛和夫直言，让公司变得优秀，从公司的进一步发展中体验生存的价值，感受喜悦，因为我觉得这样做很开心，所以才会努力。他认为，如果想要让自己的企业发展壮大，就要为社会、自然和宇宙尽力。他强调，不能浪费天赐的才能，为了社会、为了自然、为了宇宙，无论如何也要将自己的公司发展壮大。比尔·福特说过：我们的理想是生产伟大的产品、建立强大的企业、创造更美好的世界。已故苹果公司创始人乔布斯·史蒂夫在劝说志同道合者入伙时谈到，我们谁也不知道自己能够活多长时间，但我觉得必须趁自己年轻的时候多取得一些成绩，"你是想卖一辈子糖水呢，还是想抓住机会来改变世界？"乔布斯认为，永远不该怀着赚钱的目的去创办一家公司。他说过，我所做的每一件事都有赖于我们人类的其他成员，以及他们的贡献和成就回馈社会，在这股洪流中再添上一笔，我们很多人都想。我们试图用我们仅有的天分去表达我们对前人所有贡献的感激，去为这股洪流加上一点儿什么，那就是推动我的力量。

（二）企业发展是为了发展人类

"坦率地说，论及商业的'社会责任'，我认为没有人能超过涩泽荣一。他是明治时代伟大的奠基者之一。他比任何人更早地看到，经营的本质是'责任'。"这是现代管理学之父彼得·德鲁克在其经典巨著《管理》中对涩泽荣一的评价。马云也强调：要成为伟大的企业，就要解决伟大的问题。21世纪的公司，只有解决社会问题才能活下来，不解决问题活不下来的。发现用户的痛点，发现人类公共需要，用智慧和能力解决这些痛点和实质性解决这些问题，公司才有价值，才能生存与发展。一些伟大的企业家往往成为公共大众型企业家，比如比尔·盖茨、稻盛和夫等。由于公共企业的逻辑是以公共利益为目标，而且要以可持续的方式，即商业经营的方式，不断地实现人类公共利益目标，其经营难度是比较大的。而能够做到这一点企业无疑是伟大的企业、伟大的企业家。

今天，越来越多的企业逐步意识到，明确企业发展的目的对企业成长的重要性。2019年8月，181位来自美国最有影响力的公司的首席执行官为一个古老的问题进行研讨，寻求一个新的答案：公司发展的目的到底是什么？8月19日，与会的这些美国顶级公司首席执行官联合签署了《公司宗旨宣言书》。《宣言》重新定义了公司运营的宗旨，宣称：股东利益不再是一个公司最重要的目标，公司的首要任务是创造一个更美好的社会。在这份宣言中，包括贝佐斯、库克等在内的引领美国商业的CEO们集体发声：一个美好的人类社会比股东利益更重要。

企业是法人公民，必须为推动人类的发展而发展。任何违背未来发展意志的行为，都将受到惩罚，甚至被剥夺法人公民资格，走向破产和灭亡。

二、怎么样去发展

回归本质的发展哲学，是企业格局逆熵文化、格局逆熵之道、格局逆熵法则的重要内容。通常，优秀企业家留下的遗产绝对不仅仅是一家赚钱的公司，或者巨大财富，他们赋予企业的文化烙印往往长时间地影响继承者的价值判断。

（一）以超越竞争的方式去发展

企业发展很难避免市场竞争，但竞争有良性竞争，也有恶性竞争。涩泽荣一认为，每天比人早起，将事情做好一点，以智慧和努力胜过他人，就是好的竞争。若以仿冒、掠夺的方式，将别人努力的成果拿来当作自己的，或用旁门左道的方式侵犯他人，以博取声名，就是不好的竞争。如果竞争性质不善的话，虽然有时会使自己得到很多好处，但多半会妨害他人，也会最终让自己蒙受损失。而且，此弊病不只限于自己和他人之间的关系而已，有时也将祸延整个国家。所谓避免恶性竞争，也就是尊重彼此间的商业道德，而且以此作为信仰，则不至于因努力过度而导致恶性竞争的地步。以妨害的方式来夺取他人利益的竞争，就是恶性竞争。反之，对产品精益求精，不做侵犯或吞并他人利益范围的事，就是善意的竞争，两者间的分界能用良知去判明并能谨守，就是恪守商业道德。

在此之上，还有一种法则，那就是超越竞争，不争而争，无为而胜有为。面对发展中市场竞争的种种选择，世界一些优秀企业以高品德高风范的格局逆熵文化、逆熵之道，奉献了超越竞争方式发展的非凡案例，体现了这些企业对发展意义、发展方式的深刻哲学思考。

20世纪80年代早期，郭思达重塑可口可乐的故事体现了对竞争认知的格局。当年，郭思达接手可口可乐的时候，企业以大约35%的市场占有率控制着美国的软饮料市场，而且所有人都认为市场已经足够成熟。游戏围绕着争夺其他10%的市场份额展开，那是一场不惜一切代价的争夺；或者竞争者之间围绕着保卫各自企业的市场份额展开战斗；百事可乐在市场上正把可口可乐的"饮料罐"踢得团团转，证券分析家们几乎要为可口可乐唱挽歌了。但郭思达没有悲哀，他有一个见解，一个简单同时具有感染力的见解：在"人们的肚子里"我们的份额是多少？他问大家，我不是说可口可乐在美国的可乐市场中占有的份额，也不是说在全球的软饮料市场中占有的份额，而是在世界上每个人都要消费的液体饮料市场中所占的份额。也就是说，发展的市场很辽阔，完全容得下有志者去发展。

伯特·博世，德国近代史最伟大的企业家之一，一辈子"向死而生"地追求着实业家的事业。具有百年历史的博世是一家名副其实的工业巨擘。博世一直以新型竞合关系保持公司竞争力。经过两次世界大战的洗礼，不断间歇式重建，空隙和平期的快速发展，让博世一直处于一种创业饥渴状态。战时，博世的生存环境与和平年代相比，更加充满挑战；而其后期业务的急剧扩张也带来了新的问题，就是竞争的场景和竞合关系发生了深刻变化，新思维在商业环境中开始酝酿，倒逼企业有所改变。打拼了一辈子的博世创始人，深谙商业和科技进步的本质内涵就是——无穷无尽的竞争。竞争无法避免，也随时随地让企业面临失败的风险。如若想要长久确保自己立于不败，除了不断地自我调整，保证高质量高效率的生产之外，也要构建新型的竞合关系，以保证公司"超越竞争"，基业长青。和最强的伙伴通力合作，化竞争为共赢的基石，不断巩固在全球市场上的整体领先地位，是他不断思考后沉淀的"竞合哲学"。基于这样的竞合商业哲学，博世于"欧洲内外"进行了一系列的尝试：在欧洲境内，先后于1924年与斯图加特最大的竞争对手艾泽曼合并；1928年博世与法国企业拉瓦莱特合资在巴黎开办了拉瓦莱特–博世工厂；1931年博世与其英国最大的竞争者约瑟夫·卢卡斯股份有限公司合资在伦敦开设了C.A.V–博世生产线；1935年与意大利企业共同在意大利开设了MABO工厂。在欧洲以外，博世为了避免交付高额的关税，把许可证发送给他们在日本、澳大利亚和阿根廷的当地的合作伙伴，让他们可以直接生产博世的产品。简言之，博世用利益纽带化解"敌我"竞争，通过合作放大业务边界，降低开发新市场的成本，同时也对企业核心竞争力进行动态的思考和把握。从长远规划的角度考虑，博世往往又很精妙地在合资企业中设计长期掌握控制权的方法，以保证合作的巨大成功最终融入公司躯体中。

前面多次提到的伊那食品工业所，在市场竞争中始终坚持"不树敌"的发展哲学。所谓"不树敌"，就是不做恶性竞争。这也是伊那食品工业所主张的"创造一家好公司"其中的一个部分。所谓不做恶性竞争，就是不打价格战。而伊那食品工业落实这项主张重大举措之一，就是开发世界唯一的产品：致力于创造世界上不曾有过，或是其他公司做不出来的产品，顺应、满足顾客的需求，如此一来便不可能出现敌人。不管是第一名、第二名，都有可能会出现敌人，但如果是世上唯一、只有这家公司做得到的，便没有竞争对手。仿冒，实施价格战，这类的经营都势必会树敌。为此"及时播下成长的种子"，这是指研究开发和未来经费。伊那食品工业为了将来，拼命地播种，也一直灌溉施肥。因为他们要让员工幸福，所以要不停地去做。

在过去传统概念里，钱都是自己赚。苹果公司恰恰相反，有了自己的专利之后，免费授权给全世界各地的代工厂去生产、加工，通过自己的后端赋能，整合产业资源。如此等等，优秀企业"非"竞争的发展哲学，体现出以德服人的格局逆熵之道，使之成为企业发展中赢得市场、服膺对手的制胜法宝，而且是人人可以借鉴的法宝。这种超越竞争的胸怀、思维，本身就是一种十分难得的格局。对国家来说是如此，对政党是如此，对企业更是如此。

（二）以市场替代的方式去发展

从企业产生的角度，有一种假说认为，企业是市场交易功能的某种替代。如果成立，那么企业同样也可以被市场交易功能侵蚀或替代。当然某种假说是否成立尚无定论，但从管理的角度，有的企业看到市场交易的功能与方式在管理中的利用价值，形成了以市场替代方式去管理、去发展的格局逆熵。

很多人在踏入职场后发现"做人"比"做事"更累。不管是察言观色、说场面话，还是和其他部门"打太极拳"（推诿），都需要耗费大量时间精力，也就是所谓的"办公室文化"，实际上就是"官僚主义文化"，一般是大企业病的重要表现。但若有一家公司完全免除员工"做人"的麻烦，不用讲情面，可以使人节约更多的时间和精力，人们一定会很感兴趣。在这样的公司里，一切事物都有"价码"；但相对地，公司省下来的钱或员工创造的业绩，也都忠实反映在丰厚的报酬上。这样是不是真的可行？答案是可行的。因为世界上真有一家企业尝试了，还很成功。媒体报道，这个企业就是被称为超透明企业的日本Disco公司。而Disco公司依循的正是"一切有价"的"市场替代"管理哲学。这一奇想，深受"阿米巴经营"的启发和影响。在日本，京瓷创办人稻盛和夫的"阿米巴经营"，靠着把大公司打散成自负盈亏的小单位，曾写下让日本航空起死回生的传奇案例。不过京瓷的"阿米巴"仍是以部门为单位，部门内部的员工之间，还有可能互斗，或是偷懒"搭便车"。如果"自负盈亏"真的那么好，那何不干脆让公司每个员工都像个体户，付钱发包给其他同事，同时接单收取服务费用，变成一个彻底的内部"利伯维尔场经济"，岂不就能消弭"内耗"，达到效率极大化？日本半导体机具设备厂Disco的内藤敏夫的回答是，可以、完全可以。而且他也真的办到了。走进Disco，你会发现每样东西都是"有价"的。下雨天冲进公司，想找地方放雨伞？不好意思，伞架要收费。想坐在计算机前打报告？没问题，但办公桌要算钱；计算机，也是用租的；就连开会的会议室也不是免费的。工作也采用竞标制度，所有员工自由交易。网络经济起飞，硅谷龙头如Google、Facebook标榜把员工捧在手心上，提供免费啤酒、免费餐点、打盹休息室等好康福利，让广大上班族艳羡不已，称之为"这才是爱护员工该有的表现"。相形之下，Disco跟员工锱铢必较、一切都摊开来明算账的做法，与其形成强烈对比。此一制度的核心，是一整套地把所有公司资产、生产程序、内部作业，和相关服务都标上价格的数据库，以及一组能追踪员工对公司营收贡献的查核系统。每个员工进公司时都会拿到一份底薪，但真正主要的收入，是来自公司和员工之间以"Will币"计价的内部交易。每一季，上层主管会拨一定数量Will币给各部门，作为该季工作任务的预算，接着就开放竞标，部门内员工可以透过手机App，针对想承接的任务进行投标；换句话说，每一个人都是一家自负盈亏的小公司。而为了完成指派的工作，各部门必须相互下单，付费给其他单位。员工之间也可以相互交易，赚取额外的收入，例如A员工的孩子明天要代表学校出赛，A员工想去替孩子加油，便可支付一定数额Will币，请B同事代为完成当天的工作。某个项目小组若缺少软件人才，或是突然收到外国传来的文件，需要翻译，也可以开出价码，发包给想赚外快的其他同事。"我们等于是在公司里打造了一块自由贸易区，就像是现实世界里的利伯维尔场一样。"为Disco设计出这套制度的内藤敏夫说，"工作应该是每个人自愿去做的，而不是一个命令一个动作。"靠着这一套迥异于其他企业、一般人难以想象的"市场替代"管理哲学和"超透明"制度，Disco写下了亮眼的经营绩效：2010~2018年，公司用了八年的时间，使年营业利润率从16%上升到26%，堪称同业翘楚，而公司股价则在这个期间翻涨3倍，市值飙上50亿美元；至于Disco的薪酬更令人眼红，全体员工平均一年薪资超过80万元，是日本平均薪资的2倍。就连日本政府都对Disco特殊的管理方式表示肯定，颁奖表扬Disco创造了"理想工作环境"。

这种以市场替代方式克服企业内部可能出现的推诿或官僚化趋势，实在是非常可贵的管理创新和理念，实质上体现的是一种格局，是值得研究和借鉴的格局逆熵探索与实践。

（三）以自我批判的方式去发展

自我批评是一种能力，一种智慧、一种情商，更是一种格局，是自然人、法人改变熵运不可或缺的格局逆熵。

超过半世纪前，研究就清楚显示，真相不一定敌得过多数意见。关于这个现象的经典研究，是1951年由影响深远的心理学家所罗门·阿希所做：37%人会追随多数者误判。在不同国家、不同文化、不同类型的人身上，都出现一样的反应（误判）。追随大众错误判断的顺从行为，受到数个变因的影响。大体来说，当任务越难或是越不明确，盲从的人越多，那些自尊心低、被群体吸引的人，盲从的比例也会特别高。担忧成为少数的现象，在职场尤其明显。美国西雅图顾问公司"质量文化"共同负责人瑞安、奥斯特赖克发现，将近七成的员工在看到问题时，并不会主动提出。他们研究指出两个原因：一是员工认为自己讲不讲没有差别，公司只会忽略他们说的话；二是对多数派的恐惧——畏惧那些保持沉默、不回报问题的人。很显然，他们就是担心别人的反应，像是被同事或被更多人嘲笑、排斥。沉默于是成为多数力量的展现。正因为如此，华为公司的任正非指出：

"如果一个公司真正强大，就要敢于批评自己，如果是摇摇欲坠的公司根本不敢揭丑。如果我们想在世界上站起来，就要敢于揭自己的丑。正所谓'惶者生存'，不断有危机感的公司才一定能生存下来，因此华为公司是一定能活下来的"。[1]

任正非认为：只有强者才会自我批判，也只有自我批判才会成为强者。大体上华为也的确就是这样，始终清醒地认识到自己会不断地犯错误，始终坚持不忘批判自己的错误，真真实实地改进公司所犯的错误。印证了任何否定之否定都会伴随新的生命成长的道理。华为20多年的奋斗实践，使人们领悟了自我批判对一个公司的发展有多么重要。长期坚持自我批判的人，才有广阔的胸怀。企业也是如此，只有长期坚持自我批判的公司，才有光明的未来。自我批判让华为走到了国家所不可或缺的地位；人们正拭目以待，看其还能向前走多远。显然，这取决于华为公司还能继续坚持自我批判多久。

邓宁-克鲁格效应告诉人们，有这样一种认知偏差现象，即通常能力欠缺的人无法正确认识到自身的不足，辨别自己的错误行为。这些能力欠缺者们

---

① 牟小姝：《任正非：唯有惶者，方能生存》，搜狐网，2019年8月3日。

沉浸在自我营造的虚幻的优势中，常常高估自己的能力水平，却无法客观评价他人的能力。简言之，即庸人容易因欠缺自知之明而自我膨胀。邓宁将这种效应归纳为："如果你没有能力，你就不会知道自己没有能力"。透过邓宁-克鲁格效应，人们会看到：越没有发展前途的企业，越容易高估自己，通常会认为自己是多么强盛；面临的危机越严重的企业，越容易自满，通常会感觉自己是那样的超级强大。在这些企业，上下均听不到一丁点公开的刺耳声音，更容不得任何异见的存在，伟大、光荣、正确的声浪淹没了一切。对这些企业来说，接踵而来的唯有衰亡和灾难。自我批判是一种武器，也是一种精神。

通用的斯隆一直强调，公司需要听到多元化的声音，才能做出更准确的判断。有一个关于做决策的故事，在经过一个简短的讨论后，斯隆发现，所有的经理都意见一致。正当大家准备结束会议时，斯隆说：是不是今天在座的各位都同意采取这样行动？经理们说：是的。斯隆接着说：那么我认为我们应该暂时搁置这个议题，不要在今天做出决定，等到下周，我们再来讨论一下，直到出现反对的意见，因为在没有彻底争论前，我们不能真正了解我们的决策意味着什么。

桥水投资公司被美国媒体称作是"最诡异的避险基金"，也是全世界最大的避险基金公司。创办人雷·达利欧从1975年以来至少为投资人赚进450亿美元净利，傲视同业；但在惊人的获利能力之外，达利欧特立独行的管理哲学，同样引人侧目。媒体报道，桥水投资2005年进行扩大招募，为了让新进人员了解公司文化，达利欧开始撰写一本厚达123页的员工守则，教导员工如何克制自己的直觉反射，避免在遭受批评或爆发争论时，被自己的情绪所"挟持"，同时学习使用大脑的前额叶思考，以增进内部讨论和公司会议的"实质意义"与建设性。尽管不少员工在踏进公司之后受到"文化冲击"，有35%的人在到职后18个月内就因为受不了或无法达到公司要求而离职。但桥水投资的优越绩效，却是这套运作模式确实有效的最佳证据；而且其对于"透明度"和"理性辩证"的坚持，则与其他一般企业面对普遍存在瞒上欺下、权责不清的问题，却束手无策，形成极其鲜明的对比。

成功领导者重视少数派反驳。这或许也是富兰克林资源公司总裁暨营运长珍妮·琼森拥有超强执行力的原因。当她观察到有团队成员沉默不语，她会主动询问他或她的意见。有些公司，像是世界级的创意公司IDEO，就让多样性成为他们的优势。IDEO找的是具备不同技能与知识的员工。当不同意见包含少数派观点、能挑战主流共识时，特别能让团队获益。多种形式的多样化都有可能改善决策，但真正能造就良好决策的是"异见"。

（四）用诚信自律的方式去发展

《富比士》在进行富豪排行时，人们观察到其中有25%都是犹太人。一本专门研究家族企业"如何打破富不过三代的魔咒"的企业管理专著，总共收入21个跨越了欧美与亚洲的案例。最经典的家族传承成功案例，是犹太裔的罗斯柴尔德家族，19世纪，已是世界上最富有的家族，已传承八代。直至今日，仍是世界公认极有权势与最神秘的家族商业集团，事业从金融，扩及至地产、矿业、能源、混合农业、酿酒和慈善机构等。其成功传承秘诀，与一般人的猜测有所不同，"大家都以为成功是因为犹太人血统的精明、会做生意"，但"实际上（则）是'诚信'二字。"罗斯柴尔德家族第一代创富者梅耶，正逢拿破仑横扫欧洲之际，拿破仑发现许多攻打的国家军队均是日耳曼地区黑森公爵所提供，誓言要杀死黑森，黑森公爵为了避走，离开前将300万英镑财产交给梅耶保管。在拿破仑第一次战败后，梅耶将300万英镑本金连同利息（与获利）还给了黑森公爵，验证"诚信是事业的基石"。

日本非常讲究诚信文化，假冒产品很少。为什么会如此之少？答案是作假风险太大。有人戏称，日本这个国家本来新闻就少，一点小事就可以上新闻联播。但即使如此，在日本也有诚信例外事件的发生。2002年2月22日，对于日本肉食品行业来说，是一个令人不寒而栗的"黑色星期一"。历揽52载无限风光的日本肉食品行业"龙头老大"——日本雪印食品公司，由于用进口牛肉冒充国产牛肉赚取昧心钱的丑事被曝光，不得不在两个月后的4月底彻底解散，凄凄惨惨打消了21世纪再攀高峰的远大目标，自作自受地为区区900万日元的"肮脏利润"付出了倒闭破产的惨重代价。此案例也说明，遵循格局逆熵之道、建设格局逆熵文化对任何国家、任何企业来说，都是多么重要，又何其之难。人类现代经济文明肇始以来，此种案例从未间断。1639年，美国波士顿的一个富商罗伯特·科恩被顾客起诉，说他高价出卖马鬃头和钉子，普通法院判决科恩违反了商业法规，处以200英镑的罚款，教会也给他加上"出卖产品，牟取暴利"的罪名，这一事件使科恩名声扫地，他开始酗酒，最终被开除公职。300多年后，由于没有商业伦理道德，安然公司垮了，世界通信公司垮了，还有更多的企业垮了。2002年7月，世通公司提出了美国历史上最大的破产请求。正当世通公司、全球有线通信公司和其他电信公司的投资者们发愁时，这些公司的不少高级经理却发了财。花旗集团旗下的所罗门美邦控股公司的杰克·格鲁布曼误导散户，造成了损失和破产，这不仅伤害了投资者，而且还伤害了美国电信产业的全球竞争力。韩国和日本两国的公司在某些方面的科学技术已经超越了美国公司。像安然和世通公司之类的公司丑闻动摇了投资者的信心。作为对投资者要求披露所谓的不适当行为的响应，美国起草了新的法案。

领略伟大企业的伟大，看到渺小公司的渺小；品味成功企业的成功，痛惜失败企业的失败，人们更知道格局对企业家，格局逆熵法则对企业的重要。对格局的认知、对格局逆熵法则的态度，无疑将决定企业对伟大与渺小、成功与失败的选择。

第三章　治理逆熵

> 未来组织最重要的职能是赋能，而不再是管理或激励[①]。
> 虽然现代人摆脱了中世纪的各种束缚，
> 但还不能够在理性和爱的基础上建立一种有意义的生活，
> 因此他们以服从某个领袖、种族、国家来寻求新的安全感[②]。

为每个细胞赋能，才能更好地体现企业的生命价值，对公司治理来说，具有核心意义。治理，是所有法人组织尤其是企业必须始终面对的重要问题。治理逆熵是企业逆熵要素中具有持续影响力的元素，其作用具有一贯性，贯穿于企业生命熵运始终。

从市场的角度看，公司治理是一个没有终点线的竞争。当今世界，所有的商业竞争，都会转变成为企业治理效能的竞争。治理，关系企业熵运，是逆熵重要的关键性考量要素。企业，无论是何种类型，在熵运中都会面临严肃的企业治理问题。这种治理涉及组织体系，以及权力与权利结构等。横向看，作为至今为止最有效率的经济组织形式，公司的出现被称作是"人类的成就"，尤其是股份公司惊人的崛起，被公认为是现代人类经济文明发展中

[①]　《重新定义公司》作者埃里克·施密特所持观点。嘉时有道：《未来组织的核心是赋能》，搜狐网，2018年7月27日。

[②]　美国学者埃利希·弗洛姆所持的观点。埃利希·弗洛姆：《健全的社会》，欧阳谦译，中国文联出版社1988年版。

最引人注目的现象之一。公司凝聚了生命个体，让它变成强大于任何个人的经济动力。无疑，企业治理对整个经济乃至人类生活质量提高来讲，都是至关重要的。纵向看，当信息科技发展在现代工业文明发挥主导地位作用的时候，公司作为工业化时代的组织形态，也将面临变革和升级。企业治理必须随之进一步完善与改进，以适应不断发展的信息时代。从纯粹内部的治理角度看，企业运行的启动是各类权力及权利的启动；企业的运营是权力及权利运作与配置的过程。企业作为一个有机体，（除物以外）既是人的组合，也是权力及权利的集合，更是企业中自然人与权力、权利的结合。公司治理除关注凝聚力之外，更重视对权力及权利的管理，主要包含权治与治权双层意义：一是关注权力与权利在内部利益相关主体之间的配置效率，注重解决积极性的问题；二是关注权力与权利在内部体系配置实施中的制衡制约，注重解决规范性问题。而且，制衡制约的目的，也是关注权力及权利配置与实施的效率问题；规范性的内涵包括将权力及权利配置与实施，严格限定在有利于企业发展的氛围之内，既防范机会主义的产生，也防止成员赋能的失衡。

谈到治理，就不能不说到治权。实际上，治理包含治权和权治之意。治权，原意代表大众管理公共事务的权力，包括行政权、立法权、司法权、考试权、监察权五种。作为企业的治权，同样需要五权，并由不同部门行使，但主要是代表产权方（委托与代理之间的关系）对企业进行治理、管理的权力，包括企业各层级的经营管理权力。公司治理讲究的是科学构建权力、权利体系，科学激发权力、权利动能，科学进行权力、权利监管。在企业政治学语境中，公司治权是企业权力的安排。公司治权是居于物理意义的企业所有权层次，如何授权给各层级员工并对其履行职务行为进行监管。显然，企业治理就是对企业各级权力、权利进行有效管理，以充分释放治权的效能，提高治理效率，提升企业竞争实力。

第一节　底色溯源

虽然公司的广泛发展仅仅有100多年的时间，但其萌芽却在2000多年前就已初现。一般认为，作为企业的普遍形式——公司起源于中世纪的欧洲。但有的观点强调，公司的起源可以追溯到更早远的年代。古罗马时期，随着商品经济的发展，人们开始合伙经营，在合伙经营的基础上，建立船夫协会等组织，这应该是最原始的公司形式。到了中世纪，在陆地贸易繁荣的地中海沿岸，个体业主经营的商业，在公共大众经济生活形态中占有十分重要的地位。巨大的家产，往往由继承人经营。有的则有几个继承人，为了巨大的经济利益，又不愿意分家，随后发展为无限公司。从历史发展看，公司可分为三种递进的形态：一是原始公司，时段大约为古罗马——15世纪末；二是近代公司，时段大约为16世纪至19世纪下半叶；三是现代公司，时段大约为19世纪下半叶至今。

对传统企业如何起源，大体主要存在两种理论观点。一种是交易费用决定论。另一种是将企业作为利用分工合作利益与节约交易费用达到均衡的组织来看待的理论。但从近现代工厂企业产生的角度看，应该还有更多理论。比如，还有一个从物理角度去看待企业产生的问题。由于地理分布的不同，在需要进行能源、资源整合时，就必须超越物理的限制，包括能源、资源以及人员的流动。即克服物理所限，使分工与交易成本的理论得以成立并变为企业现实的产生。因为这些物理所限是不能假设为零的。钱德勒指出，1840年以前的美国，之所以还不存在现代工商企业，"单一单位企业"一统天下，是因为"当时经济活动的规模尚未大到足以使管理的协调比市场的协调具有更高的生产率，从而更有利可图。建立多单位企业的必要和机会并不存在。"[①]也就是说，由于物理原因所限，只有到了煤炭能提供廉价和方便能源，铁路能提供迅速和有规律的全天候运输服务时，才结束了500年来一直延续的管理生产和分配过程方法。实际上，即使是单一单位企业也存在物理所限问题，只有克服了物理原因所限，经济组织才能从手工进化为企业，包括现代企业。正是由于企业的出现，将新的复杂工艺用于生产，需要现代经理人员对多个生产单位进行广泛的组织协调，进而产生了企业治理问题，由此自然产生企业治理逆熵问题。而在研究企业治理问题上，不能忽视的两个重要关系，一个是同为法人组织的企业治理与国家治理的关系，一个是同为法人组织的企业与政府的功能关系。正是两大关系决定了企业治理演进的法理。

---

① 伍山林：《企业起源理论：若干企业史检验》，《财经研究》2000年第5期。

一、国家治理逆熵的传承

企业治理逆熵具有典型的民族性和国家特征。纵观世界各国，每个国家都有其优秀的民族文化。能够将优秀的民族文化融入企业治理逆熵之中，往往会成为本国企业制胜的法宝。当然，在继承本民族优秀文化的同时，还要充分借鉴其他国家的民族文化、企业文化。做到了这些，就有可能进一步增加本企业在全球市场竞争中的制胜筹码。但不可否认，世界性的企业治理逆熵建立在民族性和国家特征的基础上。比较典型的是日本和欧美国家。

（一）东方日本企业底色溯源

日本式企业治理逆熵特征之一，是体现了日本传统国家治理逆熵传统中的集团主义意识。主流观点认为，日本企业的集团主义精神是日本治理逆熵传统重要的本质与精髓，是员工内在激励与约束及其重要的决定性因素，也是第二次世界大战后日本经济成功的奥秘之一。所谓集团主义精神，可理解为视集团为一个命运共同体，要使集团存在，集团的和谐大于或优先于个人欲望的满足。从文化渊源上看，如果集团主义没有广泛深入地渗透到普通人的意识之中，如果第二次世界大战后日本没有形成那种"以企业为中心"的社会环境，如果没有这样一种传统的文化背景，那么，即使在形式上实施终身雇佣制等制度，也未必能产生日本企业那样的凝聚力；即使企业拼命向从业人员灌输本企业特有的"教义"（"社训"），也未必能真正落实到广大从业人员的行动中去。美国学者E.O.莱歇尔教授为代表的一批研究者，认为日本是个重视集团更胜于重视个人的国家，而且还认为这一特征与日本的稻作文化密切相关，是稻作文化的产物。"岛国"的自然地理环境，在日本的早期历史上孕育了日本人较之其他民族更加强烈的危机感，由此滋生了一种朴素而朦胧的同舟共济的命运共同体意识，并在此基础上形成了日本民族所特有的性格，以及重视群体作用、个体对群体依赖的民族心理。一是艰苦的自然条件培养了日本人团结协作和勤劳的品质。日本是一个多灾多难、自然条件非常恶劣的国家，灾难大多来源于天灾而非人祸。日本处于太平洋火山地震带，所以火山、地震和海啸十分频繁。为了从灾害中求生存，所以日常生活中人们必须团结一致。日本地形中平原仅占15%，而且很多在斜坡上，为了完成水稻的精耕细作，必须依靠人和人之间、村和村之间密切合作才能完成。集团主义正是在日本特有的历史、生活和地理环境以及大规模的文化冲突与融合的背景下形成和确立起来的国家文化。二是日本的氏族制度又进一步强化了日本人的集团主义意识。早期以家庭为单位的农耕社会，建立了以男性家长为核心的家族制度。稻作农业十分强调集团作业和共同秩序这一传统生产方式，而特有的自然地理环境、水田稻作文化和单一民族构成，使日本的家族体相对说来更具有超出血缘关系范围的"开放性"和"外延性"等特征。建立在家庭基础上的日本氏族公共群体，从一开始就具有"生活共同体"和"农业生产经营体"的双重职能，以至日本今天许多集团组织仍在不同程度上带有"模拟家族"的色彩。加之，儒学的"忠""孝""和""本分"和"义务"等伦理道德观念与日本自身的文化传统结合在一起，进一步从意识形态上强化了日本人的集团归属感。

极具鲜明特征的日本国家治理逆熵传统，经过一系列现代化经济与时代变迁，以及各方的不懈努力逐步转化为日本企业独有的企业治理逆熵特色，从而实现国家治理逆熵传统的有效传承。对此，武心波强调：明治维新政府推行的"自上而下"的资本主义政策和"废藩置县"改革，使习惯于"藩"这一"家"共同体生活的下级武士和农民被剥夺了土地，大多数人流入了城市，沦为近代企业的雇佣工人。与此同时，"家"的观念也开始蔓延到近代经济组织中，如资本家把商店和企业比作"家"，并作为家业来经营，称自己是家长，职员是家庭成员，工厂企业是一个整体——"命运共同体"或曰"熵运逆熵共同体"。1898年明治民法颁布后，只有有血缘关系的人才会在法律上被承认为家族成员，这意味着从制度上将以前人们所习以为常的无血缘关系的伙计从家族成员中排挤了出去。但习惯依存，传统观念根深蒂固。再加上企业生存与发展的需要，企业经营者也会利用原有的习惯和观念，并千方百计把法律制度规定的外人纳入企业家庭的家族成员概念之中。鉴于此，为了把这种"外人"作为就业人员与"家"（企业）紧密地联系在一起，企业经营者在员工的自觉或不自觉的配合下，开始摸索建立一种新的观念，逐渐形成了"经营家族主义"——这一具有日本特色的经营模式。

中国企业的"家文化"则有所不同，因为在中国传统里，家是地地道道的血缘关系基础上的利益共同体。视团体、单位、企业为家，成员彼此以家族关系名义相称谓，都是为了借助传统文化的家族血缘利益名义，拉近成员关系，以增强凝聚力。但同时具有实际意义的利益共同体，则只是以非正式群体形式出现的小团体，以近乎历史上"歃血为盟"的形式，实质上是人身依附（家文化也是家长文化，这些因素不是治理逆熵，而是熵增），形成与血缘关系极其相似的利益关系。这种关系甚至决定一些企业真正的利益及职务分配。而这种小团体的和谐一致，往往对企业整体的和谐一致构成威胁，是非正式组织对正式组织形成的威胁。也就是说，中国企业的家文化往往只会形成局部或非正式其他的家文化，而不可能像日本企业那样形成整体的家文化，尽管在日本企业也有非正式小团体的存在。

在《试论日本大企业的"藩共同体"性格》一文中，武心波阐述道，日本的所谓"经营家族主义"，即把经营比拟为"家"，将企业比照为过去的"藩"这一大家族。经营者如藩主，经营者与从业人员的关系如同父子，同处于企业（藩）这一共同的"家"之中。经营者作为家长，要像传统藩那样对企业内（藩内）的从业人员要有温情，要全面照顾到他们的生活，从业人员对待经营者要像对待父母亲那样言听计从，完全把自己交给对方。在当时公共保障制度尚不完备的情况下，企业采取这种政策，无疑加深了员工对企业的归属意识，提高了企业的凝聚力、向心力。第二次世界大战后，日本人的"爱社精神"已被传为佳话。从历史上看，这一意识存在的前提，正是来自江户时代的"爱藩精神"。在江户时代的"士农工商"的身份等级中，位居"国民"之首位的藩士总是以自己的藩为骄傲，经常会以一种十分得意的心情说"我是萨摩藩士""我是长州藩士"等。日本各大企业的员工，都有着江户时代"爱藩精神"传统的影子。因此，"爱社精神"十分强烈。比如，三菱公司的社员往往自称是"三菱人"，三井公司的社员自称为"三井人"。他们对所属公司的忠诚，不亚于封建时代藩臣对藩主的热爱。很长一个时期，日本人总是以他们所属的企业为荣，就像藩士认为自己是藩的代表那样来看待他们自己和企业的关系，认为企业就是过去的藩，而自己则是藩士，是企业战士，应该以企业为家，对企业忠诚不贰，奉公（企业）灭私（自我），为企业的利益和荣誉奋斗到底。企业原本是私有的组织，但像三菱、住友等这样一些著名大企业，通过明治、大正、昭和时期的演变，已被人们看成是取代了藩的现代组织。正因为人们认为企业和藩一样具有"公"这一共同体组织的性质，所以便会对企业产生出强烈自豪感和非常高的忠诚度。司马辽太郎说，在日本人的眼里，企业往往具有"公"的性质，这是民族的风土。

亲密、简约的人际关系，是企业生存与发展的需要。企业中的"家"文化是东、南亚国家的一大特色。在此种文化中，可有效或期望解决人际关系中的不确定性，增加人与人在合作中的可靠预期。而日本的治理逆熵传统恰恰为企业的治理提供了便捷、顺手的可利用工具。因而，日本的企业治理的亲情化实际效果远远大于其他东、南亚国家。在日本以外的一些亚洲国家，注重亲情关系的企业治理背后，则是法治的不够完善所致，即缺失强有力的诚信体系支撑。由此，特别需要在企业治理中得到亲情关系的有力支撑。而且，诚信体系建设在可预见的将来一直处于稀缺性建设和完善之中，因而这也成为家族企业至今兴盛的原因之一。显然，这也是治理逆熵上的差距，实质上是市场经济制度成熟度上的差距。而市场经济制度是人类现代经济文明最为重要的逆熵要素。

（二）西方欧美企业底色溯源

考察欧美国家的企业治理逆熵，仍能看到国家治理逆熵文明的精髓和印记。在现代公司尤其是大陆法国家的股份有限公司中，一般依据社团法理论，由全体股东组成的股东大会作为非常设性的权力机构；由股东大会选举产生的董事组成董事会，以及由董事会任命的经理层，充当公司的执行机构及日常经营管理的决策机构；股东大会另选出监事组成监事会，作为公司财务会计或同时包括业务活动的监督机构。决策机构、执行机构和监督机构三足鼎立，形成既相对独立，又相互配合和制约的关系，以保证公司决策的科学性与业务执行高效性的有机结合。这种治理结构和文化完全不是空穴来风，基本是欧美国家政府治理的翻版。

在欧美国家，尤其是美国和英国，17世纪后期，随着 1688 年革命后政治机构的演变，议会取得了至上地位，司法机构也独立出来。诺斯和温格斯特将财政革命和公共及私人资本市场的增长联系起来。他们认为，这些政治事态发展的一个关键因素是，政府受到新的政治机构和自我执行规则的约束，并得到议会对财政改革的同意，这标志着三权分立的开始。因此，政府（王权）不再能够像以前那样为了自己的利益任意征用财产。这导致私人财产权的安全性大大增加，并推动公共资本市场的快速反应性的增长。现代上市公司股东权利的基本特征，在东印度公司时代就已经基本建立。17世纪初，现代上市公司的许多特性都是由特许经营和商业惯例的规定建立起来的，其中包括会员与管理层的分离，成员的定期会议，向成员提供财务信息。公司内部管理人士认为，股份公司的披露财务信息，公平对待外部投资者等特征，是外部投资者可以参与治理的强烈信号，它促进了管理人员和外部投资者之间的高度合作和信任。这种合作和信任，使股份制公司能够发展到特定行会组织之外，也促进了专业化管理的发展，催生了职业经理人阶层。20世纪20年代，股份公司的公司章程通常规定董事会有固定的任期，因此需要参加选举，通常每三年或四年更选一次。股东有明确的权利罢免董事甚至任命经理。一般情况下股东会议每年至少举行一次，也有许多公司每年要求召开两次会议。公司通常允许股东查看公司账簿。如果股东大会对账目不满意，他们通常有权任命一个检查委员会或审计委员会。随后，企业董事会、监事会和总经理"三驾马车"治理企业的形式基本被固定下来。这种现代企业治理的雏形无不体现现代国家"三权分立，相互制衡、共同发挥作用"的政府治理逆熵的特征。

20世纪初，特别是 30 年代后，股票的大量上市则把企业所有权分散给几万甚至几十万人持有，谁也不能投出决定意义的一票。结果，一个新的专业管理人员阶层，虽然几乎不拥有企业的所有权，却控制着企业，执掌企业的大权。在美国，他们是真正的实权派，他们带来知识、经验和稳定，同时也建立了复杂的官僚结构。这些专业管理人员建立的王国几乎持续了近一个世纪，如果以20世纪20年代通用汽车董事长斯隆的成功为开始的标志，那么20世纪90年代克莱斯勒汽车董事长亚柯卡下台则标志着这个时代的结束。之后，CEO大规模地被解聘或辞职显现出资本市场新生力量——大的机构投资者已经出现。静悄悄地，几乎令人毫无察觉地，这些大机构投资者持有的美国主要公司股份从 1955 年的 15% 上升到1990年的50%以上。现在他们有了挑战或者罢免业绩不能令股东满意的首席执行官的能力。有史以来第一次，首席执行官也有了实质性老板。

21世纪10年代后，大企业的资本结构正重新被一些资本集团所控制，这些资本集团被称为"共同基金"。不过，大多数"共同基金"并不谋求控制。一方面，它们让继任者看到，再像国王一般做事是不行的；另一方面，董事会中设计的功能和机构也重新活跃起来。董事会的组成原则发生了根本改变，一部分董事由拥有的股份决定，另一部分董事由其他企业的企业经营者和大学教授担任。所以，整个董事会实际上是个专家集团，在这里起决定意义的不再只是资本和股份，而是知识、信息和经验，这些无形资产的拥有者成了企业的决策人。看看一些成功的董事会构成，各企业内聘董事和外聘董事的大体比例是：美国运通 2∶14，英特尔 4∶7；可见外聘董事在董事会中占绝对优势。正是这样的结构，保证了企业的决策理性。显然，企业的治理逆熵经验也可被国家治理借鉴、移植。

二、政府治理功能的替代

企业之所以能够传承国家治理逆熵的因子，主要原因是企业治理功能与政府治理功能不仅有着割不断的渊源，而且在特定领域和时段，企业完全可以对政府治理功能进行替代。两者逆熵之道可以说是一脉相承。经济生活有两只手在发挥作用。一是市场的无形之手，二是政府的有形之手。对于两只手来说，企业却是"两面人"。企业作为组织是对其他市场形态的部分替代或扩展，而企业所具有的功能却是对政府部分功能的替代。两个"替代"值得深思、研究，对人类的发展也可能意义非凡。一个令人感兴趣的史实是，公司最初在美国的出现，主要是为了服务公共利益，而不是纯粹为了私人赢利。

（一）公司与政府底色同源

企业与政府的产生都是经济发展的产物。

公司产生于商业文明，政府则产生于农耕文明。从经济文明的整体视野看，政府主要是为了服务和保障各方经济利益而成立，同时又能使各方更好地获利。公司作为经济发展的硕果，同时促进经济不断结出更大的硕果。政府产生的根源与企业并无二致，可谓同宗同源，都是经济发展的需要。

政府的首要职责是保护国家涵盖区域内的民众聚合体相关方利益。而企业谋利，实质上涵盖对特定群体和个体利益的保护，也就是说企业天然涵盖政府的部分功能。农耕文明时期，人类获取生存，必然要依靠土地与食物；对土地的占有无疑会成为每一个个体和群体为了生存所必须实现的目的。但有限的资源与不断壮大的人口，以及对人们物质与文化生活不断提高的要求，必然导致恶性竞争，或极端恶意竞争，即血腥的生死竞争，也是战争的重要根源。

中国已知的夏商时期，因为土地的利用有限，必须休耕，氏族需要迁徙寻找新的可利用耕地，使氏族间竞争更加激烈，其激烈之程度不亚于现在买方市场下的企业竞争。甚至通常看，这种氏族对外的群体与群体的竞争以及内部的个体与个体的竞争，往往很血腥。因为这种竞争的结果，必然导致早期弱小的不同群体，希望通过相互支持而获取自身能力提升的愿景落空，以及协作精神的遗失。也可称为原始道德的沦丧。竞争同时带来经济活动增加，参与经济活动的因素急剧膨胀。作为交换主体的个体或群体，在不能形成有效的自我发展与调节机制的条件下，必然导致信用的缺失。作为一个对外竞争与对内协调的需要，或者称为政治与经济的需要，政府的出现无疑会增加一个群体的对外和对内的协调与凝聚能力。同时，政府的出现也正是道德与信用缺失的结果，其作用是为了建立起能够支撑区域群体生存和发展的道德与信用体系。显然，有了政府就需要财政。财政通过税收，一方面，实现国家存在和发展的资源提供；另一方面，财政又是政府管理经济的手段。无疑，政府的产生有利于经济发展及民众福祉。

当然，由于政府独特的地位，在没有约束的情况下，其功能也会产生异化，会在加速自身膨胀和利益攫取的同时，对经济发展和民众福祉造成伤害。对其功能的替代的企业的出现，完全是经济发展的需要和民众福祉的需求，也是对政府的有力制衡、制约。只是，人们目前对作为政府约束和替代的企业，还缺乏深入的认知和研究。

（二）公司与政府底色迭代

300多年的人类近现代经济文明的历史表明，企业已对政府政治治理功能进行部分替代，对政府的经济功能已经进行了近乎100%的替代。可以预见，公司与政府底色迭代还会加速进行。由此，企业与政府的功能必将持续演进。

在人类文明初创时代、封建时代和皇权专制时代，因为经济活动比较简单，政府有足够能力进行控制与管理。这也是政府权力至上的有力支撑。随着现代经济文明的发展，市场的扩大，经济活动的发生频率与参与主体的大幅度增加，参与市场行为的要素急剧膨胀。越来越复杂的经济关系，逐渐超越政府调控经济的能力。所以，寻求更为有效率的主体参与其协调职能已经成为必然，即寻找一种介于政府与市场之间的协调主体。早期公司的特征是政府职能延伸的最好例证。同时，这也是约束政府权力、规范政府权力、引导政府权力的可靠基础和必然要求。说到底，是人类（族群）宏观治理逆熵的需要，如果把政府法人与企业法人放在平等的维度去考察，则会更加清晰地看到这个必然现象。当然，企业的性质不同，对政府作用的力度也不同。在18世纪以及更早的时代，公司是必须经过王权或政府批准和授权的，其经营具有垄断性和排他性。这种专有经营权，其承担的不仅仅是经济职能，也包括很强的政府职能。如英国的东印度公司，至少表现出来的是半官方性质，其对殖民地的贸易是垄断性质的，在很多时候，其行为又可代表英国政府对殖民地的很多事务进行管理。直至20世纪80年代中国的石油、邮电、通信、铁路等，包括商业体系都有这种特征，一方面他们是作为市场主体参与经济活动，另一方面他们又代表政府制定市场规则和参与市场管理。越是市场经济不发展、不完善的国家或时代，越是如此。

公司萌芽于古罗马。古罗马是靠战争发迹的，战争使罗马疆域扩大，也使商人大发其财。但战争以及维持辽阔的疆域却耗资巨大，于是政府与商人勾结，签订合同。某些大商人联合起来为政府解决部分财政问题，政府则允许他们组成一定的商人组织，承包某些过去由政府控制的贸易、工程，甚至收税职能。例如，罗马共和国时期、罗马帝国时期，出现了类似股份公司组织。中世纪初期，在城市和贸易发展的刺激下，公司这一组织形式之所以重新萌生起来，也正是由于公司具有替代政府部分功能的能力。城市发展了，城邦政府的军事开支和行政费用均需大量资金的支持。于是，商人们便以替政府筹款（即政府部分的财政功能）为条件取得成立公司的特许权，获取厚利。所以说，公司虽然是一个经济的概念，主要承担的应是一种经济职能；但是，公司最初，或者说其最根本的概念却是政治性的，体现的是一种政府职能。英国的东印度公司的确是一个足以说明企业替代政府部分功能的好例子。1599年9月，80多个伦敦商人聚集在市政厅，就是为了创建股份有限公司的特许权，还有对东方贸易的垄断权。他们要以此去和别国商人争夺香料生意。400多年前，股份有限公司并非人人可以兴办，它必须经由政府的特许。因在个体的信用尚未建立之前，缔结合约须借助国家信誉作为担保。伦敦大学经济史教授汤姆林森认为，伊丽莎白女王给予他们特许证是因为能为皇室赚钱，这就是国家机构用来赚钱的方式。通过向商人们征税，通过向他们授予特权并收取费用。所以，这其实是一种买卖，国家通过政府把信誉卖给了公司。1757年，英国东印度公司32岁的雇员罗伯特·克莱武率领3000雇佣军击溃了由20000骑兵、50000步兵组成的印度军队，从此开始了由一家公司政府统治一个古老帝国的血腥历史。汤姆·汤姆林森直言，这家公司更像是一个政府而不是一个公司。1813年之后，它已经全然不再是人们理解的公司了，尽管还叫公司，但实际上就是一个政府。英国《经济学人》编辑阿德里安·伍尔德里奇则认为，这是个两全其美之策，政府不用直接控制殖民地，只要在特许公司里安排上一些人，他们就会为政府效力。为了扶植公司的海外扩张，英国与荷兰率先将交战、媾和、司法、行政等诸多国家权力给予公司。鼎盛时的英国东印度公司拥有超过30万人的武装力量，这个数字是当时英国本土军队的两倍。1688年前，进行对外贸易和殖民活动的法人企业需要得到皇家特许；此后，议会宪法至上地位得到确认，议会成为授予公司权利的主要主体。议会颁布了公司相关的规章制度，鼓励开展广泛的公共福利工作或支持政府职能和政策。因此，在政府不发达、资金不足的时期，大大小小的公司也发挥了重要的公共作用。1862年，英国通过了《公司法》。英国贸易局表示，以前成立股份公司是一项特权，我们希望能把它变成一种权利。从此，成立公司不再需要政府的特许。爱丁堡大学法学院教授约翰·凯恩斯认为，《公司法》的价值在于允许人们在政府的控制之外，在一定的框架之下自由地组建一家企业。实际上，也是公司替代了政府的部分经济管理功能，也就是说，政府放弃了部分直接经营的经济功能。

当然，随着经济活动的不断扩展、贸易不断地扩大、市场参与主体的不断增加，这种基于政府治理力量的公司的弊端逐步显现出来：缺乏效率，不能适应经济发展的要求。再加上民族、国家与人类公共生活等复杂问题的不断出现，因而，政府开始逐步收缩公司的政府治理权利替代。但企业对政府功能的替代仍然无法阻止，而且渗透的领域越来越广。

第二节　底层逻辑

进一步全面考察企业治理的发展过程与趋势，尤其是激励与约束机制的需求与演化，人们会看到，在企业内部的微观治理上，企业治理逆熵有两大底层逻辑发挥核心作用。

一、赋能分权

企业治理逆熵使命，是激发企业活力，调动员工积极性，就是要通过有效地分配权力和权利，建立充满生机与活力的权力与责任、权利与义务积极互动体系，充分赋能每个员工个体，从治理上为企业发展创造不竭动力之源。在权力与责任、权利与义务及动力的关系上，总是呈正相关关系：不管是公司高管，还是一名普通员工，有了更大的自主权，也会有更大的责任去做其所期望的工作；有了相应的权利，才能赋予相应的义务。治理虽不是公司创造但却是公司自我消费的产品，也是每一个成功企业的必修学问，究竟谁说了算？决策又如何执行？权力、权利的分配、制衡和传承，对每一个渴望长大、向往长久发展的公司来说都是必须跨越的治理门槛。权利(Right)的实体是公民，对应的是义务；而权力(power)的实体是职位，对应的是责任。权利、权力、义务、责任，四者之间的逻辑关系很清楚。如果说权利和义务的一体化构成了公民，那么也可以说，权利、权力、义务和责任的一体化构成了现代公民。一个现代公民，不仅应该具备权利和义务的双重要素，还应该具备权力和责任的双重要素。当一个公民具备了权力和责任、权利与义务的时候，他（她）面对个人，面对世界，就不会说"我是无能为力的"，因为这个时候，他（她）已经成了一个现代公民。权力、权利的配置能力是企业很重要的治理能力，因为它决定权力、权利主体如何履行其义务和责任，而后者决定企业的绩效及其延伸的竞争能力、生存能力和发展能力。完善权力、权利的配置，是企业机理保持良性运行的内在要求。从权力、权利自上到下的配置看，主要可以分为极权治理、独裁治理、集权治理、分权治理四种类型。显然，其中本书重点讨论的分权治理，是一种赋能最具广泛性的激励模式。

规模较大的企业必然是分层而治，常说的扁平化也仅仅是层级较少而已。大企业必须建立有效率的层级组织，才能够攫取技术进步所带来的机会，取得市场活动内部化的利益。如何做到有效率，从企业治理的角度，是必须为所有层级及所有成员赋能。从这种意义讲，之所以把赋能单独提及，不是说企业没有赋能因素，而是强调企业不能仅仅为顶层赋能，不能只为极个别人赋能。这一观点并不一定被所有人认可或接受，但从企业治理看，却很值得借鉴。在企业治理中只有少数人或个别人赋能，是难以带动整个企业向前发展的。仅仅靠个别人或少数人的积极性，是无力推动整个企业发展的。尤其是在多变、激烈的市场竞争环境下，对企业的颠覆有时不知来自何方，如果仅靠个别人或少数人之力，难以确保企业熵运中的生命及价值实现。就是有一定的逆熵力，也极为有限。对企业生命价值所需要的逆熵来说，无疑是杯水车薪。即使少数人或个别人有权威，下面有跟随、有执行力，但这种跟随及执行力也一定只能是表面的、应付的、有限的。这应该是很浅显易懂的道理，除非是指鹿为马的企业内部氛围，才不会理解这样的道理。如果那样的话，企业就真的很危险了。因而，赋能必须是全面、全领域、全方位、全要素、全层级的赋能。对企业来讲，是指由上而下地释放权力，也就是分权，尤其是让员工们有自主工作的权力，从而通过去中心化的方式驱动企业组织扁平化，不断为企业各层级各成员分权赋能。

大企业普遍存在的官僚主义也有类似的原因，即权力过分集中。大企业病下的中央集权式的组织模型，不仅使人与人之间的心理距离越来越远，而且组织效率越来越低。总体来看，科层制组织采取的集团控制模式，是"推动型组织"，以领导为中心，动力来自领导，即战略管控、财务管控和人力资源管控，把决策权、财务权、人事权收归总部，再通过一级级的子公司、孙公司下沉。这样必然会产生和存在部门墙、隔热层和流程桶等现象。子公司、孙公司经营者的身份依然是职业经理人，并不完全承担经营失败的风险，也不能在经营成功后分享巨大的收益。即使有绩效考核基础上的奖惩，幅度也极为有限。无论哪个层级，责权利如不在员工身上，员工就不可能成为自己的"CEO"。

Uniqlo创办人柳井正认为：人只有把工作当成自己的事，才有干劲。"一旦把工作托付给了员工，就要有睁一只眼闭一只眼的勇气，要懂得放手、懂得忍耐"，这样员工才有干劲。放不下，忍不了，就授不了权，于是，领兵的不打仗、打仗的不领兵，管理错位怪象层出不穷，组织效率低落。作为赋能分权的平台型组织则是"拉动型组织"，动力来自用户，必然以用户为中心。权力天然地放在一线，听得到炮火的人才能具备指挥权、行动权。授权、放权、分权是释放，而不是失控，是为了赋予和释放企业潜能。每个希望成功实现梦想的企业，都需要设计出一套符合本企业实际的，放而不乱、管而不死的分权赋能治理模式。

二、创新分权赋能企业治理模式的经典探索

在20世纪50~60年代，伊恩·戈登基于大公司面临的等级制度弊端和管理效率低下问题，提出了分权管理思想。面对以客户为中心和全球市场力量的威胁，许多企业，特别是大公司，需要减少中间管理层次，简化办事程序，提高办事效率，以便满足客户的需要。成立于1980年的美国传媒公司CNN，一直奉行一种放权的企业文化。为满足观众对实况新闻快速报道的需要，该公司打破传统集权管理模式，摒弃官僚主义作风，授权下级管理者在一定范围内自行决策，推行"灵活、快速决策方式"，从而实现了经营管理的"自动化"，提高了观众满意度和企业经营效益。玛氏公司不仅支付高薪给员工，而且充分授权让每一个工作人员都觉得自己很重要。他们在工作上被赋予全部的权力，即使那些在工厂生产线的员工也不例外。比如，如果产品品质出了什么问题，员工有义务中止生产线的运作。美国GE公司的经营者对"管理"的理解是"越少越好"，甚至是不去管理。他们对"管理者"重新进行定义：过去的管理者大多是控制者、干预者、约束者和阻挡者；现在的管理者应该是解放者、协助者、激励者和教导者。GE的"不去管理"，并非

认为可以自由放任不进行管理，而是强调不要陷入过度管理中。杰克·韦尔奇把管理行为界定为：清楚地告诉人们如何做得更好，并且能够描绘出远景构想来激发员工的努力。就是"传达思想，分配资源，然后让开通路"。激发热情的方式，是允许员工们有更大的自由和更多的责任。在杰克·韦尔奇的GE，有两种人必须离开：一是违反道德原则；二是控制欲强、保守、暴虐和压制别人，并不愿改变。

美国辰星公司，所有成员都是自我管理的专业人士。他们主动与同事、供应商、客户、同行人员进行沟通交流，协调彼此的活动，整个过程不需要服从他人的指令。近20年，公司的销量、营收和利润实现了两位数的增长。究其秘诀，最根本的还是较为先进的治理逆熵理念造就了公司：一是优秀的员工都是能够自我管理员工，人在能自行控制自己的生活时最幸福；二是人能思考、充满活力发挥创意、表达关怀；三是最佳的组织是自愿的，不需要外人管理，由参与者相互协调参与管理；四是帮助别人就是提高声誉。辰星西红柿公司没有老板，没有管理层，没有阶层，甚至连预算也没有。创始人为克里斯·鲁弗解雇了所有的管理者，他下放了权力，让全员参与管理。公司没有具体的岗位描述，员工自己制定自己的职责范围和工作内容，并在获得经验和技能后承担更多的职责。在公司，员工可以做自己想做的事情。正是宽泛的职责范围和完全放权式管理，使员工的工作积极性显著提高。公司是靠声誉资本推动的。当某员工为其他部门建言献策时，该员工的声誉资本就会增加。员工跨部门借调异常容易，完全打破了部门墙。拆除了管理的金字塔，因繁沉的组织结构带来的有害因素就会最大限度地消除。完全平台化管理，大家不用争夺有限的晋升机会，取而代之的是大家把所有的精力都用来发挥自己最大的才能或者帮助同事。每个部门都是自负盈亏。公司有自己的仲裁机构。公司不做财务预算，也没有独立的采购部门，员工可以自行采购。每个员工都有本备忘录，公司管理都基于这本《同事谅解备忘录》。每年，员工都会找到与自己工作关系最为密切的同事商讨并签署这份备忘录。独立的个体之间自愿达成的协议，可以充分调动员工的积极性，使劳动更有效率。这种自发形成的秩序，让一切井井有条，每个环节都有人负责，且乐于为这个环节负责。

戈尔公司从1958年Bill Gore成立起，公司就不采用一般企业的森严等级体系架构，而是开创了不设等级制度的"网状"扁平架构，没有传统的机构层级，没有复杂的管理链，也没有死板固定的信息交流渠道。创始人比尔·戈尔坚持数十年如一日地用平等主义打造这个"零官僚主义"的企业。如果员工有新产品的创新，只要能够在公司内部寻找到支持他的规点并愿意并肩作战的同事即可。公司的"网状"组织结构，职责无边界、自己分配任务……比尔·戈尔有一个坚定的信念："独裁者无法强迫别人主动作出承诺，只能发号施令。如果你热爱你的工作，你就会自然而然地感到自我激励。激情带来承诺，承诺带来成果。"①

有一个叫作阿米巴的著名组织，是由稻盛和夫在京瓷公司独创的经营管理手法。阿米巴经营模式的本质是一种量化的分权赋能治理模式，其核心是把员工当作经营伙伴，看成一同分担经营责任的"共同经营者"。包括稻盛创立的京瓷公司、第二电电以及稻盛和夫主导重建的日本航空，已经引进了阿米巴经营。在阿米巴经营中，把公司划分为被称作"阿米巴"的小型组织，每个小型组织都作为一个独立的利润中心，按照小企业、小商店的方式进行独立经营。比如说制造部门的每道工序都可以成为一个阿米巴，销售部门也可以按照地区或者产品分割成若干个阿米巴。各个阿米巴的领导者以自己为核心，自行制订所在阿米巴的计划，并依靠阿米巴全体成员的智慧和努力来完成目标。通过这种做法，生产现场的每一位员工都成为主角，主动参与经营，从而实现"全员参与经营"。各个"阿米巴"自行制订计划，独立核算，自主成长，让每一位员工成为主角。

巴西的Semco公司是一家非发达国家企业有效分权赋能、"自我管理"的成功样本。公司上班时间、公司福利、工会组织、办公环境等可由员工自行决定。比如员工可以协商并投票决定是否进入新的业务领域，或是从旧的业务领域退出。即使老板塞姆勒的投票，也只是公司3000张选票中的一张。从这家企业人们看到，"新管理"不仅仅是美国的专利，巴西企业的治理方式更为创新和大胆。Semco公司是家族企业，工业机械的传统产业，不像是能容许太多自由度的公司，但总裁李卡多·赛姆勒从父亲手中接下这家公司之后，先开除2/3的高级主管，大胆进行一连串员工授权、放权、分权与自我管理实验。Semco企业的精髓，是将企业的熵运托付给全体员工，对员工高度信任，给员工充分的权利，让员工参与企业治理。分权赋能"自我管理"使塞氏企业生产力提高近7倍，利润上升5倍，曾成为巴西增长速度最快、员工离职率最低的企业之一。

---

① 穆胜企业管理咨询事务所团队：《戈尔公司的"造人计划"》，凤凰网，2019年4月7日。

（三）危机推动的分权赋能企业治理模式经典转型

当然，一些企业，包括不少大型知名企业对分权赋能企业治理模式的认知和选择，需要一个过程，甚至需要致命的教训猛推一把。

福特汽车公司一直到1920年，其管理者亨利·福特还保持传统家长式的管理风格。他把自己看作是不断扩张的家庭业务的首领，事必躬亲，处处维护自己的地位，控制一切而不愿放权。当时，仅福特红河工厂就有10万名工人，福特仍一度试图掌管所有事务，但这是根本不可能做到的事情。因此，管理变得非常混乱，效率很低，没有成就。第二次世界大战爆发前，福特汽车的市场份额已经由68%下降到20%，战争结束时，公司每月亏损达900万美元，到了破产边缘。1945年9月，小亨利·福特正式接班，第二年春天，他聘请了一位副总裁欧内斯特·布里奇全面负责经营，欧内斯特又迅速挖来了15位经理人，仅仅一年后福特公司便戏剧性地扭亏为盈。其主要法宝是学习借鉴了其竞争对手通用汽车公司分权赋能的治理经验。

通用公司创始人、老板威廉·杜兰特奉行的是"因人设岗"的运作方式，这直接导致了通用汽车在1910年及1920年前后两次重大危机，杜兰特因此接连两次失去对公司的控制。由此，艾尔弗雷德·P.斯隆这位传奇式企业领袖，成为通用汽车公司的第八任总裁。斯隆是在管理与商业模式上创新的代表人物，他反对这种权力集中、"因人设岗"的治理模式。值得肯定的是，杜兰特却能够对斯隆充分放权。把权力分给外人，一种多数家族企业永远不敢的尝试，但杜兰特做到了。斯隆凭借独创的分权、放权式治理模式，从根本上提高了公司运作效率。通用在短短几年时间里，从崩溃边缘发展到世界第一大汽车公司。1940年到来之前，通用汽车的市场份额从1%上升到了45%，而其最大竞争对手福特汽车的市场份额则从60%被碾压到16%。

今天已进入互联网时代。在过去信息传递速度不够快也不够对称的时代，公司的身份是组织者，个人必须依靠公司的资源和聚合力才能实现价值产出。但是，在互联网时代，资源的垄断，话语权的集中，都开始被争夺和瓜分。人人都能够在各领域中发言，人人都能借助互联网与世界进行交易，不再依附于一个强大的机构或组织。员工，不再以一个大机构上的螺丝钉的形式存在，而成为一种资源、一种资本；公司，不再以组织者的身份出现，而是服务者与平台。过去企业是火车，靠企业家个人牵引；现在的企业是动车，每一个车厢都有自身的发动机。其产生的能量是聚合的能量，不再是串联的所谓的一种推动力。当个人驱动力在管理创新机制下被激发，它所产生的效率和效益将是十分可观的。在这种情况下，要提高企业的凝聚力、竞争力，在企业治理上更需要分权赋能。从全球看，新的企业治理模式变革序幕已徐徐拉开。变革的核心或叫实质，是组织与人的关系重构，也就是从雇佣关系转换成为共生关系。站在员工的角度，人们能够看到，员工从被经营转变为自主经营，员工可以自创新、自驱动、自运转、自发展。站在企业的角度，则会看到企业在复杂多变的市场竞争中，只有充分分权赋能，才能以变制变，变中求胜，不断创造新的竞争优势，才能使企业更好更快地发展。

如果人们把眼光从企业移向政府，同样能够发现分权赋能的力量。美国独立之前，北美地区成立公司，主要由殖民地业主、总督和议会授权。独立后，美国《宪法》规定中央政府管理州际贸易，各州政府则继续保留管控公司的权力。这种集权和分权结合的安排，给美国公司预留了发展的空间。威廉·莱宗尼克（原美国企业史学会主席）指出：在美国经济中有很多法律规定和发展方式，各州的地方分权造成了州与州之间的竞争。这通常有利于商业发展，从而使一个州击败另一个州。各州出于经济上的考虑，想把越来越多的公司吸引到他们州，这样就可以征收公司税，可以征收注册费。所以为了达到这个目的，各州纷纷修改一般公司法，竞相降低门槛，放松对公司的要求。州与州之间的逐低竞赛，给了企业得天独厚的发展良机。一路放权到19世纪30年代，特许状已经用不上了，州政府成了一个登记处，就如同它为婴儿出生登记一样。英伦三岛上几百年争斗才换来的制度成果被移植到美国后，既卸载了传统的负担，又多了宽广的腹地，公司在空前的自由里蓬勃壮大，州与国家也获得飞速发展。

历史上还有一些比较典型的集权与分权利弊的例子。史光起在其所著《历史棋局中的经营智慧》中就谈到：阿兹特克帝国是古墨西哥最后一代王朝，过分集权统治使阿兹特克帝国，以及其文明，断送在了一支微不足道的侵略军手中。1519年，西班牙人利用阿兹特克首领蒙特苏马对"白神"的迷信，把自己伪装成神的使者，伺机囚禁了蒙特苏马，使其沦为傀儡，令其对臣民下达听从西班牙人的指挥、搜集大量金银珠宝交给西班牙人等指令。西班牙人仅用500人便征服了拥有500万民众的阿兹特克帝国，并且最终覆灭了阿兹特克。侏罗纪时代有一种叫作迷惑龙的恐龙，是当之无愧的"巨无霸"，其有庞大的身躯但其头部却非常小，只占身体的几百分之一。可它却常被霸王龙等小它体积数倍，甚至数十倍的恐龙猎杀。主要原因就是其行动过于迟缓，尾巴被咬断，大脑要几秒钟后才能得到信号并做出反应，颈部过长，敌人可以轻易咬断迷惑龙的脖子，庞大的身躯便会随之轰然倒下，这是生物世界中典型的"中央集权"的例证。阿兹特克帝国和迷惑龙一样，作为组织大脑的国王蒙特苏马，其指令直接控制着整个帝国的运转，所以，控制了蒙特苏马，西班牙人便轻而易举地俘获了阿兹特克这只巨大的"迷惑龙"。过度集权的组织，极可能使各个部门失去自我适应及自我调整的能力，从而削弱组织整体的应变能力。权力的高度集中使组织中绝大多数成员失去了思想参与的权利，久而久之会产生思想依赖，使整个组织除小部分的高层集权者外，大部分的组织成员与机构失去思考能力，变成了只会行动不会思考的肢体。此时，整个组织开始行动迟缓，应对外界变化的能力降低。当集权者出现意外后，整个组织就会瘫痪，甚至死亡，这是集权最大的危险，而组织越庞大，这种危险性就越高。这也是很多大企业高层领导者一有变动，整个企业就开始动荡，陷入危险与诸多不确定因素之中的主要原因。简单来说，集权对内部管理是有利的，但对于应对外部竞争极为不利。一旦遇到强敌，失败则是必然的、在所难免的。

在生物界，猎豹、青蛙、蝙蝠等动物，很多时候都是靠肢体的本能做出行动反应，比如猎豹，当发现猎物时，头脑还没有做出反应，身体就已经本能地向猎物扑去。很多动物捕猎或逃生的时候都是肢体先做出反应，因为等大脑做出分析判断后再给出指令，自己可能早成了天敌的美餐。但也应看到，分权赋能也并非十全十美。虽然在应对市场变化等外部方面具有优势，但对于内部来说即存在一定的弊端，如行动缺乏协调、整体性差、向心力较低、对集体利益不够重视、各自为政，严重者甚至会叛变组织等，也理应引起企业经营者的高度重视。

二、制衡制约

遏制企业熵增的重要方面，是制衡制约。治理逆熵不仅体现在分权赋能上，同样体现在制衡制约上。因为没有制衡制约的权利、权力，必然产生腐败，增加企业治理的任意性、随意性、无序性。显然，这必将熵增。因而，分权赋能与制衡制约是企业治理必须兼顾的两个重要维度，也是企业治理这枚硬币的正反两面。如同国家治理一样，分权赋能力度越大的企业，制衡制约的力度越大。过分强调一个方面，而忽略另一个方面，就会一放就乱，一统就死。两个方面中的每一个都为另外一个设立了底线或上限，共同天然地为企业注入了熔断机制。

（一）权力制衡，是现代企业治理逆熵约束机制的不懈探索

约束机制中的权力制衡，主要针对公司顶层而言，体现的是公司最高层的治理逆熵。西方现代公司制的发展大致经历了三个阶段：第一阶段大致在19世纪50年代到20世纪20年代前后，这个时期的特点是所有权和经营权基本重合，大股东担任董事长，或操作董事长或董事会，直接执掌经营大权。第二阶段大致在20世纪20年代到80年代末，特点是所有权与经营权彻底分离。20世纪90年代以来，西方现代公司制的发展进入第三阶段。特点是权力的二次分离，即：在企业的所有权上变股东所有为股东与员工共同所有，股东投入资本与员工投入知识和技能化劳动具有同等的要素投入者的地位，员工不是股东的雇员，而是合伙人。在企业治理上把权力（利）分为决策权、制衡权、监督权和管理权，从而较好地解决了现代企业制度始终没有能够很好解决的对管理权监督制衡，以及监督与效率的统一问题。Adolf Berle 和Gardiner Means（《现代企业与私有财产》一书的两位作者）在1932年开始注意到管理资本主导经济的崛起，使大企业的管理不再专属于资本家。随着管理企业的知识日趋复杂，逐渐超出资本家的知识范畴，企业的所有权、控制权与管理权三者逐渐分离。

早期股份制公司虽然将公司所有权和管理权分离，也包含了信息披露权，董事罢免和任命权，但企业内部行为主要是在规则的制约之下，完善的治理模式并没有建立起来。初期股份制的公司治理模式有其显而易见的缺陷：由于缺乏制衡制约，企业管理弊病日趋明显并在不断扩大。企业管理混乱，效能、效率、效益"三效"随之自然下降，如20世纪20年代通用公司总裁斯隆上任前的那样，负担着大量的库存、产品线混乱、无论是在财务还是在运营方面都缺乏控制，公司里任人唯亲、随意挪用资金，因权责不明而无法查处的事件时有发生。由此，公司治理逆熵必然推动企业向现代公司治理模式的转型，推行决策权、监督权和执行权尽量严格分离。现代公司的权力系统由股东大会、董事会、监事会和经理层共同组成。股东大会、董事会、经理层存在层级委托代理关系。股东会选举董事会，由董事会决策，经理执行，监事会纠偏。全球化的扩大，使企业治理问题受到国际社会越来越多的关注和重视。1998年4月，由29个发达国家组成的经济合作与发展组织（OECD）成立了一个专门委员会，根据世界各国的公司治理经验和理论研究

成果，制定了公司治理结构的国际性准则——《公司治理结构原则》。该原则旨在为各国政府部门制定有关公司治理结构的法律和监管制度提供参考，强调包括不同层级机构之间的制衡，不同利益主体之间的制衡。

（二）强化制约，是现代企业治理逆熵约束机制的持续实践

约束机制中的权力制约，针对的是公司所有的管理层，以及公司基层员工，体现的是公司全方位的治理逆熵。2019年，美国通用电气这家素有"美国最伟大企业"之称、被巴菲特誉为"美国商业象征"的百年明星企业，终于走上濒临崩溃的边缘。尽管如此，其针对顶层以下（不含顶层制衡）的制约机制仍有可借鉴之处。从GE给出的治理方案看，强化内部审计就是不错的选择。GE充分利用了公司的审计署，通过审计检查企业的投资效果和经营状况，两者结合起来就大体保证了对下属产业集团的完整所有权，保证了下属企业的经济活动符合总公司的总体战略目标。GE为其公司审计署规定了即使在美国公司中也可以说是标新立异的工作目标：超越账本、深入业务。这一措施的运用，使得GE在检查和改善下属单位的经营状况、保证投资效果符合公司的总体战略目标，以及培养企业管理人才方面开创了一个成功的范例。当然，审计不是万能的，它只是企业治理完善制约机制的一大选项。其他方面，还需要制度、思想、道德，乃至需要国家司法机构等共同发挥作用。因为人的因素是最独特的因素，而且人性是复杂的。只要有人，腐败就会发生。在制衡制约和监督方面，华为的做法则更为开放，主要采取引进西方规范化的科学管理的方法加以强化。创业初期，为了公司能够活下去，任正非坚持"大权独揽，小权分散"，在研发、干部任用、薪酬分配等方面则充分放权。这样做，虽然在很大程度上激发了各层管理者的主动性和创造性，但却带来了较大的随意和混乱。1997年，任正非决定花20亿元的学费，用5年时间，请IMB这个大师帮助华为在注重于赋能的同时，通过制度的现代化、流程的科学化加强制衡制约和监督。实施后确实收到较为明显的效果。不仅有效地防止了专权滥权等道德风险问题，而且提高了企业运行效率、效能、效果。2004~2007年，华为斥资20亿元再度师从IBM，先后进行了EMT（企业最高决策与权力机构）、财务监管等二期管理变革。

当然，企业内的制衡制约机制也是一个需要不断完善的过程，包括发达国家的企业治理也是如此。尤其要做好事前、事中的约束与监督，而不能仅限于事后惩戒，戈恩作为日本汽车巨擘日产的前董事长，被指隐瞒巨额收

入，挪用公款在世界各地购置房产，以及将公司财产转移到私人账户。2018年11月被捕。2005年，戈恩被任命为雷诺汽车集团的总裁及首席执行官，一人兼任两家世界500强企业首脑，戈恩是第一人，以其多元文化背景及商业奇才，将几家世界级的汽车公司起死回生，但终究败在一己私欲。炙手可热的神坛级奇才，如果缺乏监督与制约，企业与个人的下场也很可能会很悲凉。其案例也警示，任何企业的治理都会有漏洞，制约机制就是要如何弥补这一漏洞，防患于未然。

可以说，也正是对权力的有效制约，才开辟出改革开放以来国家经济大发展、国民生活大提高的喜人局面，才让中国震惊世界，才使国家和国民真正有了并能够实现的新的梦想。而分权赋能是促进治理效能释放的关键所在，也是有效降低治理成本的重要路径；制衡制约则是治理效能释放的有力保证。此外，制约的方式与工具还有很多。比如，对企业高管收益权的制约是重要选项之一。发达国家企业高管的薪酬设计相当复杂，其目的是把高管自己的利益与企业、股东的利益捆绑在一起，防止高管把企业变成自己的"摇钱树"，为便于自己获利制定企业经营和发展政策，而不考虑企业本身利益和长期发展。为此，企业大多不会给高管很高的现金工资，薪酬主体体现在企业各种形式的股权上。换言之，高管们只有为企业带来丰厚的利润，才能从中获得一定比例的奖励。这就意味着，公司利润高，薪酬就高；公司利润低，薪酬就低；公司亏损，高管们的这部分薪酬也就化为乌有。在防止高管的错误决策为公司未来几年带来风险上，奖励给高管的股权也有很多限制。有的企业规定数年后方可行权，防止高管"见好就收"，置企业的未来发展于不顾。也有的企业要求高管在行权时，必须保留一部分股份作为"质押"，把高管的利益牢牢拴在企业长远利益上，让高管对企业的可持续发展负起责任。如果因高管失误给企业带来损失，企业则没收这部分被"质押"的股份。2009年，摩根士丹利高管薪酬中有约1/4为现金，其余为递延股票，薪酬最高的30名高管大部分人所获得的薪酬至少有65%被递延支付，这些钱在公司如果出现亏损的情况下必须返还给公司。还有的企业要求高管必须购买一定数量的公司普通股，这也是要求高管的利益与企业和股东利益保持一致。例如，美国3M公司规定，董事必须在3年任期内，拿出两倍于其聘用费的自有资金投资于公司的股票。也正是为了有效地制约企业高管，高管的薪酬一般要延迟几年至十几年支付。人们一般认为，给企业高管发放高薪，能起到激励作用，可以让他们尽心尽力为企业服务，这对企业和股东是有益处的。但历次经济危机和学术研究证明，天价薪酬有时竟起到反作用，不但无益于企业效益的增长，反而会造成决策上的失误，增加企业承担的风险，给企业带来重大损失。

治理问题，是任何法人都必须面对的问题。治理逆熵之道、定律、法则，对所有法人都具普遍性。知之者明，守之者智；倡之者兴，畏之者昌。面对市场竞争日趋激烈的现实，企业的治理更是关系成败兴衰的问题。大力推进治理逆熵，老老实实遵循治理定律、遵从治理逆熵之道、遵守治理法则，是企业的必然选择。

第四章　制度逆熵

制度好，可以使坏人无法任意横行，

制度不好，可以使好人无法充分做好事，甚至会走向反面[1]。

我们找不到一个公司制度不发达，它的经济可以发达；

找不到一个市场不发达，这个国家可以发达[2]。

现代的理性资本主义不仅需要生产的技术手段，

而且需要一个可靠的法律制度和按照形式的规章办事的行政机关[3]。

制度文明是企业维护生命、提升价值不可或缺的基础性条件。制度逆熵具有全局性、根本性，是企业逆熵要素中非常重要的元素。从经济发展的角度看，具有逆熵力的制度，其核心作用有二：第一，提升法人、自然人行为与收益的可预期性。其对企业等法人熵运之所以重要，是因为在具有逆熵力的制度中，法人、自然人行为能够通过制度准则形成共识、确保预期。而行为与收益预期的良性互动，是这一企业发展不可或缺的动力之源。第二，制

---

[1]　中国前党和国家领导人邓小平的著名观点，中国共产党新闻网，2013 年 8 月 19 日。

[2]　北京大学光华管理学院教授张维迎所持观点。《公司的力量》，中国国际电视总公司 2010 年出品的大型电视纪录片第一集解说词。

[3]　德国学者马克斯·韦伯所持的观点。《新教伦理与资本主义精神》，于晓等译著，生活·读书·新知三联书店 1987 年版。

度逆熵是包括法人在内的公共大众远离丛林法则，以及混乱无序的保障，而丛林法则、混乱无序为熵增提供了无限的可能。

1912年，泰坦尼克号游轮撞上冰山沉没，1500多人葬身海底。它沉没时，相隔仅10英里外就有一艘轮船，不幸的是该轮船的无线电报员睡着了。之后，英美两国都举行了听证会，于是就有了《北大西洋冰层巡逻制度》。该制度严格规定每条船必须装备24小时有人监听的无线通信装置，此后百余年过去了，再也没有发生类似泰坦尼克号沉没事件。制度的作用可见一斑。

"选择什么"是文化，"能否选择"是制度。而制度逆熵就是既知选择、又能选择的文化。20世纪60年代后，"制度是重要的"成为经济学家们的箴言之一。诺贝尔经济学奖得主罗纳德·哈里·科斯指出：市场力量不仅驱动着一个经济制度框架内部的交易，也推动着这些经济制度本身的设计。

朱学勤认为，文化不是决定性的，决定性的是制度选择。这里的文化应该是微观的，主要指习俗、国民性、诗文学说之类。从宏观的角度看，制度本身是一种文化。"制度"一词，在集权专制思想始祖之书《商君书》中就曾有过这样的叙述："凡将立国，制度不可不察也，治法不可不慎也，国务不可不谨也，事本不可不抟也。制度时，则国俗可化而民从制；治法明，则官无邪；国务壹，则民应用；事本抟，则民喜农而乐战"。汉语中"制"有节制、限制的意思，"度"有尺度、标准的意思。汉字中这两个字结合起来，表明制度是节制人们行为的尺度。显然，汉语语境的制度以限制为主。然而，现代制度之意实则非然，制度既有约束，更有激励，有不能的规定，也有可以的规定。制不禁止皆可为，制有允许更要为。

第一节　制度文明变迁

旧制度经济学家凡勃伦认为，制度系统的形成是"看不见的手"式的，又是设计式的。新制度经济学对于制度起源有契约论说和博弈均衡说，但无论如何，制度都是时代的产物。在鲁宾孙的生活中，他的一切行为都只受自己意愿的支配，不需要也没有执行力来保障任何约束和规范他行为的规则，也就是说，制度完全没有存在的必要和意义。但鲁宾孙式的生产活动在现实中是不存在的。

今天，人们已充分认识到，制度是人类经济文明的依赖，甚至是人类文明的依赖。作为制度，市场经济是人类最伟大的发明创造之一，也是人类现代文明的制度起点。它的伟大之处，是它能够通过有效的制度法则、制度逆熵文化，来确保人们私利实现的同时，实现利他，从而实现人类整体利益的最大化。这一历史性的制度逆熵，决定了近现代经济发展的制度文明变迁，决定了人类公共生活形态演化方式，因而是理解人类今天的文明现状及发展趋势的关键。

一、市场经济制度文明

诺贝尔经济学奖得主道格拉斯·诺斯对制度概念的基本理解是：制度是一个社会的博弈规则，或者更规范一点说，它们是一些人为设计的、形塑人们互动关系的约束。这种理解总体较为准确、深刻。但把制度说成是公共大众（社会）的博弈，还不如说成市场的博弈更为准确。

有观点认为，人类只有存在交换才需要制度，这种交换有经济的、政治的、情感的。只要存在交换就会存在博弈，就必然产生市场。宽泛地说，市场存在于政治、经济、情感的各个生活中。只不过各个市场衡量的标的不同，经济中的市场靠的是货币标的而已。这种"泛市场"观点并不一定被人们普遍意识所接受，而作为经济学家的诺斯，对制度的定义主要是从经济的角度。经济意义上的制度，显然是市场博弈的结果。市场博弈的伟大成果之一，就是人们所说的市场经济制度和市场经济制度逆熵。市场经济制度与市场经济制度逆熵又不断地完善和发展市场，与市场形成和谐相向、共生共存的正相关关系，演绎出当今伟大的人类文明，包括经济文明、政治文明和人类公共生活形态文明等。

（一）现代经济文明市场制度逆熵之源

随着人类经济文明的发展，尤其是近现代经济文明的发展，分工的出现及细化，交易的多样化和复杂化，以及人们的认知能力的有限性，且时常生活在一种信息不完全和不对称的环境中，于是在交易的过程中隐瞒、欺诈、偷懒及"搭便车"等机会主义行为开始出现。另外，在复杂交易中，各行为主体的意愿发生抵触的情况也时有发生，由此而导致的利益冲突和摩擦致使交易无法顺利进行，这更急切需要一种协调机制来促进交易的实现。最初是偶然的、非规则型地做出协调或判决，或就具体问题达成共识，或以成文的方式规定下来，当再遇到类似的情况时依据前例或既定的原则、方式处理。这样，渐渐地一系列协调机制便产生了，并以一定形式的执行力约束各交易主体，消除信息不对称，抑制机会主义行为，维护交易各方利益，以保障交易的顺利进行。而这正是契约论说所描述的市场制度自然形成的过程，以及市场制度所起到的作用。

1. 产生：市场经济制度起源于西方

市场经济制度作为现代文明制度之源，是人类现代经济文明的最大"制度逆熵"元素。而市场经济制度起源于西方，并推动全球文明逆熵。

由于地理环境的不同，西方在农业文明发展中实在无可圈可点之处。在长期实行的封建制度下，公国林立，大小贵族自设关卡，各霸一方，呈现事实上的千年分裂状态，只有靠宗教实现文明的统一。但是，正是政治上官僚制度的欠发达，经济上没有以政府财政为中心的相关制度，没有率土之滨莫非王臣、普天之下莫非王土，因此无法实现以血缘为基础的政治上的长期统一，经济上与东方的中国更是难以匹敌。但在上一千年之初，却在封建制度的基础上，出现了对人类来说具有跨时代意义的1215年《英国大宪章》。英国国王和贵族签订的《英国大宪章》，规定了"王在法下"，约束了封建君主（实际上是专制王权政府首脑）的权利，成为构建后农业文明的法律基石。人类第一次以制度形式，限制了国王的权利，也就彻底断绝了政府的专属之利，随之而来的是英国公共生活的商业化，国民私利得到制度保护和突飞猛进发展，为西方特殊的市场经济制度的创立打开了通道。后来英国再通过《权利法案》保护私有财产，直接促使了工业革命的产生，并发展成为今天以企业为主的工业文明及后工业文明（信息、数字、智慧文明），尤其是创立了世界可通用的现代企业制度。而在曾经长期分裂的欧洲大地上，还出现了统一国家的雏形——欧盟，尽管英国成功脱欧。

《英国大宪章》向来被认为是一种政治制度，但从人类发展的宏观上看，实则是一种市场经济制度的重要内容。1215年《自由大宪章》中规定：国王不能任意征税，个人财产不得侵犯，不能随意逮捕自由人，等等。这说明英国国王的权力虽然至高无上，但必须受到法律和惯例的约束。此后，随着议会的兴起，英国国王的权力受到三大原则的制约：其一，不经议会同意国王不得立法。其二，不经议会同意国王不得征税。其三，他必须按国家法律掌管行政，如果他违背法律，其谋臣及代办官员应负责任。由于议会与国王的权力斗争，17世纪中期爆发了英国资产阶层革命。1689年，英国议会通过了具有重大影响的《权利法案》，对王权进行了种种限制，议会成为国家的最高权力机构。其后不久，议会通过《叛乱法》，规定平时必须经过议会同意才能征集和维持军队，而且这支军队只能维持一年。这个法案通过后，每年都要重申一次，以免国王破坏。这样，议会就剥夺了国王招募常备军的权力，也在一定程度上削弱其军权，实现了军队的国民化，使国王（政府首脑）可能的恶性失去了国家机器的保护而再也不敢恣意妄为。限制王权，保护平民产权，这为市场秩序奠定了坚实的制度基础，尤其是限制了政权对市场的肆意任性行为，使市场秩序在促进人类发展的轨道上完善、发展、运行。这是一种非常重要的制度，也是经济发展必要的制度逆熵。这种"政治制度决定着以产权和市场为核心的经济制度，而经济制度决定了制度"的绩效，随着近代英国政治制度的变革，现代经济制度逐渐确立起来，主要表现在金融、土地、贸易等方面。制度逆熵促进了经济的变革，经济的变革又促进了技术变革和经济增长。

2. 实质：市场经济制度是超越血缘的获利秩序

人类的相互交往依赖于某种信任。信任以一种秩序为基础，而维护这种秩序，就要依靠各种禁止不可预见行为和机会主义行为的规则。人们称这些规则为"制度"。在非市场经济制度下，这种依托血缘存在的机会主义会借助政治权力而无限放大，从而严重地挫伤人们公平地参与经济活动的积极性，阻碍经济文明的发展。市场需要秩序。秩序是指符合可识别模式的重复事件或行为。它使人们相信，可以依赖的未来行为模式完全能被合理地预见到。制度有助于促进秩序的形成。本尼迪科特或诺斯研究的那些原始部落，虽然有自发的交易，却无法不断地扩展到部族以外。要想不断地扩展合作秩序，"超个人的规则"（如制度）必须受到尊重。中国商朝先祖之一王亥，就是在前赴交易的途中而被劫掠杀害的。无疑，这一事件对中国商业的发展极为不利。

制度由人为非物质要素组成，是共同作用于行为秩序的公共生活要素结合在一起的系统。该系统的这些要素，对每一个个体来说，外生地影响他们的行为。这些要素共同激励、促使和引导个体遵守在公共生活形态中的某一行为，而该行为是众多技术上可行的行为之一。制度是规则、信念、信仰、信用、规范和组织共同作用并导致大众公共生活行为秩序产生的一个系统，从而产生一种行为秩序。

诺斯认为，人们是通过某些先存的心智构念来处理信息和辨识环境的，因而这些现存的心智构念对制度的形成、维系和变迁都有着重要影响。诺斯指出：

"由于在人类的社会互动过程中每个人所拥有的有关他人行为的信息均是不完全的，因而每个人在社会选择中处理、组织以及在利用信息上均存在着一定的心智能力上的局限，而这种人的心智能力与辨识环境时的不确定性结合在一起，便演化出了旨在简化处理过程的规则和程序"。[①]

为现代文明奠定了保护产权的市场秩序的市场经济制度及其制度逆熵，何以产生在西方，并使西方兴起？研究者众多，成果甚丰。尤其是研究西方兴起问题的观点给人以启发。西方兴起，以及更一般的历史规律，现在被归因于多种决定性力量。一些观点赞成技术与环境决定论，将欧洲的成功归于那里的煤炭储量，以及拥有适合与新世界进行贸易的港口。另一些观点赞成文化和公共大众形态决定论，称经济与政治绩效反映了从过去传承下来的公共大众资本及信任。一条研究思路则认为，西方世界的兴起是一个现代现象。实际上，如果以食品消费、市场一体化以及其他指标来衡量经济绩效，在19世纪晚期欧洲也没有超过世界上其他地区。但有观点则指出，早在中世纪后期西方就发展出了不同于东方的制度。西方世界的某些公共组织处于有目的地创建的制度的中心。无论是政府，还是以血缘关系为基础的组织，如部落和氏族，都不处于这些制度的中心；相反，以利益为基础的、自治的，不以血缘关系为基础的公共组织才是这些制度的中心。这些公共组织主要以社团形式展现在人们面前，对中世纪后期欧洲政治与经济的发展至关重要，在近代的增长时期也是如此。特别是从过去传承下来的制度要素，有利于对这一时期公共组织的出现——个人主义的文化信念、不牢靠的以血缘关系为基础的组织（这在一定程度上反映了教会的利益与影响）、国家的制度性弱点以及使自治得到合法化的规范。这些历史传统意味着其他依赖于血缘关系的组织和国家不能从合作中获益。与此同时，经济与强制资源的分配相对均匀，以至于在强势团体的利益能被维护之前，必须调动许多其他人的资源。这样，以利益为基础的、自治的、不以血缘关系为基础的经济与政治社团得以建立起来。此后，这种特殊的公共组织，即以自治、无血缘关系的组织和个人主义为中心的公共组织，支持了引导欧洲经济与政治发展的行为和绩效。这种公共组织作为一个共同特征，存在于不同的历史现象背后，如中世

---

① 韦森：《制度、制度变迁与经济绩效读书笔记》，百度文库，2011年1月2日。

纪后期经济的扩张、欧洲科学技术的兴起、现代欧洲国家的创立、由个体行为者们而不是更大的公共生活单位组成的自治的、不以血缘关系为基础的社团的最终形成。以上学者的观点告诉人们，如果制度对经济、政治绩效至关重要，并且如果制度发展是一个历史过程，那么西方最终成功的基础就在于它过去的政治和经济制度。

（二）市场经济制度逆熵决定大国崛起

从国家层面讲，英国的制度文明变迁主要以法律演变表现出来，因为法律本身就是制度的一种形式。从15世纪末到17世纪初，英国在商业革命的冲击下，一切旧的经济关系和经济形式都衰落了，市场制度创新成为主流。竞争有序化是市场向成熟阶段推进的关键问题。英国在竞争有序化、稳定市场秩序方面，比其他国家取得了更大的成绩，形成了促进经济政治发展的完整制度架构，也决定了其必然崛起。学者列出了五个要点：

其一，制定了保护财产和合同的法律。1679年通过《人身保护法》，给私人的生命财产以法律上的保护。同时，政府还颁布了无数的关于商品交易、证券交易的法案。关于合同的法令到19世纪后半期定型，主要有1882年颁布的《期票法》，1890年颁布的《合伙契约法》，1893年颁布的《货物买卖法》。

其二，建立了保护消费者的商品检验制度和价格控制制度。政府用法令形式规定货物如何制造、丈量或买卖。比如，政府在纺织业中建立一整套检验员、视察员和监督员制度，通过条例保证布匹的长短和质量。再如，还有一种对面包的定量定价章程，规定要按照价格确定面包的重量，取缔掺假，并规定面包匠必须随时应顾客之请称面包重量。

其三，制定了保护发明者的专利法。1624年，英国颁布了《专利法令》，被称为"第一个包括各项要点的国家专利法"，这个法令准许发明者有一定年限的专利权。最早的专利有一些授予了从欧洲大陆带来新工艺、新技术的人，涉及行业、门类十分庞杂，像锻铁、磨面、织物修整、染色、轧光、金属加工、采矿业等。专利制度的建立为知识财产的所有权提供了法律依据，使创新的私人收益率接近或超过公共大众收益率，从而鼓励了发明。在英国产业革命中，许多发明都由于受到专利法的保护而得以成功应用。

其四，制定了保护投资者的《取缔证券投机法》。"南海事件"后，英国人对股份公司和股票投机产生了恐怖情绪，极大地阻碍了投资活动。1734

年，议会通过一项法令"禁止进行股票投机买卖的可耻行为"，禁止进行"一切有关证券现货或期货价格的赌博、抛盘和先买权"。同时，政府对公债也采取了慎重的态度，总是按期支付利息，不久，私人投资活动又恢复起来。

其五，建立了保护劳动者的评定工资制度、工厂法和济贫法。资本家残酷对待劳动者，引起激烈的劳资冲突。为缓和冲突，维持稳定，政府通过了工资评定制度、工厂法和济贫法。工资评定制度，由于物价上涨，政府不断修改工资评定方法，1700~1750年曾颁布或重新颁布评定方法有30多次。《工厂法》于1802年颁布，对劳动时间、劳动保护以及童工的使用和教育做了一些限制和规定。为解决失业与流民问题，政府接管了过去由教会等慈善机构进行的济贫工作，颁布《济贫法》，对广大贫民实行救济。

以上都是现代市场经济制度文明的重要表现，主要集中表现为对行为与收益预期的保护，以及市场秩序的保障。这一切，为英国的经济腾飞，以及经济政治文明的进步奠定了基础，提供了保障，保证了动力的持续发力。

文明依赖于制度，依赖于保障其发展的制度逆熵。制度逆熵在人类公共生活中，尤其是人类经济发展中发挥着越来越重要的作用，因为制度的逆熵作用是决定长期经济绩效的根本因素。如果单从面积和人口来看，人们无法想象，一个"小小"的英国竟然在近代世界历史上叱咤风云，成为"日不落帝国"、18~19世纪的"世界霸主"。为什么英国会崛起成为一个世界大国？近代英国崛起的动力在哪里？有观点认为，是工业革命促进了近代英国的崛起，它是生产技术革新的直接结果。但是，也有学者通过对近代英法两国的比较研究，认为制度逆熵对国家的发展具有重要作用，甚至是决定性的作用。随着新制度经济学的兴起，学者们对大国崛起的动力也提出了新的解释，得出同样的结论：认为制度逆熵在国家兴衰过程中确实具有举足轻重的作用。换句话说，制度逆熵是大国崛起的主要动因之一。

有学者通过对近代英、法两国的比较研究，认为制度逆熵对国家的发展具有决定性作用："英国正在走向自由主义、国会统治和进步；而法国则不断加强贵族政治，'封建主义'以及浪费——简言之，加强旧制度"；"英国是宪法国家而且相对自由一些，而法国却是专制主义和独裁主义的国家"。就英法两国的实证来看，制度逆熵在国家兴衰过程中也的确具有举足轻重作用。比如，货币"国际话语权"的背后就是制度和制度逆熵。经济学家陈志武认为：

一个国家的货币化能力或者说"钱"的多少是其制度资本的具体表现，

它的"钱"能否成为"国际货币"也决定于其制度资本。没有哪个国家天生就掌握"国际货币"的发行权，而是哪个国家有着世人公认最可靠的制度，它的"钱"就值钱。制度的优劣决定一个国家"钱"的国际话语权的多寡[①]。

陈志武指出，英国之所以在18世纪开始远远超过法国，并最终在18世纪末战胜法国，其关键之一就在于英国有更发达的金融制度、金融技术让它更能将未来收入提前变现。中世纪的欧洲战争不断，慢慢地大家都要靠借国债发展军力，谁能借到更多、更便宜的钱，谁就能拥有更强的军队，特别是海军。1752年时，英国政府的公债利率大约为2.5%，而法国公债利率是5%左右。1752~1832年，法国政府支付的公债利息基本是英国公债利息的两倍。18世纪，英国每年的财政收入有一半要用来支付国债利息。也就是说，假如那时英国的国债利息跟法国的一样高，那么要么英国必须减少借债，否则英国每年的所有财政收入都用来支付利息。前者会使英国的军力下降，而后者会使其政府破产。显然，对英国来说，两种可能的结局中，哪种都不好。但正因为英国有着比法国较为发达的证券市场，使英国不仅能以未来收入为基础融到更多国债资金发展国力，而且需要支付的融资成本也比法国低一半。更强的证券化能力使英国可以筹到更多的钱用于发展国家实力，使英国从18世纪到20世纪初都一直拥有世界最强大的海军，让曾经拥有不到2000万人口的英国主宰了整个世界达两个世纪。

二、市场经济制度覆盖

制度是体制的基础、机制的保证。制度逆熵，一直是世界经济逆熵和企业逆熵的关键。制度也存在博弈，但万条江河终将汇入大海。制度逆熵无论是政治还是经济，无论对国家还是对企业，其重要地位都是无可替代的。制度逆熵完全是由人类不同族别不同生存环境所决定，并对人类不同族别生存方式和生产方式产生决定性影响，最终通过比较借鉴，产生与人类共同需要相一致的生存方式制度和生产方式制度。制度文明殊途同归，是人类经济文明发展的必然趋势。

[①]　陈志武：《西方的兴起靠制度不靠掠夺》，爱思想网，2016 年 9 月 19 日。

（一）全球市场经济制度逆熵殊路

产生殊路的原因有三：

其一，在全球市场经济制度化过程中，各国由于现代市场建立的时序差异、规模不同，以及思维理念上的差异、对经济主导权的主体不同，形成了市场经济制度化的殊路。而且全球市场经济制度逆熵也是不断发展的过程，不同国家因在全球市场经济制度发展的不同阶段或时段开始进行的市场经济制度化，其路径选择当然也不尽相同。其二，市场经济的本质要求是解放生产力、发展生产力，形成公平、公正、公开的收入差距，减少两极分化，最终达到整体富裕的不断升级。面对市场经济的诸多功能，各国由于国情的不同，市场经济制度化的侧重点、切入点当然存在差异，必然形成殊路，从而选择不同的市场经济制度化道路。其三，由于经济与科技水平发展的不同，商品的竞争力也不会相同，因而各国的市场经济制度化路径也会不同。尤其是市场经济建立较晚的落后国家，既要发展经济，又要应对外部强势商品的竞争，因此，选择保护本国自身产业的市场经济制度化路径则是必然选项。

总体来看，各国市场经济制度化的侧重点一般也有三个选项：一是发展生产力，二是提升国家的综合国力，三是提高国民生活水平。由此可以明显看到世界各国的三大市场经济制度化路径。

一类是自觉以发展生产力为优先选项的市场经济制度化路径。如美国自由市场经济制度化模式，强调市场竞争主体间按市场规律开展相对完全的自由竞争，通过优胜劣汰配置资源；经济活动中，至少有75%以上的行业依赖市场竞争的力量生存和发展，通过竞争提高效率、提高生产力。这类国家主要以市场竞争为基础，凡是市场能解决的都让市场去解决。

另一类是自觉以提升国家的综合国力为优先选项的市场经济制度化路径。这是经济相对落后国家的共同选项。比如德国、日本、韩国等，强调强国为先，依靠政府强力有选择地推进。而且政府干预具有举足轻重作用，以市场竞争为基础，通过经济计划和产业政策，将企业发展纳入国家发展轨道。

再一类是自觉以提高国民生活水平为优先选项的市场经济制度化路径。这类国家主要是经济发展较为超前的国家，如挪威、瑞典等，尤以瑞典模式最为典型，重视充分就业和国民福利，基本实现了"从摇篮到墓地"的全面福利保障。这一模式使整个国民群体的生活质量都获得了较大提高，但必须有坚实的经济发展基础，或者二者必须建立起正相关关系。据统计瑞典的人均国民生产总值居世界前列。日本的人均国民生产总值的年增长速度是最高的，但到1970年，却还只有瑞典人均产量的52%。1971年瑞典人均收入5100美元，比西欧国家的人均收入高3600美元。之后，瑞典人均国民生产总值一直位居世界前列。

当然，由于各国市场经济制度化的速率也有区别，所以，在市场经济制度化的不同道路上，侧重点也会有所变化，甚至反复。这些都是正态规律现象，即殊路属于正常、同归属于必然。

（二）全球市场经济制度逆熵同归

1991年，英国前首相撒切尔夫人访华时曾这样说：社会主义和市场经济不可能兼容，社会主义不可能搞市场经济，要搞市场经济就必须实行资本主义,实行私有化。事实上，中国的改革开放不仅成功地引入了市场经济，而且形成了中国特色的社会主义市场经济制度，这一制度仍在不断完善和发展。中国的案例充分说明，全球的市场经济制度逆熵完全可以殊途同归。

1. 逆熵：市场制度同归

文明制度逆熵决定全球化本质，全球化的本质是市场经济制度化。制度可以逆熵，也可以熵增。对制度逆熵的研究，需要回答"为什么一些国家富裕而另一些却贫穷；为什么一些国家会建立增进福利的政治秩序，而另一些却不这样做"。好的制度，无论何种国家，无论是早实行还是晚实行，能够带来的益处几乎是同质的、肯定的。好的制度会促进合作与创造，通过有效界定、保护和变更产权，保护合同，以及推动专业化和交易，为市场运行和发展提供了基础性保障；好的制度总会促进储蓄、人力和物质资本的投资，增长和采纳有用的知识，从而促进发展。从市场所起的作用看，目前大体存在两种制度逆熵。

其一，平权市场主义制度。主张市场最大化，政府干预的最小化，企业法人等组织与政府、政党一样，具有平等的法律地位，以及平等的话语权、利益权等，所以又可以称之为市场自由主义制度。它在创造财富方面是无与伦比的。它充分发挥了人类的想象力，竞争机制导致科技的迅速进步，而科技革命引发的产业革命导致人类财富呈现几何级数的增长。它由此彻底改变了世界。市场自由主义主张，在法律面前人人平等，这在人类历史上是一种进步和文明的象征。但市场自由主义却有两大致命的弱点：一是大众公共生活不平等，它在为一些人创造财富的同时，也极有可能为另外一些人创造了贫穷；二是供需不平衡，表现为经常性的甚至是周期性的经济危机。

其二，国家市场主义制度。主张政府对市场干预的必要性，推行凯恩斯主义。面对经济危机，政府开始启动政府对市场的干预；面对日益恶化的贫富差距，政府扩大财政支出，提高社会福利。但它也并不能彻底解决市场主义问题，不平等和周期性经济危机依然存在，还具有高福利、低效率的毛病。同时，在效率与平等混合体制中，欧洲国家纷纷发展为平等优先、效率为后的组合，由此使经济发展趋于缓慢，福利主义已成为这些国家经济发展的累赘。此制度政府独大，时不时发挥其强力的作用，不是以经济发展为先，而优先考虑某些群体的非市场性利益。显然，会造成市场运作失衡，严重挫伤市场活力。

日本在1890年编纂了民法典，确立了司法独立原则，导入了代议民主制，一步一步实现了国家与法律秩序的现代化。随着天皇权力的扩张以及民众权利意识的提高，到20世纪前期，情况发生了变化，平衡被打破了。明治天皇的权力越来越绝对化，势必与自由主义、民族主义的普遍性现代价值发生冲突。1912~1926年，面对民众的不满和抵抗，大正天皇开始让步，推动民主化，强调现代性的通世价值，出现了一个所谓大正民主时期。同时制定《治安法》，以压制提出各种诉求的群众运动，但在处理上还是柔性的。到昭和天皇即位后，应对的举措开始强硬化。第一次适用《治安法》的不是大正，而是昭和。1926年之后的十年间，日本开始转向。一方面因为国家动荡不安，另一方面因为经济危机，日本转而强调集权，并且越来越集权化，集中的权力不断制造出腐败，进一步诱发不满，而出于维护稳定的需要，进一步推动了权力的集中化。这种恶性循环最后导致年轻军官干预政治，酿成惨烈的"2·26事件"。随后日本走上了军国主义道路，悍然发动对华侵略战争，并以美国等国家为敌，最终惨败，最后以承受两颗原子弹的代价无条件投降，国家被美军全面接管。世界战争的导火索往往在他们手里，而且随时会被他们点燃。在"二战"后制定的日本国宪法中有放弃战争条款，即第9条，是要通过这个和平宪法"紧箍咒"来限制政府的权力。美国要主导"二战"后宪法的设计，完全改造日本原有的权力结构。其中非常重要的一个举措是导入违宪审查制。这涉及三权的分立与制衡机制。立法权、行政权的定位和作用各国有所不同，但无论如何需要通过司法独立制约这些权力，防止它们被滥用。尤其是立法权，在现代国家政治生活大幅度扩张，以致被人认为除了不能让男人生孩子之外无所不能。因此，要防止立法权任意突破根本规范，就必须导入司法性质的违宪审查制度。美国坚持按照自己的模式推行违宪审查，就是要确保"二战"后宪法不会被立法机关任意修改，维持"二战"后权力结构的稳定性和连续性。

2. 曲折：殊路依然同归

放眼全球，尽管文化差异巨大，但经济文明和企业发展制度逆熵却殊途同归。制度逆熵在经济文明和企业发展中的作用就是这样的神奇。仅就经济文明和企业发展而言，今天经过全球化浪潮的洗礼，东西方尽管有社会主义市场经济和自由主义市场经济等各种各样的不统一，但在搞市场经济；无论是国有还是私有，尽管发展方式各异，但建立现代企业制度则成为全球企业发展的主流。就全球化必然趋势来讲，作为人类文明制度逆熵必将殊途同归。

中国经济的市场制度化的例证非常具有说服力。经济是否应在政治之前，尚无定论。但在清王朝，经济与政治融入现代国际时代主流的次序上，经济先于政治。先是洋务运动，实行大力推行振兴工商业的政策，其实际措施是下谕设立商部，引进西方工业经济，后来才引进议会、学校等西方的政治与教育方式。而在立法上，清末仿照西法制定的第一部新法，正是《钦定大清商律》。除刘坤一、张之洞等上奏要求仿照欧美等国制定商律外，李鸿章也指出：泰西各邦，皆有商律专以保护商人，盖国用出于税，税出于商，必应尽力维持，以为立国之本。1903年，清政府命载振、伍廷芳起草商律。1903年12月，起草完毕上奏后定名为《钦定大清商律》。该商律由《商人通例》和《公司律》组成。其中《商人通例》9条，《公司律》131条，在体例和内容上均体现了对外国商法典的效仿。在《钦定大清商律》章节中，"商人通例"主要对商人的含义、商业能力、商号、商业账簿等作了规定：其第1条规定，凡经营商务、贸易、买卖、贩运货物者，均为商人；第2条规定，满16岁以上之男子得营商业；第3条规定，女子于法定之场合，得营商业，但必须呈报商部；第4条规定，妻得夫之许可书，且呈报商部，得营商业，但夫于妻之债务，不能辞其责；第5条规定，凡商人营业或用本人真名号或另立店号；第6条规定，商人贸易，无论大小，必须立有流水账簿，凡银钱货物出入以及日用等项均宜逐日登记；第7条规定，商人每年须将本年货物产业器具等盘查一次，并造册备存；第8条规定，凡商业账簿及关于营业之信书，要保存10年，若于10年内有丧失，要呈报商部；第9条规定，无论是商人、公司，还是店铺，都必须遵守上述第6、7、8条的规定。这些规定表明，《钦定大清商律》以法律形式确认了商业活动以营利为目的，确认了商人的合法地位，而一反中国以往重本抑末、重义轻利的传统，这实际上是西法东渐的结果。

近代商法起源于中世纪的商人法。中世纪末期，欧洲大陆国家相继制定商法典，其中，法国的1673年的《陆上商事条例》和1681年的《海事条例》的影响最大。19世纪初期，法国继实施民法典后，1807年又在继承、吸收前述两个条例的基础上，制定了统一的商法典。它是近现代各国商法的源泉。此后，欧美国家纷纷效仿，从而形成了关于商事立法的不同体系。

回溯中国农业文明历史，在政治上实现全面控制的肇始者是秦始皇，统一六国，消灭了作为封建制基础的贵族；实行郡县制，铲除了封建制的政治制度基础。在经济上实现全面控制的则是汉武帝刘彻，通过盐铁官营及其他生活必需品官营等，实行政府专利。这种专利，是指所有利益为政府一统专属。一直到清朝覆灭，这些体现极权、专制、专利特色的政治经济政策，为历朝历代所修修补补，没有根本性改变，皆是如此。有观点认为，中国古代极其专制的制度，既是农业文明状态下国民生产、生存方式的需要，也是限制中国走出农业文明的铁幕。相比其他国家，中国发明了非常先进的官僚体系和人才选拔方式，分别以郡县制和科举制为代表，令西方文明极其羡慕。但这种专制制度需要高昂的制度成本，为了平衡高昂的制度成本，政府的经济政策也可以说是经济制度，完全是以财政为中心展开的；而农业文明最重要的资产（土地）又必须是实质上的国有，排除本质上的私有。2000多年的农业文明，始终离不开以政府财政为中心和土地完全国有。显然，在国家进入工业文明，尤其是后工业文明，这种有悖市场经济精神的制度，完全是一种熵增的制度，其彻底废除只是早晚的事。但是，对于中国这个古老农业文明古国，废除又谈何容易，可以用非常曲折来形容。

为什么中国这30多年的经济改革能取得如此辉煌的成功？一句话，最主要的原因就在于中国渐进性地引入了市场机制。一旦国家从计划经济中走了出来，并渐进性地生成了市场竞争体制，就蕴生出了一个在低发展程度上的人口大国的经济增长的强大动力。事实上，无论是世界近代史，还是现代史，无论是西方世界的兴起，还是中国改革开放的成功，都已经证明，市场经济是目前人们所能发现的一种有效的资源配置方式。而市场资源配置方式一旦启动，在具有任何文化背景的任何非经济制度中，均会在经济发展的初始阶段上蕴生出一定的经济增长的内在动力。但是，市场要进一步深化和扩展，从而经济要获得可持续的增长，就需要一个必要的条件，那就是确保市场运行的良序的法律制度，确保市场运行的法律制度形成并切实发挥作用。

在全球市场经济制度化的历史上，有两个国家总被人拿来进行对比。一个是中国，一个是日本。一个是中国20世纪70年代末开始的改革开放；一个是此前100年日本进行的"西化式"明治维新改革开放。网上有篇文章写道：

"1871年，日本派出以财政大臣大保利通，工商大臣伊藤博文为首的100余人访问团，对欧美进行了长达22个月的超长期考察，对政府制度、司法机构、教育体系进行详尽的调查研究，经过认真思考后才真正启动明治维新的，包括他们采用德国的宪法。而我们的（已故）领导人却是三次访问，每次几天走马观花式地访问后回国启动改革开放"。[①]

不过需要更正该网友的是，在邓小平出国访问前，中国已经派出了考察组，对西方国家进行为期数月的考察。而且早在1979年，邓小平在会见美国客人时就指出：说市场经济只能在资本主义国家搞，肯定是不正确的。为什么社会主义不能搞市场经济？所以，以改革开放为主基调的邓小平理论的产生，绝不是偶然的。胡平在《改革开放亲历记：胡平访谈录》一书中指出：

"中国历史上出现邓小平这样一个历史人物，不是偶然的。青年时期的邓小平留学法国，'亲身体验过西方的生活''看到过西方经济发达的景象'，这是产生邓小平理论的重要因素。"

16岁到21岁，对任何人来说都是非常重要的时期，既是深度学习的最佳年龄，也是世界观确立的时段。可以说邓小平用他人生最为宝贵的5年，阅历了西方先进文化、先进文明、先进制度。

尽管市场经济化的差异较大，孰优孰劣也还需要经过时间长河进行检验，但中国、日本两国市场经济化所取得的成就都是震惊世界的。在此还应指出，后发国家在市场经济制度化的完美过程中也不应是完全照搬照抄，正确的选择是学习、借鉴与创新，而且创新更为重要。比如，美国的崛起，欧洲文明的深厚积淀让其拥有了得天独厚的优势，但同时应该看到的是，在建国的过程中，美国并没有照搬欧洲的市场经济制度，而是进行了大胆创新。这也是美国作为西方文明的延伸为何能成为当今西方世界领袖的重要原因。

---

① 修心：《日本明治维新的一个小细节与邓小平搞改革开放前》，新浪网，2011年3月13日。

第二节　企业制度文明

在市场经济制度全球化的今天，制度和制度文明对企业生存发展来说，至关重要。吴敬琏曾提出过一个很著名的观点：制度重于技术。

制度文明存在与发展的目的，是通过为日常活动提供稳定的结构，以创造维护企业秩序和减少企业经济活动的不确定性。制度有助于确定企业内部的交易成本，包括诸如整体上的组织成本、生产成本、监控成本和执行成本等，以及企业的盈利能力。现代企业不是旧式作坊，不是手工生产，而是组织起来的大规模机器生产。从生产到经营，如果没有制度规范，一切无从谈起。清末大生纱厂创办之前，张謇就制定了《厂约》和一系列章程，早期得到了较好的执行。张謇亲自撰写的《厂约》，对自己和其他董事作了分工，每人都有明确的职责，奖罚措施、利润分配方式等都有具体规定。连对招待客人等事项都有细致明确的规定，细到几个小菜都有规定，比如平常饭菜要两荤两素，休息天加四碟、二斤酒等，不得超过这个标准。《厂约》之外还有25个章程，规定达195条之多。民国时期，各企业先后引入以严格核算为基础的理性化的簿记制度，包括会计成本核算制度。他们相信专家的作用，对新机器、新技术、新人才有了相当的认识，以工程师制代替了最初的工头制。尽管他们的企业在管理上仍存在着这样、那样的缺点，但在抗日战争之前，荣氏企业、刘鸿生的一系列企业、卢作孚的民生公司、范旭东的"永久黄"团体等，都已经向制度化轨道上坚定走去。

纵观现代企业制度文明的发展可以看到，企业制度文明过程，就是现代企业制度化过程。尽管蕴含本国本民族的特点，但最终要实行西方企业所创立的现代企业制度。现代企业制度不仅仅是产权和组织架构问题，也不仅仅是财务结算制度、劳资制度等具体制度，最为重要的是制治（以制度而治、依制度而行）思想、制治理念、制治精神和制治行为的确立。必须看到，由人治到依制度而治、依制度而行，是企业走向现代企业的必然要求。

一、以根本制度而治

制度可分为根本制度和基本制度两大类别。根本制度是企业大法，是内核层；基本制度是行为准则，是机理层。从企业制度逆熵层面讲，根本制度与基本制度合而为一，就是制度文明的全面发展。根本制度，相当于国家的宪法，在企业里应该处于神圣不可侵犯的地位。制度文明的发展要求企业必须以根本制度而治。

（一）中国企业根本制度文明的弯道超车

回溯中国近代史，对制度逆熵、企业制度文明重要性有充分的认知，可谓是凤毛麟角。盛宣怀是非常杰出的一个，尽管其在官商关系、内部管理颇为后人诟病。在组建各类近代化工业企业时，他一直在尝试企业的制度性变革，试图将纯粹官办的企业改制为官督商办，甚至改制为纯粹的商办企业。这种企业产权意义上的改革，事实上是晚清企业发展史上具有很强实验性意义的制度探索。正是由于有这种制度变革的思维方式，使盛宣怀很早就意识到，在一个促进和保证市场起决定性作用的环境的形成中，民间商会的重要性。1902年10月，作为商约大臣的盛宣怀向朝廷上奏，陈述这样的道理：

"中国的商业之所以不发达，原因在于缺乏商业教育，商业规则和纯粹的民间商业组织。而三者中，尤其是缺乏民间商业组织，负面影响最严重。"

当然，盛宣怀能有这样的见识，并不是在理论的意义上认识到了政府和市场、政府和企业的分工命题，而是他在和外国商业机构不断交往的过程中，发现西方私立的商业组织所起到的作用。尤其是日本，这个和中国文化有着某种类似性的国家，分布在主要城市港口的各种商业团体，几乎是日本经济勃兴的基础之一。1902年，盛宣怀命令中国通商银行总经理严信厚召集上海工商界领袖商人，组织了第一个具有近代商业气象的华人商会组织。截至1908年，各地民间商会团体发展到31个，其中有13个商会在华侨所在地设立了分支机构。而各种类似小型商会团体，迅速发展到135个，这被后来的史学家定义为晚清真正的市场经济肇始。

改革开放后，为确保企业长治久安依法治企的探索，及中国改革开放特色的有益探索，有两个例证值得推介。

在吸收世界国家及企业优秀治理逆熵文明成果上，中国有一家民企的探索非常引人注目，这就是大午集团的私企立宪，被称为大午集团的"宪法"。这个"宪法"是大午集团内部三权分立：监事会代表所有者利益，行使所有权，有立"法"权，但无决策权和经营权，监事长实行家族成员继承制；董事会是企业最高决策机构，有权决定子公司一、二把手人选和工资待遇，但无所有权和经营权，董事会实行民主选举，两年一届；理事会由总经理负责，在董事会领导下负责日常经营，但无所有权和决策权。孙大午解释，"为什么叫大午宪法？宪法不是治下面的，是立宪者自我设限的东西。如果我们要把它变成一种制度，那就意味着传统文化变成文化传统的概念，我们制定的公司规章制度时常常是制约下面的，而不制约本人。这是私企立宪与公司其他规章制度的区别。"长久以来，一个世界性难题一直没有被破解，这就是家族企业传承的成功率不高的原因。据美国家族企业研究机构的一项调查，即使在美国，其家族企业第二代顺利接班的比例也只有30%，到第三代只有12%，到第四代只有3%。对这一世界性难题，大午集团孙大午的实践给出了一个建设性答案。孙大午在自己公司里倡导企业宪政，为人们打造出一个乌托邦式的企业样本。大午集团是中国"最大的 500 家私营企业"之一。在企业制度形式上，创始人孙大午采用的并不是股份制、继承制等家族企业普遍采用的方式，而是开创了一种全新的方式——私企立宪制。孙大午认为，最有价值的传承是制度。在研究了东西方公司治理结构乃至国家形态后，基于本土文化，对家族企业的财产关系和权利安排做出了制度性的创新——"私企立宪制"，这是大午传承的精髓，共包括私有、公治、共享三个层面内容：其一，私有。产权整体传承，永不量化。权力体现于监事会，孙大午任监事长，家族成员拥有收益权、监督权、选举权。具体而言，孙氏家族成员的收益权，是普通员工工资的两倍，再加上他们每月的工资，足以保障生活品质。选举权，是指组织换届的选举权。监督权，是指董事会对理事会高管的权力边界进行监督。其二，公治。公共治理。其实是一种选举形式，比如，董事长是如何选出来的？就是一个程式化的规定，属于公共治理的范畴。在大午集团，第一年进厂的工人就有资格竞选董事长，他们从理论上开辟了这样一个通道，让但凡有能力的人，都能够参加竞选。其三，共享。在大午，干部有一个"保底限高"的收益权，而普通工人除了基本工资之外，还享有一系列福利待遇，比如免费医疗、劳保、养老、休假，以及住房津贴等。但这里的共享，是有差别的共享，基层干部的工资是普通工人的2~5倍，中层干部是5~10倍，高层干部不超过10倍。全面推行"私企立宪制"后，大午集团经营管理趋于制度化，在层次分明、权责明晰的前提下，集团内部从高管到每一位员工都各司其职、各负其责。董事会、理事会、监事会也定期召开三会联席会议，及时监督集团运营状况，寻求问题的化解方案。从2004年开始，到2020年，大午集团全面推行"私企立宪"已整整16年，期间，企业平均增速在25%以上，2019年增速更是突破了30%。

任正非对企业内部基业成长的根本性认识和实践，显然也具有超前性。媒体报道，企业"基本法"这一称呼，出自任正非。那些年，正值《香港基本法》成为热点，在一次会议上，任正非提出："华为也要有自己的'基本法'。"1995~1998年，中国人民大学几个教授常驻华为，耗费了3年时间编制成了一部华为"基本法"。内容包括华为的核心价值观和一般的管理政策，规定了华为的基本组织目标和管理原则，是所有制度的起源。任正非说：制定一个好规则比不断批评员工的行为更有效，它能让大多数员工努力分担你的工作、压力和责任。华为"基本法"是一份庄重的契约宣言，是对公司的未来、全体员工、现在的和未来的顾客、对全社会作出郑重的承诺。据媒体介绍，华为对"基本法"的坚守是一贯的，延续20多年都没被各种思想、理念、内容更新所淹没。任正非指出，学习、讨论基本法已经开启了员工思维的大门。学不好基本法，就没有做干部的资格……有观点认为，美国《独立宣言》为独立战争胜利和美国发展奠定了思想基础，确立了国家主权。《美国宪法》奠定了美国政治制度的法律基础，使美国成为一个具有全国统一中央政权的联邦制国家。二者对美国发展意义非凡。华为的"基本法"对华为来说，具有同样非凡的意义。"基本法"是华为的基本制度，相当于企业的内部"宪法"，是根本大法。"基本法"最大的特色是规范，是以企业内部宪章的形式出现。但有一点还需要时间来验证，即如果华为离开了任正非，其"基本法"还能否发挥作用，这对华为来讲是一个非常大的考验，因为这将决定华为的兴盛能否继续。同时也是对任正非这个企业强人真正能力的检验，即其现在所显示出的所谓格局，是不是真正的格局。毕竟任正非已77岁高龄。

（二）百年老店根本制度文明的探索实践

百年老店都有自己的一定之规，都有自己无形和有形根本制度大法的执着坚守。文字表述虽有不同，但许多公司对自己的经营理念、经营方针、经营政策、经营战略作了总结与归纳，形成企业长期始终如一遵循的根本制度规定。

日本传统企业普遍重视"家法"，也是企业的基本制度逆熵形式。日本企业的家训，本来是日本封建时代武士家族、店主为了家族的永续发展，规定的家族成员的行为戒律，家族成员每一代口口相传或者是用文书的形式来呈现。明治维新（1867~1868年）以后，随着企业组织的发展，家训逐渐被带到企业成为社论、社训。家宪主要是决定家族内的秩序，而家法是为决定事业的发展而定。在日本连续100年经营的企业中有77.6%的企业有自己的家训、社论、社训。一般情况下，社论是指企业经营中的基本方针，相当于现在的企业理念，社训是指企业经营中的具体规则，包括企业从业人员的行为方式，相当于现在的行为规则。1891年，住友家改定了"家法"，家法与家宪开始分离。家法里详细记载了"经营宗旨"。住友家的家训，是第一代的总理事广濑宰平制作的，共13项，其中的10项是公司职员必须遵守的业务上的规则，追加的3项，记载了营业的重点，其中别子铜山的矿业作为住友家世代财富的根基。

总体来看，对企业内部宪法的实践探索，仍然比较稀缺，而且能够采取有效措施确保根本大法持久发挥作用少之又少，更没有类似法治国家的违宪审查机制。坚守根本制度也实属不易，包括世界上一些优秀企业也是如此，最终因没有真正做到坚守基本大法而走向没落。比如，惠普就没有守得住底线，致使核心价值观逐步沦丧，自定"天条"全面失守。第一条是坚持研发投入，追求技术先进性，这一条在马克担任CEO时削减研发投入就丧失了。第二条是不断激发员工的主动性和创造性，当惠特曼上台时，经过几年折腾，惠普文化凝聚力已经大大降低。新的CEO上来后与员工的对话也不和谐，后来对员工说，在我们把战略搞清楚之前，你们爱干啥干啥。这就造成了整个管理层和员工形成对抗和分裂。所以第二条，激发员工的主动性、创造性丧失了。第三条是股权等利益分享机制，卡莉任职期间这套制度也被废除了。于是经过四个外来和尚念了十几年的经，惠普之道已荡然无存了。由此，惠普出现衰落实属必然。

二、依基本制度而行

现代企业制度文明是确保日趋复杂的经营管理秩序顺畅运转、自然人行为及收益可预期性的基础性保障。制度文明的核心是制定关系和行为规则，而且是人人自觉遵守或被动遵守的规则。制度是一种契约，可分为两个维度：一是有形的，另一个是无形的。有形的制度契约指书面契约；无形的制度契约指心理契约。制度逆熵是两大制度维度建设的总和。书面契约决定制度层次，强调可控性、规范性；无形契约决定制度执行，强调认知认同、养成自律和习惯。企业制度文明本质上是激励遵守制度、优化制度，让制度在企业行为导向中起决定性作用。在推进制度文明过程中，制度逆熵不仅注重精神、理念、思维，更强调程序、执行、遵守。制度文明的宗旨是从制度层面实现企业逆熵，是要让制度在企业运行与发展中起到基础、基石、基本作用，同时使制度顺应企业内外部发展大势，不断改进、完善与创新。作为企业里人与物、人与企业运营的中介，制度是一种约束、激励企业和员工行为的规范性组合，能够使企业在复杂多变、竞争激烈的环境中处于良好的运转状态，从而保证企业目标的实现。这就是制度逆熵之所以成为企业基业成长之根本的重要原因。基本制度文明是制度文明的重要内涵。尽管基本制度与制度逆熵并不能画等号，但制度逆熵之所以成立，要有具有逆熵力的基本制度，以及该制度的权威与应有作用。企业依靠制度，因而，基本制度规则同样必须得到遵守，要将其作为天然的、正当的、被期待的企业生存与发展要素，彻底贯彻执行。

（一）树立制度权威

与根本制度一样，基本制度也需要权威，企业需要基本制度的威权。具有权威的制度规则才有力量，才能发挥应有的作用。因而，无论是根本制度，还是基本制度，权威性是企业制度文明的突出标志。

基本制度是企业中的游戏规则，是企业活动人为设计与执行的约束与激励保障。规则文明是企业制度文明的重要标志。企业制度文明的重要体现是依靠规则规范进行经营管理。制度逆熵对于企业的意义在于，它建立了一个使管理者的意愿得以贯彻的有力支撑，并且在得到员工认可的前提下，使企业管理中不可避免的冲突由人与人的对立弱化为人与制度的对立，从而可以更好地实现约束和规范员工行为，减少对立或降低对立的尖锐程度。也就是说，基本制度的主要构件就是规则，而规则通过身份、群体中的成员意识以及角色认同联系起来并得到维持。基本制度提供了适当行为的准则、情感纽带以及对于合法秩序的信念。一个遵守规范的、理性的和负责的企业员工，无论是作为普通员工，还是企业管理人员，都应该知道在不同的情境中应该如何行动。从企业内部运行机理维度看，制度逆熵重要作用的主要体现，是促进和保障企业内部的交易协调保障机制的形成，以及正常发挥作用。尽管企业是人与资本的结合，但资本的归属者也是自然人。人们只有在制度的限定内以一定的方式共同活动和相互交换其活动，并获取和分配应有的利益，才能进行生产。正是在这种利益的制度性分配和交换中，企业得以在各种利益的博弈均衡中健康运行。

这里所说的基本制度，还包括企业的规章制度。如企业用人，就是要靠规章制度。规章制度，是具体的经营管理制度，是企业为了维护正常运营的秩序，而制定的具有法规性或指导性与约束力的书面文字，是关于企业组织、运营、管理等一系列行为的规范和模式的总称。规章制度一经制定颁布，就对某一岗位上的或从事某一项工作的人员有约束与激励作用，是他们行动的准则和依据。制度赋予企业人员关系以秩序，减少行为中机会主义式的机动性和可变性，并限制损害他人、损害企业以追求私利或欲望的可能性。企业人员行为的基本逻辑是遵守规则，即各种建立在适当性逻辑以及权利和义务意识基础上的规定，这些权利和义务源自企业中的身份和成员资格及其制度的精神、惯例、期待。

因此，在企业制度文明中，流程、制度，必将反制惰性；企业应持续增强规矩意识、制度意识。通过确立程序至上理念，牢固树立起制度的权威，使制度成为现实的制度，能真正发挥作用的制度。要将制度作为时时、事事衡量一切的标尺，而不是可有可无的尺子，以确保制度的约束力、引导力全天候地实现，对人们的行为切实起到规范作用。要不断加强敬畏制度、遵循制度、落实制度的企业内部文化建设；利用企业各级各类组织的作用，全方位构建制度导向、制度激励、制度约束的保障体系。确保制度从纸面、文字或是人们的语言中升华，赋予其能动性，成为企业健康运行和持续发展的巨大力量，以及约束、指引企业人员行为的尺度和导向。日本企业普遍强调严格的劳动纪律和各项规章制度，任何人不得违反。在规定时间内，职工只有工作的自由，没有其他的自由，早期的企业甚至对职工上厕所都有时间规定。日本员工素以严格的组织纪律性、高效的工作效率、绝对服从命令而闻名于世。

（二）重在制度执行

制度逆熵力在于执行力。只有通过执行的过程与结果，制度才成为现实的制度。执行是企业制度逆熵的硬核。制度逆熵以执行力为保障。"制度"之所以可以对个人行为起到约束的作用，是有强制力保证其执行和实施，否则制度的约束力将无从实现，对人们的行为也起不到任何的规范作用。

因此，制度所依，执行是硬道理。执行是目标与结果的传导神经。无执行，企业行为将受限。2009年，拉里·博西迪与拉姆·查兰合著出版了《执行：如何完成任务的学问》一书。前作者是霍尼韦尔国际总裁和CEO；后者是一位资深顾问，任教于哈佛大学和西北大学。作者在中文版序言中还进一步指出：过去的20年里，中国经济发生了翻天覆地的变化……但前方的挑战依然非常严峻。维持如此之高的增长率本身需要人们对执行层面给予更多的关注。

重视制度逆熵是世界级优秀企业的共同特点。阿里的马云在初创时期曾发现会计每天将公司公款几百元据为己有。华为的任正非在初创时期则发现秘书每月将公司2万元公款塞进自己的腰包。两位企业家都没有把责任推给涉事人，而是归因自己，没有抓公司制度建设。正是看到制度的重要，之后两家公司都有其独到的制度逆熵路径，并在制度逆熵的作用下，企业不断发展壮大，成为今天的世界知名公司。成立于20世纪60年代的英特尔公司依靠铁的纪律和规范化的制度渡过了许多企业发展难关，发展成为今天半导体行业的巨擘。

制度和制度逆熵是企业发展的"定盘星"，是企业健康运行的"压舱石"。制度逆熵的本质，对外，是用制度形成的确定来应对外部市场变化结果的不确定性；对内，就是通过制度和政策的调整，形成熵减机制，以实现企业发展的熵减。这里需要再强调的是：第一，制度逆熵本身是发展的，无论是企业层面还是国家层面、世界层面，都是如此。第二，制度不是万能的，此点更有普适性。但是，作为有缺陷的人类，从来构建不出完美的制度。包括市场经济制度，都需要不断地完善与发展，美国当然也不例外。而且，世界是高速变化的，制度的变化赶不上情况的变化，坏人总有机可乘。所以，制度逆熵永远在路上。

第五章　人本逆熵

> 所有权的不可侵犯性，所有权的稳定性，
> 或者说权利归属的稳定和明确，不仅对商业活动，
> 对整个社会生活都有重要意义[①]。
> 公司的一个影响是带来了某种平等，
> 它打破了某些观念，比如，特定的生活方式，
> 只有贵族或富人才有权享有，比如，有些人生来就高人一等[②]。

　　私权，是企业生命价值的量子纠缠。现代经济文明的企业熵运、逆熵，实则取决于对企业内自然人私权的尊重、保护与发展。这也是人本所蕴含的重要的逆熵基因密码。人本逆熵是企业逆熵要素中最具潜在影响力的元素。随着人类现代经济文明的进步，人本逆熵在企业逆熵中的作用越来越突出、越来越重要。

　　企业是员工生命的一部分，员工的生命也包含企业生命。企业与员工的契约，企业是企业生命与员工时段生命间的契约。这种契约是沉重的契约，也是神圣的契约。可见企业对于员工，员工对于企业的相互重要性。这是互

[①]　罗马第一大学法学教授桑德罗·斯奇巴尼所持观点。《公司的力量》，中国国际电视总公司 2010 年出品的大型电视纪录片第一集解说词。

[②]　麻省理工学院斯隆管理学院院长——大卫·施密特雷恩所持观点。同上。

为一体的命运共同体。企业的逆熵就是企业内自然人的价值逆熵，同样，企业内自然人价值逆熵也就是企业的逆熵。企业要逆熵，就必须实现企业内自然人价值逆熵。这也是人本逆商的核心意义所在。人本逆熵的作用，是其他元素完全不能够替代的。这里所说人本的人，主要指的是与企业"老板"或最高管理层相对应的普通员工。

第一节　本　原

决定公司不败的有可能主要在于企业领导人，而决定公司成功的关键要素则主要是员工。日本著名的企业家稻盛和夫说过，把员工幸福放在第一位的企业，都会活得很好。在现代经济文明，谁不重视员工，谁就是不重视企业发展；企业人本的逆熵缺失，就是企业发展力的缺项，注定发展之路难以久远。

工业革命为人类物质文化生活、精神文化生活带来的惊喜，是几千年农业文明所无法比拟的。自工业革命开始，作为经济主角的企业，无论是从组织形式到管理方式，还是从外延到内涵，都在持续不断地发生变化，尤其是人本法则得到大多数企业越来越自觉的重视。自短缺经济逐渐隐退，更是因为市场经济的完善和发展，企业无论是形而上，还是形而下，都已发生非常重大而明显的变化。由产权和效能主导，企业在人的视野中，有"两大转变"十分亮眼，使企业不仅受市场经济和经济发展所激励，更反作用于后两者，在推动市场经济不断完善、经济持续有质量发展的同时，也重新定义了企业的发展方式，进一步丰富了企业文化的内涵。这"两大转变"就是：由资本理念向人本理念的转变，由劳力思维向人文思维的转变。其核心理念是以人为本，形成了现代市场经济运作中，企业文化发展中的人本逆熵文化，以及企业必须遵循的人本逆熵法则。研究这些变化的背后，人们会看到起主导作用的动因，即产权、效能两大本原定理。由两大本原定理决定，企业人本逆熵文化必将持续不断地向前发展，人本逆熵之道必须得到始终不渝的遵循。

一、产权决定论

产权是重要的私权，它既包括由企业内就业自然人的产权，也包括企业外自然人对企业物质资产拥有的产权。而由资本思维向人本思维的必然转变的真正推手就是产权。作为重要私权的产权是市场经济的核心，或者叫根本；以法对产权进行保护是市场经济的法治保障。作为重要私权的产权是现代及未来经济文明中人类逆熵、市场逆熵、企业逆熵的关键。正是在法律保护下的产权力量发挥，使人类第一次摆脱对农业的依赖，走向了现代文明。工业革命、信息革命等，皆得益于此。作为重要私权的产权的保护之所以如此重要，是其保证了人们的私利释放，这种释放正是产权的力量所在。没有人们这种私利的释放，就没有工业革命，就没有信息革命，就没有人类今天的进步和发展。

企业是一组产权的合约。随着人类经济文明的发展，人们对产权的认识也越来越深化。今天人们逐步认识到，产权不仅包括对资本的产权，同时包括对人智的产权。实际上，人智产权从工业革命一开始就包括在产权的内涵中。只不过，工业革命初期，人智产权被资本产权的阴影所淹没。但经济文明的发展，使人智产权的作用越来越清晰，占比越来越重要，从而使资本产权的作用最终退居次席。这种质与量的变迁，决定企业发展思维必然从资本思维向人本思维转变。

早期企业的诞生与成长，是与18世纪西方生产力发展和市场发育相辅相成的。当时，以蒸汽机动力为代表的第一次工业革命催生了早期的业主制企业。这种企业一般规模小、结构简单，其产权安排是以家族或亲友为基础的个人业主制或合伙制。出资、创业与管理"三位一体"，业主则集三种职能于一身，成为卡尔·马克思所说的典型的人格化的资本。现代企业诞生于19世纪后半叶。与早期业主制企业相比，现代企业规模大，结构复杂。它不再局限于单一产品的生产制造，而通常是整合了多种产品和服务的研发、生产和营销的全部业务。与现代企业的规模和结构相适应，现代企业的产权制度也与早期业主制企业有极为显著的区别。今天，家族企业（上市或非上市）依然大量存在，有的还很强大；仅从管理和技术层面看，其现代化程度也非常高。20世纪50年代，在美国经济的一些主要部门中，经理式的公司已经成为许多工商业企业的标准模式。由于资本产权的复杂性所决定，一直以来，企业主要受经理人控制。1963年，200家最大的非金融公司中有163家或84.5%是由经理控制的。之后，美国企业产权制度发生的变化，是在1994年养老基金、共同基金和保险公司一类的机构（法人）持股已占美国所有有价证券的55%。20世纪90年代初，这些机构代表在大公司里发挥着重要作用，甚至能够把通用汽车公司等许多著名大公司董事长赶下台。1995年，美国联合航空公司的员工把公司股票买下，该公司成为唯一的员工所有的大公司[1]。许多美国公司主要是通过员工持股来提高对企业的关心程度。

但是，考察企业思维转变与产权定理的关系，还要从更大的视野去研究探讨，这样就会更清晰地看到思维转变的必然性。

（一）资本产权对田本产权主导地位的取代

我们来看看，随着市场经济的发展，以人为本的产权条件是如何逐步形成的。在工业革命前的数千年里，主导人类经济文明发展的是田（地）本产权，尽管这种产权的保护不尽有效。而工业革命以后，田本产权的主导地位开始动摇，并被资本产权所取代，形成了以资为本的权利格局。以资为本对以田（地）为本的否定，从而也为以人为本创造了产权的条件。人们第一次享受到了工业革命前从没有过的文明生活和文明待遇。这里需要说明的是，田本产权是一种残缺的产权，是在农业文明中缺乏法律保护的产权。

所谓产权，是经济所有制关系的法律表现形式。它包括所有权、占有权、支配权、使用权、收益权和处置权等。以法权形式体现所有制关系的科学合理的产权制度，是用来巩固和规范市场经济中资产关系，约束人的经济行为，维护市场经济秩序，保证市场经济顺利运行的法权工具。产权的功能包括激励功能、约束功能、资源配置功能、协调功能等。几千年以来，人类经济文明一直由田本产权所主导。但是，自从工业革命发生后，这种局面发生了根本性改变。这种改变，主要通过两种表现形式实现。

1. 颠覆：资本对生产资料的商品化

与田本产权一样，资本产权也是一种支配权，对物的支配权，包括对劳动力的支配权。在进入工业文明的初期，即资本原始积累的过程中，造成了大量无产者之后，使资本产权这种对物、对劳动力的支配权远远超过田本产权对田地、对劳动力的支配权。资本产权之所以能够获得这种支配权，是因为资本在人类进入工业文明后，成为居于统治地位的力量。资本是一种在古希腊奴隶制条件下就已经高度发达的经济范畴，但只是在工业文明的生产力基础上，才允许其获得这种统治地位。资本产权的可畏之处，是当其还很微弱的时候，就能够将土地、劳动力和货币等商品化了。工业革命初期的欧

---

[1]　于中宁：《西方企业制度的创新与启示》，《经济日报》1996年7月6日。

洲，大多数人（90%或更多的欧洲人口）只能在土地上劳作，而不与以城市为中心的制造业发生联系。然而，随着农村人口的增加，农业人口过剩出现了。他们是真正意义上的"无产者"，18世纪的英格兰有六七百万人口，但其中有100万以上、可能接近200万人口，是无家可归的穷人。当时的国家制度也没有提供任何救济。是资本产权将他们迅速商业化，几乎全部吸收到工业革命的洪流之中，从而取代田本产权对劳动力的话语权。

人们知道，某种产权在国家力量中处于统治地位的标志，不是其所占份额的多少，而是在生产力中的排位。这种排位决定了其在国家发展中的话语权。随着"资本是第一生产力"的确立，人类即由"生产者创造财富"转变成为"资本创造财富"，即"资本财富论"被公共大众认可。"资本创造财富"是"生产力创造财富"的发展。"资本财富论"是经济学领域深刻革命，是思维意识的飞跃发展。"资本财富论"是指资本创造财富。企业的实质是由无数个微小的生产力组合而成，企业生产的过程是所有微小的生产力耗费的过程。谁来进行这种组合，是资本；谁来使这种耗费得以持续进行，是资本。在资本所有者与经营者合而为一的企业雏形时期，则是资本所有者——资本家。1867年，约瑟夫·普鲁东使用"资本家"一词称呼资本的所有人。作为高效有组织的企业，资本产权对劳动力的管理权和管理效率，是田本产权所不能比拟的，显示出田本产权难以比拟的优势。资本产权对田本产权替代的另外一个突出迹象，是资本产品的买卖无须经过封建形式的认可。而且，欧洲国家在16~19世纪各种经济制度的改变，尤其是在个人和团体以"公司"（或法人）形式买卖资本产品的权利问题上，以及对于土地、劳工和货币在自由市场上的买卖等，集中表现为：完全依赖政府——依法保护私人财产的权利等，而不是通过封建形式的保护和义务制度。人们看到，由资本带来的生产资料商品化，对田本产权形成的覆盖是那样的无情，而又不可抗拒，直至田本产权的主导地位完全丧失。

2. 吸引：企业迫使农田劳力空心化

资本产权的主导权是在与田本产权进行人力资源竞争中取得的。企业对劳动力的吸引，造成农业人力成本急剧上涨，也使农田劳力日趋稀缺，从而严重空心化。著名经济学家米赛斯谈到，对资本的厌恶，并不是源自大众，也不是来自工人阶层中间，而是在于那些土地贵族，即英格兰和欧陆的乡绅、贵族阶层。他们指责资本主导经济，因为对他们不利：19世纪初，工业领域支付给工人的高收入，迫使土地贵族支付同等的薪酬给他们的农业劳动者。贵族阶层总是通过批判工人阶层的生活水平来攻击工业资本主导经济。这种评判与卡尔·马克思博士的批判正相反。事实正如卡尔·马克思所见，那些被雇佣在工厂里工作的人们，过着一种几乎非人的生活。但工人们的生活却在不断改善，也是不争的趋势，从而对农业劳动力的吸引力持续增强。不过，卡尔·马克思也伟大而清晰地描绘出了资本主导经济所带来的巨大时代进步的根源，那些进步正是资本积累所带来的产物。工业革命初期这种非人的生活之所以能够支撑企业对农业劳力吸引力，恰恰是土地贵族的存在。在工厂工人进入工厂以前，他们往往处在饥饿和死亡的边缘。之后，人们看到，随着经济的发展，土地贵族与工人的非人生活状况则全部消失。也就是说，恰恰是资本改善了人们的生活条件。工业革命时代（1760~1830年）的英格兰，正是在这些年份，英格兰的人口翻了一番，这意味着成千上万的儿童——放在以前等待他们的将是死亡——活了下来，并长大成人。与资本特权并存的这两大要素的消失，资本的特权也难以持久存在。尤其是资本带来的经济发展——物质生活水平和精神生活水平的极大提高，正是对资本原有特权的有力否定。也就是说，人的权力来自经济的发展。当人们处于饥饿状态的边缘，或温饱没有得到切实保障的情况下，人们只能追求最低的权利——生存权。但人们一旦摆脱饥饿的压力，就会自然而然地追求其他的权利。这也是马斯洛需求层次理论的基本原理。人对自身权利的追求，在满足了温饱之后，是不可阻挡的。除非人们重新整体地被拉入温饱线之下。也就是说，经济越发展，人的权力越大也越丰满。而满足人的权力（尤其是私权），正是今天经济再发展的前提。

"光荣革命"以后，英国经济实现了快速增长，工商业的产出指数从1700年的100增长到1750年的148，农业的产出指数从1700年的100增长到1750年的111。原材料进口增长幅度惊人，出口结构发生了很大变化，呢绒出口稳步发展，其他制造品出口增长迅猛，从82.8万镑猛增到242万镑，所占比重增长很快[①]。虽然贫富差距可能再拉大，贵族更为富有；商人和金融家也积累了大量财富，地方城市商人的财富也堪比大都市商人的财富，但史学家也形成了一个共识，18世纪上半期下层民众的收入比此前和此后的一段时间都高。A.麦金尼斯认为："不仅是中上层人们钱袋里的钱叮当作响，大多数工

---

① C.威尔逊、G.帕克主编：《1500—1800年欧洲经济史资料绪论》，纽约：美国学术出版公司，1977年版。

匠和劳工也富裕了。"英国在1650~1750年消费品价格加权指数几乎为一条水平线，而实际工资在上升。如建筑工人的货币工资在17世纪中期到18世纪中期增加了45%~50%，而同期消费品价格指数下降了大约3%。这样，下层民众的购买力自然增强。到1700年左右，人数庞大的下层民众可以改善饮食，享用变成大众消费品的糖和烟草，穿戴彩色长袜、手套、带扣鞋、亚麻围巾和缎带饰边的帽子，家里拥有青铜锅、铁制油炸锅、餐具和釉质陶器，所有这些都是他们的先辈从未拥有过的。中间阶层甚至在17世纪就是新产品和进口产品的最大市场消费者，他们中的许多人是19世纪"中产阶层"的先驱。英国人的饮食消费习惯和结构也发生了很大变化。17世纪末，由于国内市场的强劲需求，进口食品增长迅猛，导致价格不断下降，使以前只是富有人家享用的奢侈品现在变成了大众消费品。以糖为例，1630~1680年，糖的人均消费量增加了4倍，零售价格降了一半。能够获得的食品种类不断增多，来自阿拉伯半岛的咖啡，中国的茶，东方的香料，葡萄牙的马德拉葡萄酒，西班牙的葡萄干、无花果和橙子，意大利的橄榄油，所有这些物品的进口都极大地改变了大部分英国人的消费面貌和饮食习惯。英国人的家居奢侈得到了空前发展。在1670~1730年兴起了一个建筑热潮。在城镇建筑复兴过程中，除了土地贵族和乡绅参与以外，专业人士如律师、医药师和工商业人士等中等阶层贡献甚巨。他们不但自己在城镇建设华丽住宅，而且捐资帮助建设教堂、图书馆等公共设施，投资建设旅馆、剧院等休闲设施[①]。

由此人们看到，工业革命作为时代的需要正呼之欲出。对此人们绝不能否定资本的作用，这种更高的生活水平依赖于资本的供给。人们需要否定的只是资本的特权。资本与人口的匹配，以及人口素质的提高，仍然是时代进步的基本条件。

（二）人智产权对资本产权主导地位的取代

人们通过对企业产权的研究，越来越清晰地认识到，企业是一组产权的合约。而且不同的产权在企业中的地位会随着企业的发展，所发挥的作用也在发生变化，会随着企业所处的不同阶段，对企业起主体作用的产权也会发生悄悄的变化，可谓你方唱罢我登场。企业产权话语权主体主要由资本和人本组成，即以资为本和以人为本。以资为本保护的只是资本的产权，释放的

① 李新宽：《17世纪末至18世纪中叶英国消费社会的出现》，《前线》2012年12月2日。

仅仅是资本所有者的私利。正因为如此，其对企业发展的作用只能是单维度的。短时期内，对企业的发展能够起到巨大的促进作用。但这种促进作用也是残缺的，有条件的。从一开始就受到来自人智产权的挑战，尤其是后来，人智产权与资本产权的博弈日趋明显。所谓人智产权，就是人们对个人智力所拥有的所有权、占有权、支配权、使用权、收益权和处置权等。显然，人智产权具有排他性、唯一性。

市场经济是法制保护或规制下的私利无限释放型经济。工业革命初期主要是资本拥有者私利的释放；在现代经济文明，则是市场参与者所有私利的无限释放。由单一的以资为本的对资本拥有者私利的释放，向以人为本的对市场参与者所有私利无限释放的转变，是人类经济文明发展的必然逻辑和定理。作为企业，坚持以人为本，就是对这种必然逻辑和定理认识的升华与自觉。

以人为本思维是现代企业发展的必然选择，主要取决于两点。

1. 关键点：人力资本主体对资本产权的分割

这种分割主要体现在两种形式。其一，人力资本主体对资本的直接分割。随着经济文明的发展，现代企业中有限责任企业越来越多，无论是家族控股企业还是股份制企业，资本已经不对企业负有无限责任。其原因是由资本的可转让特性所决定，资本产权所有者可以对资本不负无限责任。而资本产权的可分解性，意味着产权的各项权能可分属于不同的主体。正是由于具有这一特征才使资本产权问题复杂化，从而出现了资本产权的残缺。这种产权残缺带来的治理残缺由谁来弥补？从公共大众上讲是政府乃至公众的监督；更主要的还是靠企业内部人力资本的补缺。随着现代企业制度的建立，资本产权的转让可以对外，由公众持股；也可对内，由人力资本主体分割，即员工持股。人们看到，由证券市场的发展所决定，现代企业的非人力资本最具退出自由；能迅速规避风险的不是人力资本所有者，而是非人力资本所有者。随着证券市场的发展，现代企业的非人力资本所有者最具有退出自由，这一现象更为明显。所以，人力资本所有者是企业风险的真正承担者或最终承担者。企业一旦破产，员工就会失业，生计受到打击，从而影响到生活质量。从人力资本的专用性上看，人力资本的专用性使其所有者在进出企业时都要考虑自己的人力资本的特殊适应性。从人力资本的群体性上看，现代化大生产在促使分工日益细化的同时，也促使协作日益广泛，具有专用性特征的人力资本如果不参加协作体系便没有用武之地，这会造成其退出企业的障碍，同时影响到其再就业。进入新的企业相对较为困难，尤其是员工在企业是否受到重用，往往有年龄段的限制，情况会变得更糟。

其二，人力资本主体对资本产权的间接分割。这种分割主要形式是对剩余索取权的共享，既由人力资本主体价值决定，也体现人智产权的力量。人才是企业人智产权中最优秀的部分。知识经济时代是人才主权时代，也是人才赢家通吃的时代。有观点认为，在此时代下，知识创新者与职业企业家成为企业价值创造的主导要素。知识创新者和职业企业家对企业的贡献与价值，使他们具有对剩余价值的索取权，改变了资本产权与人智产权之间的博弈关系，建立了人智产权的基础和理论依据。知识经济时代下，公共大众对知识和智力资本的需求比以往任何一个时代都更为强烈，导致知识创新者和企业家等人才短缺的现象加剧。人才的稀缺性、巨大的增值空间和HR的高回报性，使资本疯狂地追逐人才。正如美国思科（CISCO）公司总裁约翰·钱伯斯所言："与其说我们是在购并企业，不如说我们是购并人才。" 在知识经济时代里，人才具有更多的就业选择权与工作的自主决定权，人才不是简单地通过劳动获得工资性收入，而是要与非人力资本所有者共享创造成果。而且这两类人才退出企业更为容易，但吸引到企业相对更为困难。主要是因为这两类人才的稀缺性所致。为此，企业理应尊重人才的内部选择权和工作的自主权，并站在人才内在需求的角度，为人才提供平台与服务，去赢得以提升人才的满意度与忠诚度。

人力资本的积累和增加对经济增长与时代发展的贡献远比物质资本、劳动力数量增加重要得多。尽管人力资本是资本的组成部分，但人力资本主体并不属于资本产权所有者所拥有。而人力资本主体恰恰又是人智产权所有者。实际上，人力资本对资本的分割，同时也是人智产权所有者对资本产权主导地位的侵蚀。因而，人智产权对资本产权主导地位的取代，只是早晚的事情，速率由教育与科技进步速率所决定。

2. 核心点：人智产权在企业中的独特作用

人智产权是指人对存在于人体之中的具有经济价值的知识、技能和体力(健康状况)等质量因素之和的拥有和使用。人智产权具有的排他性、独立性，人智产权所有者对个体人智则负有无限责任。主要体现在三点：

其一，人智产权与所有者是不可分割的。资本产权在不同的所有者之间可以分离并且相对转移，而人智产权却做不到这点。即不管在什么样的时代，人智产权与其所有者不可分离的状况都是无法改变的。极端情况下，企业可以掏空人智资本的知识，但其可以补充甚至提高，而且人智资本的知识可以重复使用。除非，人智资本贬值、老化，当然会面临淘汰。可这种局面或结果，是具有主观能动性的人智资本主体所竭力避免的。因此，即使在奴隶存在的时代里，奴隶主尽管可以全权支配奴隶的劳动并拿走全部产品，但奴隶依然可能是一种"主动的人智资本"。

其二，人智产权主体可以控制自己智力劳动的供给。即，人智资本把自己的知识产权付出多少完全由其自主决定，即使在极端的外部暴力压力的情况下，几乎依然是如此。这也是为什么在专制体制下，以及缺失人智产权保护的制度下，难以出现唯一性、原创性创新，以致造成整个国家发展停滞的根本原因所在。为了节约奴隶制度的费用、成本，一部分奴隶主不仅必须善待奴隶，而且也只好实行定额制。即：允许奴隶在超额后拥有自己的私产，积累自己的财富直至富有后取得自由。这说明在奴隶制下，人智产权具有永远归属于个人的产权特征。

其三，人智产权的价值难以度量，而且价值信息易于隐蔽在不同的阶层、不同的时代。不管是实物形态的非人智产权的机器设备，还是价值形态的非人智产权，甚至在非人智产权市场上，虽然也存在卖方与买方的信息相同与不同问题，但非人智产权所显示出来的市场信号，总可以让双方据此作出大致的估计与接受。而人智则产权不同，其价值衡量的难度超乎想象，主要以其稀缺性而定。外在的参考系数，主要是学历和阅历，但学历和阅历是固定的，并不能完全决定人智产权的价值。人智产权的价值只有从人智资本使用的结果中才能够研判出来，具有事后性。所以，人智产权的引进、使用的风险始终是存在的。

由上述三特性所决定，人对其人智产权的全部拥有自不待言；而且如何使用、使用多少完全由人智产权所有人决定。外力的强求于事无补，但可以激发。实际上，激发也是外在客体与人智产权所有人的一种交换方式。在20世纪60年代，比较完整的人智产权理论即已产生。这一理论的核心观点，是在经济增长中，人智产权主体的作用大于纯资本产权主体的作用。知识经济的来临，使企业各参与主体的地位和作用发生了显著变化：物质资本所有者的实力相对较弱，地位下降；人智产权所有者的力量增强，地位提高。人智产权所有者再也不能容忍资本产权所有者的"至上"和"独享权利"，因为人智产权所有者才是企业财富的更主要创造者。人智产权拥有更大话语权的标志之一，于是产生了新的企业负责人——CEO即首席执行官。他除了拥有总经理的全部权力之外，还有50%董事长的权力，权力非常大，是这个企业最高职位的人，负全责。

以资为本，特别强调和保护资本持有者的私利。也就是强调和保护资本持有者少数人的特权，包括话语权。亚当·斯密所支持的经济自由主义专注于人类私利所扮演的启蒙角色，以及特定的在增加资本聚集效率上所扮演的角色，借由对利润的追求来达成自我利益是以资为本的必要特色，其强调的仅仅是资本所有者的私利。这在工业革命初期实属必然，因为资本产权对经济乃至时代的发展占据主导地位。随着人智产权在经济乃至时代发展所占主导地位的确立，显然以资为本已不能成立，也必然被以人为本所取代。以人为本，就是强调企业所有参与者的私利。在企业内部，尤其是强调员工的私利、私权。

《21世纪资本论》一书中，作者托马斯·皮凯蒂用翔实的数据展示了在资本主导经济统治世界时，资本高收益与劳动低收益的差距不是在缩小而是在不断地扩大。但是，人们也越来越清晰地看到，对这种以资为本分配机制的否定也正拉开序幕。因为正如上面已经论述过的，改变以资为本分配机制的土壤和环境已经逐步形成。今天的经济与过去完全不同，因为资本主导经济是由物的生产构成，而今天的后资本主导经济是由知识的生产构成的。随着简单劳动力逐渐被机器所取代，高素质劳动力越来越稀缺，人的思想认知、创造性、注意力等越来越影响企业的发展。

二、效能决定论

由劳力思维向人文思维的必然转变的决定力量是效能。效能是企业发展永恒的主题。所谓效能，包括效率、效果，但效率效果依赖于效力，即人智产权所有者贡献的才能。科斯在《社会成本问题》中描述了一种应对外部性的新方式：此类外部性问题——生产活动扰乱他人的情况，如烟囱冒烟之类——曾让更早一代的经济学家们感到困惑：无论烟囱主人不得不赔偿邻居所受的损害，还是邻居贿赂工厂减产，烟囱的冒烟量都是相同的。这似乎产生了一个令人惊异的后果。迫使工厂主承担赔偿责任的理由并不是正义（污染者应当掏钱买单），而是效率：与其等那些受害者组织起来与厂主谈判，不如厂主现在赔偿受害者更省钱。企业效能最大化的企业文化要求是以人为本，就是要实现由前工业文明所残存下来的劳力思维，向人文思维的根本性转变。这一根本性转变是通过两次伟大的超越实现的。

（一）劳力思维的超越

效能何以打造出以人为本的要件？工业经济的特点是资本为主导，其效能取决于劳动力的组织管理效率。也就是说，资本把员工视为资金购买的劳（动）力，这种劳力与机器、房屋、土地在投入工业生产的性质上没有本质的不同，是物化了的劳力。但，随着经济文明进入制造业主导的时期，这种劳力思维的主宰地位逐步被人力思维所否定。

1. 必然性因素：劳力思维无法解决工业化冲突

冲突是对企业效能最大的破坏。工业化冲突是指工业化中个人与个人、群体与群体或个人与群体之间的冲突。例如，"劳资"冲突就是一种典型的工业化冲突。工业化冲突在工业革命时期十分突出，但由资本产权主导形成的劳力思维，不仅难以化解冲突，甚至会火上浇油。因为是时，在资本产权看来，劳力是由资本产权所有者用资金购买而来；而且雇主、有产者、企业家权力日益加强，他们不仅掌握着广泛的经济权力，而且政治权力渐渐落入他们之手。加上政府强制，市场被人为地塑造成不利于劳动者的状态。而同时，工人一盘散沙，工会力量开始时相当有限。直到19世纪40年代，工会"不过是熟练工人贵族反对非熟练工人大众的一种体制"，是造成工人内部争斗的工具。还有，工业部门对劳动力的需求，随经济周期而剧烈波动，"劳动"是经济危机痛苦后果的主要承受者。有效运转的劳力市场的形成用了数十年甚至上百年时间。此外，其他阶层（包括农民）对工人的看法，更使工人处于孤立无援的状态。19世纪中叶的伦敦，在任何一个行业里，只有1/3的工人能充分就业，1/3只能半就业，1/3失业，总就业率为50%左右。即使自19世纪中期开始，工人日益组织起来加入工会及加强斗争，在1810~1900年近100年间，英国棉纺工人和建筑工人的实际工资增长也不到一倍。德国的资本家和容克地主，为增强他们的产品在世界市场上的竞争力，把工人的工资压得更低，1865年德国工人平均工资比英国低38%，比法国低20%。工业革命时期，英国"难以维持温饱的工资、14~16小时的工作日、卫生条件恶劣的工厂和更加不卫生的工人住宅"——这些虽然并非是绝对普遍现象，但在一切关于工业革命的记载中都是常常可以看到的。政府对劳工工资采取放手不管，任由市场力量决定的政策，使劳工利益缺乏保护，在一定程度上导致了工业革命早期劳资冲突的上升与激化。据统计，在1761~1780年113起和1781~1800年153起劳资冲突中，涉及工资、工时问题的分别为80起和105起，分别占这两个时期劳资冲突总量的70.8%和68.6%。1799~1800年，英国政府出台了《反结社法》，以强力干预手段来应对日益发展的劳资冲突。最终，迫于各方压力，1824~1825年《反结社法》被废除。

显然，冲突严重影响了一些企业整体效能的发挥，甚至对这些相关企业整体效能造成极大的伤害。解决这一冲突，提高企业效能，摒弃劳力思维是必然选项。

2. 决定性因素：人力思维赢得人力资本的更大效力

冲突对效力的负作用，影响了企业的发展，对国家稳定也产生了很大的冲击，引起了政府和公共大众的高度重视。19世纪后半叶，第一次工业革命基本完成后，英国政府颁布了许多对劳资关系进行仲裁和调解的法规，如1867年的圣伦纳德勋爵调解条例、1872年的芒德拉条例、1896年的调解条例等。据统计，1896年正式记录在案的劳资纠纷共有926件，此后10年中共有5614件，其中161件由仲裁解决，188件由调解解决，4004件是由双方或他们的代表通过谈判解决的。

在企业，资本产权所有者开始反思劳力思维，逐步以人力思维平等地看待员工。这样，不仅着眼于解决经久不息的劳资冲突，而且以更加积极的态度，着眼企业效能的发挥，加强与员工的合作。一种以民主管理为主要形式的共治理应运而生，这意味着资本产权所有者正式承认了人智产权对企业的共治权。20世纪20年代产生于德国魏玛共和国时期的"企业委员会制"，是欧美国家企业职工参与企业管理制的一种主要的形式，也是最为普遍的形式。企业职工委员会参与权的一个主要表现是，企业解聘员工前需要听取企业职工委员会的意见。并且在包括员工行为规范、工作时间调整、薪酬支付、休假、工作监控设施、职业健康、福利设施、企业建议制度和班组工作原则等方面有共决权。显然，这一制度正是人智产权与资本产权全面共治的制度。企业民主管理的效能显而易见。据测算，在实行民主管理、开展职工建议活动的企业里，企业花在奖励方面的费用支出与其收益之比高达1/50。无怪乎在目前美国、日本及西欧的企业里，都纷纷采用了这一有效的管理方法。据媒体介绍，在日本，员工受到的激励不仅来自终身雇佣的保障和年功序列的激励，还有"禀议制"带来的归属感。决策者将意向作为"禀议"文件下发到各级管理人员和基层，广泛征求意见后汇总。这种从上而下，又自下而上的决策方式，不但可以把争论解决在决策之前，保证群体的亲和力，还体现了职工的价值和责任，激发了员工的参与意识。很多日本百年企业仍然坚持这种看似费力、费时的决策体制，大量来自基层的合理化建议通过禀议制被贯彻到决策中，从纵向上维护并加强了企业的集团意识。日本的松下电器公司，职工每年提出的合理化建议达70万项之多（其中有30%被采用）。据美国国会所属会计总署于1987年进行的一项研究，发现由职工所有和职工管理的企业，其生产率提高的速度比一般股份公司高52%。由此证明，民主管理，实属效能使然。人力思维则可为企业赢得人力资本的更大效力。

（二）人力思维的超越

企业效能，也是市场经济效能的需要何以创造出以人为本的前提——高收入时代的到来？实际上也印证了其他资本产权所有者对人智产权所有者效力交换的需求。如前所述，没有人智产权所有者的效力，就没有企业的效能。人力资源与人力资本并非同一概念。与人力资源相对应的是人们改造自然、创造财富能力。这一能力包括两部分内容，即体力能力和智力能力。而人力资本相对应的，是具有创新精神的智力能力。随着经济文明由制造业主导进入智造业主导的时期，人力思维的主宰地位必将被人文思维所超越。

1.人力思维局限：无力于人智产权所有者效力的全面供给

20世纪60—70年代，欧美国家出现了职工股份合作制企业，以及实行职工持股计划的做法。随之而来的是一场以突破股东主权治理专制性和保护员工权益为核心的公司制度变革。而这一现象的实质，是人力思维强调对人智产权所有者效力的重视。这一重视至少从1907年吉尔布勒斯夫妇的动作研究就开始了。他们主张，通过动作研究，可以开发工人的自我管理意识，从而开创了疲劳研究先河，对保障工人健康和提高生产率的影响持续至今。1943年，马斯洛提出了著名的需要层次理论。1966年，赫兹伯格进一步提出了双因素激励理论，指出：能对工作带来积极态度、较多满意感和激励作用的因素，多为工作内容或工作本身方面的因素，这叫作激励因素，比如成就感、同事认可、上司赏识、更多职责或更大成长空间等；能使员工感到不满意的，属于工作环境或工作关系方面的，叫作保健因素，如公司政策、管理措施、监督、人际关系、工作条件、工资福利等。这些理论都远远超过了泰罗机械对待员工的科学管理理论（1903年）。

体现人力思维逻辑鲜明特征的案例，还有著名的亨利·福特"工资策略"。作为福特汽车公司的建立者，是美国学者麦克·哈特所著的《影响人类历史进程的100名人排行榜》中，唯一上榜的企业家。福特最大的成就，是他向工人支付了高于其他行业或公司的薪酬。他的工资策略被描述为一种"发明"。此外，在美国企业还出现的自我管理小组，也日趋流行；对员工培训工作也极为重视。

企业和公共大众这些所有的努力，都体现出在人力思维主导下，企业对人智产权所有者的关注，目的同样是企业效能，试图建立起新的雇佣心理契约，以换取员工的效力。但效果仍不理想，主要是人力思维仍然忽视人智产权，依然把人力作为资本产权的附属物，没有给予人智产权与资本产权同等的法理地位。因此，尽管对人力已经过度重视，但仍然不能有效保证人智产权所有者对企业效力的全面供给。出工不出力及优质人智产权所有者用脚投票现象比较突出。

2. 人文思维优势：着眼于人智产权所有者效力的有效激发

人文思维关注"人的价值追求"，提倡人文精神，着眼于人智产权所有者效力有效激发，关怀的中心是现实生活中人的身心全面价值的实现。

在18世纪的英格兰，土地仅能以很低的生活水准养活600万人口。而今天，超过5000万的人口享受着甚至比18世纪的富人还要高的生活水平。高福利时代的到来，应运了人文思维下企业对人智产权所有者效力的尊重和期许。尤其是在经济文明的智造业主导时期，人文思维沿着效能和效力驱动的逻辑，采取包括高福利计划在内的各种举措，充分体现对人智产权所有者的尊重，以着力解决高端人才的效力能否倾心付出，以及企业人才流失造成的企业效能下降、竞争力削弱等严峻问题。智造业主导的时期，是高科技和高市场竞争的时期。创新性高科技人才和创新性经理人人才对企业的生存与发展至关重要。吸引和留住这些关键人才往往关乎企业的存亡。黄卫伟认为，AI对企业人才管理最大的颠覆是人才价值的重新估值。工业经济时代，人才价值分布呈现金字塔结构，最大价值创造来自基层员工与中层管理者，他们人数多、创造价值也大；但AI时代，人才价值创造则呈现出帕累托曲线特征，20%甚至更少比例的顶尖人才，贡献了80%甚至90%的行业价值。随着AI技术的不断进步，企业之间的差距越拉越大；但拥有高端人才的企业不能就此止步，数字时代对于人才的管理和激励机制将会面临重大的变革，能否应对时代的挑战，做好人的管理，也是对企业能否坚定遵循人本定律的集中考验。人文思维由此日趋重要。

这是由两大因素使然。其一，员工的受教育程度持续提高，产生了一种新的员工与企业关系模式：以劳动契约和心理契约为双重纽带的战略合作伙伴关系。全球成人受教育水平基本处于不断提升的过程。以美国为例，自2000年以来，美国25岁及以上人口中，最高学位为硕士的人数翻了一番，达到2100万；博士学位持有人数增加了1倍多，达到450万。数据显示，2019年，美国成年人口中，约有13.1%的人拥有硕士学位、专业硕士学位或博士学位，而2000年这一比例为8.6%。2000~2018年，25岁及以上人口获得学士及更高学位的人数占比从25.6%升至35%。在收入方面，2017年拥有硕士及更高学位美国人的平均收入是高中辍学者的3.7倍。其二，资本产权与人智产权地位的变迁。著名华裔经济学家陈志武指出：原来的制造业中物理资本、产业资本的比重最高，员工人力资本占比很轻，公司的无形品牌与声誉资本也很轻。可是，在经济以服务业和创新力为主轴后，就完全反过来了，物理资本的比重降低，而人力资本、品牌声誉资本的重要性大大提高。比如，对于谷歌、脸书这样的现代科技公司，公司的价值完全取决于员工的创新能力、创造意愿、品牌声誉和服务态度。这样一来，员工在公司的感受、得到的尊重、工作之内与之外的环境、对公司的喜好、病假产假的人性化、生活福利等，就都非常重要。

人文思维的优势之一，是能够付出爱。公司爱我，我爱公司。企业福利通常被解读为企业给员工带来的福利，但事实上这些福利也以更大的效益反馈给了企业。美国人力资源管理协会曾对3000多位HR代表进行了调查采访，于2019年发布了《2018员工福利报告：企业福利制度的演变》。调查结果显示，福利形式受欢迎的公司的业绩表现、招聘成果、雇主口碑都明显高于那些"不会爱"的企业。当然，人文思维的企业文化不仅仅是高福利，对人智产权所有者效力的尊重还体现在其他方面，如缩小地位差别这条法宝与平等文化、透明管理有关。缩小地位差别指的是公司中的员工应该人人平等，不论资排辈，不以势压人。人文思维是人类现代文化中的核心部分，集中体现为：重视人，尊重人，关心人，爱护人。以人为本，这就是人们常说的人类关怀和生命关怀。人是衡量一切的尺度，在人世间的各种权利，只有人权是天赋的，生来俱有的，不可剥夺，也不可替代的。承认人的价值，尊重人的个人利益，包括物质的利益和精神的利益。人文精神是一种普遍的人类自我关怀，表现为对人的尊严、价值、追求等的关切。人文精神的核心是"以人为本"。也就是说，要把人放在最重要的位置上，要尊重人的价值。人文精神是对人类遗留下来的各种精神文化现象的高度珍视，对一种全面发展的理想人格的肯定和塑造。从某种意义上说，今天人之所以是万物之灵，就在于他有人文思维，有自己独特的精神文化。人文精神是衡量一个民族、一个地区的文明程度的重要尺度。"人本观念"，即"人本位"，对当今或者人出现之后的人类公共生活形态来说，个人是中心，个人是衡量人类公共生活文明形态演进发展的尺度。"本位"者，标准也。同时，人们也要看到，福利是由员工的市场价值所决定的。总体上，员工市场价值高的企业，福利就高；反之亦然。

第二节　务　本

企业生命价值对人本逆熵具有无可置疑的依赖性；文明越发展，这种依赖性越强烈。从管理学的角度，人们看到，最终决定一个员工是否忠诚、敬业、担责的最重要因素是其切身感受到的管理方式，而非其本身的态度和品性。也就是说，如果企业员工不忠诚、不敬业、不愿承担责任，那么，并非他们自身存在什么问题；但如果不能让他们忠诚、敬业、担责，却一定是企业出了问题，也就是在尊重人本逆熵之道上出现了偏差。

1990年，经济学家诺斯提出，人们在市场交易中种种权利保障方面的不确定性，"乃是区分现今高收入国家相对有效率的市场与过去以及当今第三世界经济体之间差别的关键因素"。同理，企业也是如此。将诺斯的观点延展到企业，人们会看到，对员工权利的保障，包括员工的私利及价值实现的不同，决定了不同企业的生存与发展状况的差异。而人本逆熵的发展趋势，正是目前已经显现的时代必然趋势，核心是重视人的本性，这也正是人本法则的根本要义所在。

一、尊重私权

所谓的私权，就是自然人与法人赢得私利、保障私利的权利。对世界而言，世界是公，国家是私；对国家而言，国家是公，企业是私；对企业而言，企业是公，员工（企业内就业的自然人）就是私。仅从经济文明的发展看，或从严格的（限定在）经济文明研究来讲，人类之私，产生于人之所以为人开始，是人类发展的不竭动力。人类之私权，就是对欲望的保护、保持。个人之私权，不仅是对个人欲望及其冲动（不损害他人）与实现的保护、保持，也是已有欲望物理体现的持有、保护。对每个人来说，前者是内在的，后者是外在的。现代企业注重人的本性，就是全力保护员工之私权，核心是认真关注员工之私，正确对待员工之私，尽量满足员工之私，能够引导员工之私，善于激发员工之私。

（一）员工之私的正义与天性

严格限定在市场经济或人类经济文明范畴来讨论，可以认为：相对而言，员工之私像国家之私、企业之私一样，也是正义之私。这种理念是人本逆熵的精髓之一。员工之私符合人的天性，这种思维是人本逆熵的重要特征。对待员工之私的态度及行为，决定人本逆熵影响力的边界，也决定企业发展的边界。对员工之私的正义性和人类之私是人的天性，有两个理论维度已经进行了很有说服力的论证（以下结论不在传统道德的范畴之内考虑）。

1. 经济理论的印证：自私乃正义

1960年，科斯提出了著名的科斯定律。科斯说，没有清楚的权利界定（也就是某些人反对的私有产权），市场不会出现。如果没有市场出现，市价就不能用作决定竞争胜负的准则。用上任何其他的竞争准则，例如搞人事关系，或论资排辈，或动用武力等，必会导致某种程度的租值消散。最早对私利进行正面积极论证的是亚当·斯密。其论点主要体现在论述为何财富创造只能建立在产权私有制的基础上。根据亚当·斯密的观点可以认为，人类公共生活文明形态发展的动力，源于人的私利和人对自身幸福的追求。正是利己之心充分发挥了人们的积极性和能力的发展，由此使人类的生活水平不断提高，人类公共生活财富不断增加。如果压制和试图改变这种本性，既无益，也愚蠢，更徒劳。因为它只会阻止人类发展和财富增加。那么人类的利己行为和动力又如何可以带动公益和转变为利他呢？这主要在于，人类行为有一种交换的倾向，人与人的关系实际上是一种交换关系。为了通过交换获得自己需要的东西，就必须付出同等价值的东西。交换的要件是平等，除非一方是傻瓜或者一方是骗子、强盗，如屠夫和面包师为人们提供食物，不是出于他们的善良，而是出于他们的自利，即从其他人这里得到对肉和面包的支付。平等的交换使个人的私欲与利他和公益不可分割地连在一起。正是因为如此，个人的努力将为整个人类生活和其他个人带来最大的利益，人们将以最有利可图的方式来改善自己的境况，同时改善他人的境况。

利己主义是人类发展的动力，它犹如一只看不见的手影响人类的行为，自私自利的自由导致人类财富的快速增长、人类公共生活福利的最大化、资源的最有效利用。经济学家张五常在《自私三解与市场应对》一文中有很精辟的论述：

"中国文化对'私'这个字有负面的含义是不幸的。作为一门实证科学，经济学所说的自私（selfish）则有三个不同的看法。第一个看法，自私是天生的。这是源于1976年道金斯（Richard Dawkins）出版的一本名为《自私的基因》的书。但在经济学上，不宜采用这个自私的阐释。第二个看法，自私是自然淘汰的结果。这是源于亚当·斯密1776年出版的《国富论》。其意思是说在社会生活中，人不自私不容易生存。1950年，阿尔钦发表了一篇重要的文章，把斯密之见伸延，影响了一代经济学者在经济科学方法上的争议。阿尔钦说人类争取利益极大化是自然淘汰的结果。第三个自私看法，是自私源于经济学的一个武断假设。在这一假设下，究竟人类是不是天生自私或是不自私不能生存，皆无关宏旨。这个武断的自私假设是经济学说的，在局限下个人争取利益极大化。"[①]

张五常进一步指出：需求定律是经济学的灵魂，需求定律也是一个自私定律。经济学可以不谈自私，但不可以不用需求定律。价格是局限，所谓在局限下争取利益极大化，可以简化为"自私"两个字。以此来看，员工之私完全正当、完全正义、完全符合人类天性，是人性的集中表现。人性既有动物趋利避害的属性，又有追求精神享受的特点。企业的员工所有行为本质上都在追求自己利益的最大化，公司中员工的行为都在进行协作或交易，或二者并存。协作方式合理与否取决于能否在分工体系中创造更多的价值，并产生自由公平的交易环境，使员工的特长技能通过自由交易得到利益。

2. 生物理论的印证：自私乃天性

英国演化理论学者理查德·道金斯的《自私的基因》一书就明确提出：人们生来是自私的。道金斯以生物学研究上的进展及自己的理解为基础，将

---

① 张五常：《自私三解与市场应对》，新浪网，2018年1月22日。

生物进化的单元或层次确定于基因，并通过对伦理学语言的运用，说明基因的基本特性就是"自私"。道金斯认为：

"基因为达到生存目的会不择手段。比如，动物照料它的后代，从生物个体的角度来看，这也许是一种利他行为。但正是因为基因控制着这种行为，它才能通过动物照料后代的利他行为完成自身的复制，从而使其自身得以生存。而且，所有在生物个体角度看来明显是利他行为的例子，均是基因自私的结果。基因唯一感兴趣的就是不断重复地拷贝自身，以便在进化过程中争取最大限度地生存和扩张。由于基因掌握着生物的'遗传密码'，所以一切生命的繁殖演化和进化的关键最终都归结于基因的'自私'。"①

道金斯为人们详细地解释道：生物的个体和群体只是基因的临时承载体，只有基因才是永恒的，基因既是遗传的基本单位，也是自然选择的基本单位。而且，基因的本质是自私的，它们控制了生物的各种活动和行为，目的是使基因本身能更多、更快地复制，只要能达到这一目的，基因是无所而不为的。不同的基因组合在一起，是基因之间的一种互相利用，目的是更好地复制。不同的生物运载着不同的基因组合，好的组合使所包含的基因都能成功地扩增，承载这些基因组合的生物也能兴旺发达；而不好的组合会导致所包含的基因的扩增不成功，承载这些基因组合的生物也会衰亡。

这从基因的自私性这一方面说明了生物的兴衰史，亦即生物的进化史。很多生物的行为，竞争性、争斗性的行为都可以追溯到基因的自私性。包括人类在内，就连人们常说的"利己主义"与"利他行为"也是自私的基因在作祟。

在"利己"与"利他"两种可选的策略中，哪一种如能使更多的基因生存和复制，生物就会选择哪一种策略。即使在人们认为最亲近的父母与子女、兄弟姐妹、夫妻之间，基因也还是一样的自私。以雌雄之间的联盟来说：雌雄的结合好比是合作投资一家公司，赢利就是子女，雌雄之间的联盟是利益博弈的结果。生物间出现的利他行为，其出发点也是为了自己的利益，即帮助别人是为了别人能帮助自己。道金斯在书中举了不少这方面的例子。比如，海洋里有若干种小鱼虾，靠为大鱼做清洁工作来谋生。大鱼张开嘴巴，让小鱼游进游出为它剔牙、清理鱼鳃，小鱼借此而美餐一顿。这种共生现象就是生物界的互助行为，但互助的初衷不是出自利他美德，而是自私

---

① 老刘爱读书：《〈自私的基因〉冷！不动声色地揭示了生命的本质！》，看点快报网，2020年4月18日。

本性。

有人认为道金斯的学说过于极端，但"自私的基因"的观点的确能够说明，自私是人类共同的天性。可以说，员工自私是人类"自私的基因"所决定的。因为，是人类都是生物，就摆脱不了自私基因的主导。生物理论从另一个重要维度论证了员工自私的正当性，以及与人的天性的完全一致性。由此可见，自私、私权对人类文明发展逆熵的重要性，而私权也是人类逆熵法则的核心要素。

（二）员工之私的引导与激励

商界所遵循的道义，建立在经济利益基础上。一个人加入功利组织的目的，说到底是为了利益。商界有如此的内在冲动与扩张力，就在于商界所遵循的道义，使人的经济利益原则得到了切实而普遍的尊重。以此，完全决定了员工之私的正当性、正义性，以及企业满足、引导与激励员工之私的道义性。马斯洛的需要层次理论指出，人的需要由低到高分为五层次：生理、安全、社交、尊重、自我实现。人不但复杂，而且变动很大；人的需求和他所处的组织环境有关系；人是否愿意为组织目标作贡献，决定于他自身需求状况及他与组织之间的相互关系；人可以依自己的需求、能力，而对不同的管理方式作出不同的反应。人的需要从低级向高级发展，低级需要满足后，便追求更高级的需要，也可以跳跃式去追求更高的需要；人们因工作而变得成熟，有独立、自主的倾向；人有自动自发的能力，又能自治；个人的目标与组织的目的没有根本性冲突，有机会的话，员工会自动地把个人目标与组织目标统一起来。这些需要，都是员工之私，也是员工之私在需求层次上的不同欲望反应。

1.付酬：精准满足员工之私

薪酬是员工工作的应有回报。付酬要达到精准满足，是要直达员工付出回报心理预期的最佳结合点。薪酬是企业管理的一个有效硬件，直接影响到员工的工作情绪，即积极性。有人形容薪酬是企业的精确制导武器。之所以如此重要，是因为薪酬是员工放弃自身权益、付出自身能量在需求上的必然回报。这种需求即员工之私欲、私利。告别短缺经济时代，作为企业生命细胞的员工，其私利、私欲绝对不能被企业所忽视。尽管员工私利不可能与企业整体私利完全重合，甚至有可能发生背离，但员工私利私欲在利己的同时，必然利他，也必然会与企业整体私利、私欲实现基本上的融合，自然形成企业员工、员工与企业的利益共同体。但如果忽视员工之私，企业整体之私很难完全实现，甚至会受损。国家、世界也是如此。对员工之私觉悟较早，且善于利用的是美国福特公司。以亨利·福特于1914年实施的5美元最低工资制为例，该制度实施后，福特公司的旷工率由10%下降至0.5%，员工流动率由1913年的每月31.9%，下降至1915年的每月1.4%；申请工作的人在福特公司门前排起了看不到尽头的长队。工人们开始以在福特公司工作为荣，即使在休息日也愿意将公司的徽章别在身上，目的只是告诉别人，他是一个福特人。

IBM公司坚持报酬必须有很强的刺激性和鼓励性原则。公司建立了一个自下而上了解职工工作情况，并结合职工工作性质、职位、工作经验等合理作出正确评价的系统。这个系统用于衡量职工的工作绩效，然后据此给予适当报酬。公司不但注重物质鼓励，还注重精神鼓励，如对那些在部门中刷新纪录的市场营销代表给予"鹰奖""百分之百俱乐部成员"资格等奖励。其注重物质加精神相结合的报酬方式和激励手段，与美国文化中注重物质性、重视人性需要、重视人的价值的特点完全吻合。IBM称，从不会因钱而失去一位好职工，每一位付出了劳动的员工都不会因为得不到适当的物质奖赏而感到失望。IBM的薪金管理也较为独特和有效，能够通过薪金管理达到奖励进步、督促平庸的目的。IBM已经将这种管理发展成为高绩效文化。每年年初，IBM的员工特别关心自己的工资卡，自己去年干得如何，通过工资涨幅可以体现得有零有整。IBM的薪金构成很复杂，但里面不会有学历工资和工龄工资。IBM员工的薪金跟员工的岗位、职务、工作表现和工作业绩有直接关系，跟工作时间长短和学历高低没有必然关系。

华为公司之所以发展得很快，且自己非常自信地宣称在5G领域领先世界、更远远领先于美国，一个重要的原因，是华为的任正非对员工之私，以及满足、引导、激励员工之私的深刻理解。任正非说过：30年来，我在华为最重要的工作就是选人用人、分钱分权。把人才用好了、干部选对了，把钱和权分好了，很多管理问题都解决了。华为一直拒绝上市，而实行全员内部持股制度，通过全员内部持股制度，将员工变成公司的股东，人人当老板，共同打天下。华为股权激励关键在于企业奋斗者文化的贯彻，将企业利益与员工利益相互捆绑。与一些企业在对待员工之私上躲躲闪闪、甚至排斥的态度完全不一样，任正非一个劲儿地激发员工多挣钱，让员工以此改变自己和家庭的命运；多追求发展机会，以尽情开发自己的无限潜能；多争取荣誉，以提升自己的境界。财、权、名，在一些公司是有诸多限制的，而华为却放开了去激励。财、权、名均为私欲，在一些企业，员工私欲被视为如狼似虎，难以驾驭。而任正非明确表态：我在私欲上与员工同流合污！任正非也认为自己是最擅长分钱的老板。正是因为有同理心，任正非才用"以众人之私，成众人之公"的逻辑来治理企业：用同理心对员工，用同理心对客户，用同理心对一切战略战术抉择。在满足员工之私上，华为公司无疑是成功的。不仅是华为公司，世界上不少国家的企业，尤其是科技型公司，满足员工之私已成为激励机制优选的方式之一，如股票期权激励。今天，就初创企业而言，股票期权远非一种可有可无的福利。而且，股权激励也是全球化背景下企业竞争的可选择性工具之一。正如柏林金融科技公司Raisin的创始人和首席执行官塔马兹·格奥尔加泽指出的那样，股票期权通常是高技能工程师、开发者和其他员工加入初创企业的原因：对我们来说，这是吸引员工的最相关工具。我们在工作保障或固定工资方面无法与大公司竞争，我们提供的是公司的股份。

亚马逊公司的薪酬体系的特点所在，是股权激励与工资发放形成互补，体现满足不同员工的不同之私。其采取的是分层级的报酬体系，总体基本薪酬低于市场平均水平，但基层员工的报酬水平在人力资本市场竞争力，只是越往上走，基本工资比人才市场平均水平低得越多，从而使企业在满足大多数员工之私的基础上，节约了货币人工成本。为了弥补短期货币报酬的激励不足，公司配套采取了股票期权的长期报酬激励体系。每个员工都有权获得一定数量的股票期权。这样就可以通过调整满足员工之私结构，使员工为了提高自己的实际收入而不懈努力，促进公司的发展，为实现公司的长远目标而奋斗。美国西南航空成立于1967年，在载客量上，它是世界第三大航空公司，在美国它的通航城市最多。与国内其他竞争对手相比以"打折航线"而闻名，从1973年开始每年都赢利。西南航空公司与亚马逊公司采取的薪酬策略非常接近，实行的也是与低成本相呼应的薪酬分配制度。公司员工的工资率比其他公司要低，但公司实行利润分享计划。员工被激励为像所有者而不是雇员那样工作，鼓励在公司范围内共享价值。公司自1973年起即实行利润分享计划，是航空业中的第一家。公司通过每月扣减薪水的形式购买折扣股票，让所有人共同分担企业的成功与风险。此外，公司还提供一系列福利计划，以此证明公司永远把雇员的利益摆在第一位，企业会尽最大的努力照顾好员工这一企业最重要的资产。在薪酬不高甚至低于人力资本市场平均水平的情况下，公司不仅相当容易解决了激励问题，更重要的是保证了公司的低成本优势。

2. 平权：全面尊重员工之私

人类现代经济文明下，资本产权与人智产权是平等的，也就是说，企业法人与员工是完全对等的两个市场主体。平等体现在平权（意思是权利平等，没有大小之分），平权体现在企业法人对员工人格尊严之私的尊重。企业的平权对企业的发展尤为重要。其核心是在企业法人面前，员工不仅不能受到任何歧视及不公平对待，而且员工人格尊严之私等神圣不可侵犯。

科学研究已经向人们揭示：和平年代，人在有尊严的时候才会努力工作。而纪律和命令虽然可以让员工服从，却不能给其以尊严，稍稍把握不好还会伤害人的尊严。当员工处在愤怒情绪中时，最终受伤害的显然一定是工作、是企业。一个伟大的公司一定是不断把员工变得更有尊严以及更有独立人格的公司，而绝不会是那种让员工定点打卡签到或到处用电话向总部报到的公司。所有的管理者都应当记住IBM的老沃森所说的一句话：如果我们尊重员工，而且帮助他们自尊，将会使公司的利润实现最大化。一个时期以来，在中国普遍认为"60、70"后员工容易管理一些。但这并不是因为他们没有个性，而是因为他们中体力劳动者占多数。所谓个性，实际上是对私利捍卫所表达的最为明显的态度。个性也是员工之私最明显的表现之一。对于体力劳动者的管理（即怎样提高他们的工作效率），管理学已经有了一套成熟的理论。该理论建立在科学与严谨的逻辑基础之上，且在长期的实践过程中得到了广泛验证。但传统的科学管理，往往并不把员工之私摆在突出的位置，甚至有所忽视或伤害，可为什么还有用和有效？就是因为在短缺经济下，货币资本和实物资本所有者占支配地位的情况下所造成的结果。然而，随着时代的发展，"80后""90后"员工的工作形态已经发生了重大变化，他们中的多数人已经成为运用知识、信息、符号和概念等内在要素进行工作的知识工作者。很多企业依然在用在短缺经济环境下管理体力劳动者的方式管理知识工作者，从长期看自然难有好的结果。世界发达国家由于早于其他国家告别了短缺经济，因此其企业对员工之私重要性认识也较早、觉悟也较早。在美国，个人主义使企业非常尊重员工的个性发展，崇尚个人自由，尊重个人价值。1997年，美国修订了原有的每周工作40小时的劳动法案，制定了弹性工作制度，为员工创造宽松的工作环境。企业充分信任员工的工作能力，相信员工能处理好自己的工作。据有关方面对美国企业的调查，采取"弹性工作制"后，企业员工的责任心更强了，工作效率更高了。Google公司允许工程师们将自己约20%的时间用于自己喜欢的项目，主要就是信任员工，扩大员工私权。这个制度代表的是一种自由的风气。其回报，是员工除布置的工作外，很多人能够拿出额外的、让公司意想不到的新产品。从2016年8月开始，面对日本老年化问题逐年严重，丰田汽车为了挽留人才，推出员工新的"在家工作计划"。让旗下所有非生产线的职位员工，包括人事、会计、业务研发等部门都可以在家工作，且一星期只需来公司2小时，让员工在工作的同时亦可照顾家人，成为日本发展"在家工作"政策的龙头之一，也让其他中小企业开始跟随仿效。不仅如此，日本有越来越多的企业已经承认同性伴侣关系。这些企业将员工的同性伴侣当作他们的配偶，允许他们享受房租津贴以及休假，虽然日本还没有通过同性婚姻法案。

但是，全球忽视或蔑视员工之私的现象也不同程度地存在，有的还比较严重。日本职场的过劳状况更是恶名昭彰，有人说东京的美丽夜景，其实是加班人的肝燃烧的亮光。这种现象，加上其他因素，已经造成更大范围的不去上班族。日本厚生劳动省2017年的一份调查发现，40多岁的日本人中，约有一半的人每晚睡眠时间不到6个小时。兰德公司的一项分析得出结论，由于缺乏睡眠导致的生产率下降令日本经济每年损失1380亿美元。也有人认为，日本现代的加班文化确实与其老龄化问题过度严重不无关系。处于工作时段的人们，尤其是年轻员工肩上扛起的不仅仅是家庭生活的负担，而且是整个国民生活的负担。再加上日本作为发达国家，社会福利保障完善，这样日本的劳动力越来越少，老龄化现象越来越严重。21世纪后，中国之所以也出现了加班文化（"996"），与中国老龄化提前到来也存在一定的关联。实际上，加班文化在日本很失败，拼命工作拼命赚钱的"过劳"日本和今天的"低欲望日本"密切相关：年轻人看到父辈那么拼命却老来如此，索性降低欲望，选择不拼不育，因为如果选择了结婚生子就意味着必须拼命工作。21世纪以来，尽管日本政府为了鼓励年轻人生育推出了各样的措施，但效果都不明显。

一些先知先觉的企业意识到了加班文化这一问题的实质所在。为了改善员工工作体验，日本微软在2019年8月实施为期一个月的"周休三日"实验，还提供家庭旅游补助等福利，全月生产力竟然飙升近40%，显见生活与职场平衡能够提升工作效率与向心力。日本丰田工会的2021年，历史性地将"脱离提高基本工资"，改为重视"劳动方式"。此做法的提出，也影响了其他企业。

二、扩大私权

在人类生活状态中，占主导地位起主导作用的是人的价值观念——人们依据价值判断事物。价值判断的结果往往是得与失，值与不值，由此产生满意或不满意；并且在这种价值判断过程中，不断修正与改变价值立场。这种价值观体现的恰恰是人的私权，维护的也是人的私权。在市场竞争日趋激烈的情况下，更大的私权是人力资本的保值增值。扩大企业内和市场中的企业员工私权非常重要，对员工如此，对企业也是如此。

人本逆熵的精髓之一，认为企业作为组织，首要的管理是如何提升员工之价值。世界银行前行长金墉曾在2018年撰文指出，投资于人力资本是一项紧迫的任务。多年来，无数的发展报告和学术研究为投资于人力提供了理由。人们现在比以往更了解如何构建人力资本，而世界银行集团的研究显示这与经济增长密切相关；在复杂的、越来越数字化的未来，这一关联将变得更强。多年来，各国政府选择将建设硬基础设施——道路、桥梁和机场——置于投资其人民之前。实物资本的经济和政治利益往往立即可见，而人力资本投资的积极影响可能需要数年甚至数十年才能显现出来。过去的十年，一些国家则作出了有助于收窄其人力资本差距的投资。波兰在1990~2015年实施了教育改革，跻身于经合组织(OECD)内考试成绩提高最快的国家之列。越南在学习上也实现了迅速提高，已超过经合组织平均成绩。为此，世界银行推出了人力资本指数，该指数考察各国在多大程度上有效地帮助其国民准备好迎接未来，并对此进行排名。如果一个国家的人口无法在未来的劳动力市场中竞争，那么该国将无法雇用本国人民，无法增加其产出，且完全没准备好在经济上竞争。

（一）人力资本价值的绝对保值增值

不少优秀企业非常重视这方面的工作，比如有的企业领导力发展中心的创建，就是为了综合性评估员工的优势和发展需求。它着重员工的发展需求，而不是现在的表现，关注的是员工，尤其是人才型员工的人力资本的保值增值。

1. 企业智商：人本经营之核心所在

智商是价值之体现。自然人如此，法人也是如此。员工的智商是企业的智商，也是企业的知识之本、智力之源。人本经营的重大目标，是通过提高员工智商、保障员工人力资本升值，以提高企业之智商与升值。让员工市场价值保值增值，是人本逆熵之道对现代企业基本的也是最为重要的要求之一。企业员工市场价值的保值增值，也是企业在市场中的保值增值，同时是促进市场整体发展增值的必然要求。在人本逆熵推进中，要首先确立从理念上重视员工人力资本保值增值，使企业上下形成共识，即：员工的人力资本的保值增值，就是企业的保值增值。人本经营理念内涵丰富，其中重要的方面之一是不断提升企业的知识之本、扩大智力之源，在提高企业智商的同时，确保员工价值的保值增值。科学管理的基本原则之一，是科学地选择、训练和培养员工，以取代旧体制下由员工自己训练自己和选择工作。传统的企业仅重视金钱的力量，从而把员工看作是老板支配的"奴隶"或"机器"。而看到绝大多数员工对自身人力资本保值增值能级提升的渴望，以及满足这一渴求是企业的职责所在、人本逆熵要义所在，也是企业兴盛的根本所在。员工人力资本实现保值增值，对企业来说具有非凡的意义。在新时代环境中，知识及知识的主要载体——员工在生产产品和服务的过程中起着越来越重要的作用，企业管理要求围绕企业的人员及知识展开管理。因为，企业知识资源才是企业创新之泉、发展之源。而员工人力资本最重要的体现之一，就是员工的才能和技能，二者均以智商为支撑。为了充分开发和有效利用企业的知识资源，进行以创新为目的的知识生产，需要企业建立组织学习的机制，并有计划、有组织地进行各种组织培训活动以及与外部知识资源的关联；帮助员工设计职业生涯，规划未来的职业生涯，规划未来的进步、成长、发展。而落实员工职业生涯发展规划的重点是不断增长员工的知识与才干。这样，能够在使员工人力资本保值增值的同时，将企业的知识资源融入产品或服务及其生产过程和管理的全过程，从而有效促进企业发展力、竞争力的持续提高。

2. 典型范例：人本经营之大力践行

注重员工的教育与培训，提升员工的人力资本价值，是各国优秀企业所共同遵循与践行的人本经营之道，有两大特色案例值得借鉴。

其一，东方日本范例。日本企业历来关注人的作用，关注对员工的教育、培训与能力开发。有观点认为，在日本人头脑中，所谓的经营管理，不过是资本拥有者以契约的形式将其他人组织起来，将其智力、知识、技术与资本相结合，创造价值和使用价值。也就是说，日本企业的经营是围绕着人进行的，即突出人本经营，将人本经营贯穿于对员工的教育、能力的开发全过程。企业坚信，员工个人能力的充分发挥和职业生涯的辉煌，即意味着企业经营管理的成功。企业对每一个成员都负有教育与培训的责任。员工进入企业之前所接受的教育，只是一种基本素质的教育，它所培养的只是一种继续再学习的能力。企业内的教育与培训，则是前者的延续与升华。据测算，一个日本蓝领工人在正式上流水线之前，公司要支付10万美元的教育培训费用。日本企业积极起用高龄技术人员，抓紧培养技术接班人，努力解决技术人员短缺问题。日本企业普遍重视员工的职业发展计划，突出表现是企业指导员工的职业生涯设计并与员工共同努力，促进其职业生涯计划的实现。如日本日东电工株式会社实行一般职称系列、综合职称系列和职称体系并行不悖的三线型人本管理制度，员工分属三个不同的职称系列。一般职称系列职务晋升较慢，实行年功制；综合职称系列职务晋升较快，实行功绩制；职称体系分为管理职称、专业技术职称、专任职称三个分支。新进企业员工多归入一般职称系列，当升到一般职称系列的最高级别之后，有的员工则可转入综合职称系列；当升到综合职称系列的最高级别之后，有的员工还可转入职称体系。

其二，西方美国范例。美国公司尊重个人价值大多表现在培养与使用优秀的人力资本上。公司会花大量的时间、人力和物力对员工进行知识和岗位能力的培训，以提高员工的业务能力，并给员工搭建展示自己能力的平台。在玛氏集团，员工完成的每一件事都会被记录，并且专门的"time in role"（在职位上的时间）也会成为查看员工在公司成长发展的指标。当公司发现员工需要进入新的工作环境获取新的刺激的时候，集团就会启用"next best move"（下一个更好的岗位）计划，通过考核，完成对该员工的公司内部跨平台跨部门转岗，为员工提供多种发展方向，比员工先看到发展的天花板并且给出新的发展机会。玛氏集团影响了员工个人发展，让他们成为更好的自己。为了推动员工人力资本的保值增值，有的企业还实行了员工教育补助计划。如波音，只要员工被公认的大学录取，波音公司将为其支付所有费用。每名员工都有深造的机会再将自己的所学奉献给团队。此外，波音员工还有机会参加戴尔·卡内基学院的培训项目。公司还会不定期地开展大规模的员工培训活动。每年波音公司在员工教育上的投入高达 1 亿美元。波音公司的教育计划不仅提高了员工的敬业度，同时提高了员工的忠诚度。节约一切不必要的开支已经成为沃尔玛的管理理念之一，奢侈浪费绝对是被禁止的。沃尔玛在管理成本上的"抠门"是很出名的，但在如何培养人才、引进人才以及对既有人才的培训和安置上却非常慷慨：沃尔玛为员工制订了培训与发展计划，让员工们更好地理解他们的工作职责，并鼓励他们勇敢地迎接工作中的挑战。虽然这些培训会带来经营成本的增加，但沃尔玛仍然舍得投入，因为聪明的沃尔玛看重的是长久投资带来的丰厚回报。IBM 公司十分重视提升员工能力，让员工有晋升的机会，从职务上给予激励。另外，美国公司奖励往往针对个人而不是针对集体，他们相信员工有能力完成自己的工作，他们也要求员工明确自己的职责，对自己的工作负责，员工成绩突出，公司对员工个人给予奖励。有研究认为，GE 公司一直把企业领导人培养与梯队建设作为其核心竞争力。创立于 1956 年的克劳顿领导力发展中心，被《财富》杂志誉为企业界的哈佛。出自 GE 公司跻身世界 500 强的 CEO，就多达 170 多位。经过多年的摸索，GE 公司形成了一套完善的领导力开发机制，并且与企业的业务经营实现无缝连接。

（二）员工市场价值的相对保值增值

离职后员工的人力资本市场价值，就是企业的价值。尤其对中国企业来讲，确保员工人力资本市场价值保值增值，既是对员工本质、实质的关怀，也是企业重大、重要的责任。以人为本既与经济文明发展时段有关，也与经济文明发展速度有关，同时与员工的市场价值有关。人力市场也好，人才市场也好，员工市场价值越高的企业，企业的以人为本理念越强、越高、越自觉。

在世界经济和技术迅速发展的今天，"终身职业"的模式已经陈旧，取而代之的是"终身培训"，以增强再就业的能力和机会。1996年，西方七国集团就曾召开过专门研究就业问题的部长级会议。会后发表的声明中说：未来劳动就业市场将要求每个人都具有从一种职业转到另一种职业的能力。在世界不少国家，允许员工从事副业的企业也正在增多。在日本人才流动性与海外相比处于较低水平的情况下，对日本经济和企业而言，通过副业充分调动员工的能力有助于有效利用人才。员工通过开展副业积累不同行业经验，有助于推动企业的技术革新。员工从事副业可获得仅靠主业难以获得的经验则更容易成才。不少企业希望借此提高员工的能力，并提升士气。在欧美国家，从事副业较为普遍。在美国，约有4400万人（占劳动力人口三成）把主业之外的副业作为自由职业的收入来源。而在日本，拥有副业的人所占百分比还仅为个位数。而且仍有不少企业并不赞同员工拥有第二职业。不过，应该看到：科技更新、经济部门的不断调整，传统产业正在萎缩或消失，而另一些新的行业又在不断滋生，这加大了人才的流动。有条件的企业选择分担一部分职工再就业的预先教育和相关投入，不失为一种善举。令关注者欣慰的是，越来越多的企业高度重视提高员工的人力资本价值。欧姆龙株式会社是日本一家电器设备公司，在世界500家大型企业中排名并不靠前，但它开展的职工"人生设计活动"在日本却很出名。公司规定，职工在35岁、45岁、53岁生日过后，或者在担任管理干部5年之后，有3个月的"人生调整假"。职工可以反省一下走过的工作历程；也可以再学一门学问或技术，自我充实；还可以规划一个"第二人生"，另谋岗位。这一新鲜的做法吸引了很多人的注意，因为它代表了现代企业的职业培训新思路：一方面，企业为职工做好本职工作不断提供岗位培训；另一方面，着眼于增强职工在岗位变动或再就业时的适应能力。在欧姆龙公司，员工要求另谋职业或自行发展时，只要不带走公司的技术诀窍，公司一律予以支持。对于参加函授教育的职工，公司还补助一半的学费。对在公司所需技能之外取得其他文凭的，公司颁发奖金。建立这种"资助自我开发制度"，虽然增加了部分开支，但从长远看，至少有两大好处：一是在公司规模扩大时，职工可以内部流动，尽快投入较大的工作空间；二是在公司进行技术调整时，下岗职工可以增加谋职的机会。

　　贝佐斯是个"狂暴"的领导者。但员工也不是一无所获，其中一个好处是，一旦跳槽离开亚马逊，就会成为"香饽饽"，因为他们有很强的职业市场竞争力。阿里巴巴集团非常重视员工市场价值的保值增值，有一系列严格的培养训练措施，使员工在阿里巴巴集团工作的阅历都能够变成一种资本。对员工跳槽、离职，阿里也采取开放的态度，认为不是人才的流失，而是人才的输出，是为市场和公共大众做出的贡献。事实确实如此，已有很多人离开阿里巴巴自己创业，截至2018年，在外面创业的阿里系CEO有500多位，他们成立了一个组织叫"前程会"。据说，他们的活动，仍然带有浓浓的阿里味道。

　　人本之逆熵，是现代经济文明，尤其是由工业革命向智能革命转变的后工业经济时期，在企业逆熵中发挥着越来越大的作用。人本逆熵之道、人本定律、人本法则，对所有法人都具普遍意义。持续推进人本逆熵，遵循人本定律、遵从人本逆熵之道、遵守人本逆熵法则，是企业的不变选择。

第六章　天职逆熵

在犹太人看来，
以色列人是上帝与人之间的中介者、纽带。
信仰使人的愿望从自然理性之桎梏中解放出来[1]。
职业是人生的使命[2]。
职业思想便引出了所有新教教派的核心教理：
上帝应许的唯一生存方式，不是要人命以苦修的禁欲主义超越世俗道德，
而是要人完成个人在现世里所处地位赋予他的责任和义务，
这是他的天职[3]。

　　赋予天职商魂的企业，其生命价值由强大精神力量支撑，充满神圣使命光辉，彰显持久的严谨与活力。因而，天职逆熵是企业逆熵要素中蕴含内在动力的元素，对企业等法人逆熵具有决定性内涵影响力。

　　有文字可考历史的商朝，是中国开辟商业的朝代。先祖王亥，驯服牛之后，用牛车进行以货易货。在商朝已经发明了货币，包括金属货币；出现

---

① 德国著名学者马克斯·韦伯所持观点。[德]费尔巴哈《基督教的本质》，荣震华译，商务印书馆1994年版。

② 出版家和作家阿尔伯特·哈伯德所持观点。汤宛灵：《职业是人的使命所在》，开发者乐园网，2007年3月23日。

③ 德国学者马克斯·韦伯所持的观点。马克斯·韦伯、于晓等：《新教伦理与资本主义精神》，生活·读书·新知三联书店1987年版。

了蚕桑丝织业。在周秦古籍像《山海经·大荒东经》《楚辞·天问》《荀子·解蔽》《吕氏春秋·勿躬》及《世本·作篇》等，有个普遍说法："相土作乘马，王亥作服牛。"《易·系辞》说："服牛乘马，引重致远，以利天下。"《管子·轻重戊》说："殷人之王，立帛牢，服牛马，以为利民，而天下化之。"《尚书·酒诰》说："肇牵车牛，远服贾。"可见，以上所说"立帛牢，服牛马，引重致远，远服贾，以为利民"，乃是一种商业行为，而商业的媒介主要是帛。日本学者佐藤武敏根据瑞典西尔瓦的研究总结，认为殷代的纺织物，皆属于精巧之品，显然系由专门工人负责制作；其技术已出现绫织，所用机器，极为复杂；在技术上已达高度阶段。

可惜的是，中国古代的工商业并没有以起步时的速率发展，可谓高开低走。相反，中国古代的工商业受到历代王朝掣肘，一直在夹缝中生存，要么被政府力垄断，要么被政府力打压限制。直至清亡，都没有发展出现代工商文明。因而，具有促进工商文明发展效能的天职逆熵甚为稀缺。

天职，体现一种职业的神圣性，一旦天职商魂注入企业，企业就会形成强大的内生性逆熵动力。

天职是企业之魂，也是员工之魂。作为企业的灵魂，天职商魂既是无形之魂，又可通过有形的通道去认知、去维护、去创造、去丰富。这个通道就是员工的心灵和行为。企业离不开员工，天职更离不开员工。天职商魂离开了员工的心灵和行为，就是飘浮的魂。要做到企业在，天职商魂在；员工在，天职商魂就一定存在，其前提就是要通过各种有效举措，将神圣理念向员工行为和精神面貌不断注入，使天职神圣之魂有形"化"之。全球百年老店和当今世界企业枭雄的生存发展与企业文化实践告诉人们，天职逆熵至关重要。以天职逆熵铸就企业发展之魂，内化于心、外化于行，是企业文化建设不可或缺的重要着力点。

第一节　内化天职神圣使命于心

天职神圣使命源于人类几千年的文化积淀，是形而上范畴中对人的行为产生持久动力的精神力量。内化天职神圣使命于心，就是赋予使命感以神圣性，使员工把承担使命、完成企业目标任务、实现和提升企业价值，作为天职，深深根植于自己的内心，使之成为其个人行动的精神动力。

一、内化路径

内化天职神圣使命的企业，是具有崇高信念的企业，与人类经济发展需要高度契合的企业，也是顺应人类发展内在规律的企业，无疑也是具有无可替代内生动力的企业。当然也是天职逆熵力强大的企业。总体来看，内化路径主要有两个。

（一）公司精神：内化天职神圣使命于企业孜孜追求

没有精神的物质获取不可能长久，没有物质获取的精神也难以永恒。企业精神是企业员工所具有的共同内心态度、思想境界和理想追求。它表达着企业的精神风貌和企业的风气，同时体现企业经营管理的指导思想。公司精神在日本被称为"社风"。今天，世界各国尤其是经济发达国家普遍重视企业精神的培育，澳大利亚（69%）、美国（77%）、德国（79%）、日本（几乎100%）的企业，都有比较明确的企业精神或类似用语的表述。这些内涵丰富的公司精神，集中体现天职、使命的神圣性。

比尔·盖茨的一句话可概括微软公司精神的精髓：每天早晨醒来，一想到所从事的工作和所开发的技术将会给人类生活带来的巨大影响及变化，我就会无比兴奋和激动。当员工有了斗志、热情和使命感，自然更容易去发挥他们的知识、能力和潜力，并在此过程中促成他们成长和进步。乔布斯特别善于利用这一点来激发员工的斗志，并且，就像彼得斯和沃特曼所说的（有所追求的人能够忍受任何生活方式）那样，被激励起来的员工们在工作中忍受和忽略了乔布斯的刻薄、傲慢、粗暴、蛮横无理、喜怒无常。比如，苹果初创时，为激励Mac（苹果早期研发的一款电脑）项目团队更好地投入工作，乔布斯喜欢强调Mac项目团队是一支有着崇高使命的特殊队伍，乔布斯说，随着时间的流逝，这里的50个人（指Mac项目团队）所做的工作将对整个世界产生深远的影响……未来某一天，当他们回顾这段共同度过的时光，对于那些痛苦的时刻，只是过眼云烟，或者付之一笑，而会将这段时光看作人生中奇妙的巅峰时刻。大多数人都同意他的说法：能深远地影响世界，是他们一生中最大的乐趣。透过公司精神，人们更能够看到，企业天职神圣使命内化为企业发展注入的强大精神动力。

（二）公司价值观：内化天职神圣使命于企业认知抉择

价值观决定行为，甚至决定一切。有什么样的价值观，就有什么样的企业行为，这也是造就平庸与伟大的决定因素。价值观使管理变得简单，而简单是高效率的关键。人们会看到，优秀公司的价值观，无不体现天职、使命的神圣性，同时又具体而实在。以这样价值取向，去衡量企业应该做什么或不应该做什么，去规范企业管理和员工行为，不但符合了时代进步和企业发展的需要，而且满足了员工发展的要求，从而全方位地为企业发展注入强大动力与活力。美国兰德公司曾花20年时间跟踪了500家世界大公司，发现其中百年不衰的企业有一个共同的特点，就是他们始终坚持四种价值观：一是人的价值高于物的价值；二是共同价值高于个人价值；三是大众公共生活价值高于利润价值；四是用户价值高于生产价值。联合利华公司高级副总裁加文·尼斯认为：公司首先必须有很强的价值观，并且这些价值观不应改变，应是持久与永恒。何谓价值？其实就是选择者认为重要的东西，而所谓价值选择，就是你面前有很多东西，你认为哪个更重要，这就是价值选择。

价值观是价值主体长期形成的对于价值客体的总的根本性看法，是一个体系。价值观一旦形成就成为价值主体的决策、抉择依据。公司价值观是指对企业性质、目标、经营方式取向作出的选择，是员工所接受的共同价值观念，是企业生存发展的内在动力之一，是企业行为规范制度的基础。企业价值观包括经济价值观、伦理价值观和政治价值观三大体系。一个成功的企业必定拥有其永恒的价值追求。这种价值理性成为支撑企业的脊梁。

华为的高管们都清楚，具体业务不一定需要听"老板"任正非的，甚至可以强烈反对。但价值观方面，一旦成为公司共识，就不可挑战。价值观在外企的话语体系中，可以叫作"价值主张"。但在华为的语言体系中，"价值观"所表达的意思不仅仅是主张了什么，也包括如何思考，很多时候是认知世界的"视角"和"逻辑"。在任正非和华为高层的眼中，体现思想精髓的价值观是公司的生命，思想、价值观是"打胜仗"的保障。唯有价值观是接近永恒的认知论。据说《人力资源管理纲要2.0总纲》的思想框架，从酝酿到制定前前后后用了几年的时间，甚至被很多人认为是1998年的华为"基本法"之后最重要的纲领性文件，可见其被重视的程度，而其核心，简单地说——就是用华为"价值观"重构组织和助力生意。

二、内化方略

一个人的天职神圣使命感越强烈，其对人生期望也就越强烈、工作激情与生活热情也就越强烈。反之，也就基本丧失了内在激情与动力。优秀企业的内化神圣使命于心的天职逆熵正是基于这一逻辑展开的。为了推进内化天职神圣使命于心，一些著名企业，尤其是日本的优秀企业，纷纷采取各种有效之术攻心入脑。

（一）"洗脑"方略：灌输、布道

在日本，人们会感受"灌输"教育式的天职逆熵氛围。这方面的资料比比皆是。比如，松下电器利用"工作现场悬挂经营理念、早会诵读经营理念、企业纪念日诵读经营理念、入社教育讲授经营理念、升职教育强化经营理念"等手段，使松下的经营理念真正深入人心，成为约束每个人日常生产生活的准则。就是在一些不大也很不起眼的企业，人们也会看到，墙上贴着的也是名为"社是""社风""社训"或者"组织风土""经营理念""行动方针"之类的标语。在不少日本企业，必须早10分钟上班、晚10分钟下班。在这两个10分钟里，员工要做各种仪式，包括要做朝会、要听夕训，要唱社歌、要诵社训。朝会也可以由员工谈谈自己的人生感悟、工作体验或者表表决心；接下来是唱社歌，要高呼口号！夕训的内容一般是背诵社训，诵社训时须庄重肃穆、心无旁骛，之后还要在内心检查自己在言行上是否有过失。有的企业还专门聘请名为"企业经营顾问"的"灌输教育"组织，对企业"软件"进行全面的"扩容"和"诊断"。性质类似的灌输同样可以在欧美国家的企业找到典型的案例。当亚历克斯·特罗特曼启动他的重塑福特计划的时候，他把精力集中在构建"新的信念、信仰"上。福特汽车运营部的总裁负责培训他所在组织中的顶级领导者，并进行逐级培训，目的是把蕴含神圣使命的价值观灌输给企业的所有员工。通过长时期的灌输式内化教育，在员工内心深处烙下难以抹去的深深烙印，并自觉以此指导、规范自己的行为。

"布道"，在优秀企业推进内化神圣使命于心的天职逆熵中具有相通性。阿里巴巴认为，员工不应是卫道士，而应该成为布道者。在阿里的每个业务部门，都相应地设立了"政委"这个角色。日本企业家们在谈论企业目标、经营哲学时，与其说是产业者在发表经营心得，还不如说是一位宗教得道者在传教布道。如松下，它的每家公司都设有一个道场，专门用来供奉佛像。公司的高级职员每周都要来这里，由主持道场的和尚给他们讲法，使他们净化心灵，更好地执行公司的有关命令。作为松下创始人的松下幸之助被誉为"经营之神"，他一生中最尊重的顾问也是他的经营导师就是一个和尚——日本近代著名的高僧加腾大观。师徒两人最成功的合作，就是通过各种宗教活动，将企业与宗教的各种教义、精神和公司的运作巧妙结合起来，然后灌输给企业员工。

（二）"诱导"方略：思想工作

日本企业一般都重视思想工作——重点是思想道德教育。田崎醇之助在《管理者行为的心理》一书中提出"谁都能成为一个优秀的思想工作者"的主张。田崎醇之助提出：要不断地主动找人谈话，积极收集信息。平时就要掌握部下的心理状态。当然，思想工作远非如此狭窄。思想是一种管理、也是一种控制和引领。任正非在华为内部被称为"老板"。在大多数华为员工的眼里，任正非更是一位哲学家、思想家。"老板"有时候不懂具体业务，也不懂技术细节，但没有人质疑他的思想，因为"老板"靠思想管理公司。任正非和他的华为更关注思想的高度、深度、辩证性和实用性。虽然，凝聚思想的"价值观"是看不见摸不着的，但这却是华为所关注、所重视的，也是任正非执着追问的。从华为的发展轨迹看，华为任正非靠思想进行管理是有效的，也是成功的。但华为以"老板思想为思想"的精神生态，也隐含不可忽视的隐患。有观点认为，这种隐患在华为以后的发展中，其思想工作的管理、管控功能既可能给企业生存与发展加分，也可能减分。有的商业战略专家指出：任正非的思想系统带有时代烙印且过于强势，导致华为内部缺少真正差异化的多元思想枢纽，思想成为权力的象征被动推动组织客观上形成"思想惰怠症"和"领导力老化"，很多高管讨好老板的方法就是象征性、差异化的"微创新"。

对灌输、布道和思想工作，有学者也提出过不少异议。焦长轶认为：本质上它们提供的不是管理之道，而是所谓的统御之术。而统御自然需要通过洗脑来愚化，甚至是奴化培训对象。尽管有各种不同的观念、不同的声音，但精神的作用绝对不可忽视、忽略或忽悠。内化神圣使命于心，对企业，乃至国家的经济发展都是不可或缺的。

第二节　外化责任伦理于行

企业责任伦理，是企业员工在生产经营实践中，逐步形成的，为企业高度负责的理念、精神和行为准则。在开放性竞争环境下，企业竞争力已更多地取决于员工和企业的履责能力。没有责任伦理，就没有真正的执行，企业的正常运行就没有保障。责任伦理缺失是风险之源、事故之因。

佛渡的是有缘之人，在日本松下公司，无责任感的人被企业认为是"无缘之人"——不能够与企业的发展共存共荣，也是在履职上被打问号之人。由此理念，松下公司着力培养了一批批有责任感的企业经营者。日本职场人用得最多的一个词是"本分"，把手头正在做的事做透是应分的、必须的。有人认为，中日最大的差距体现在责任心和工匠精神两个方面，而且差距至少百年。有规定无责任，有责任无伦理，有伦理无文化，这是目前中国一些企业运行存在的较为突出的内部机理残缺现象。不管是国有的还是民营的，不管是特大央企还是私营小厂，尽管有完善的制度、严格的监管、规范的流程，可事故总是屡屡发生，其关键问题还是责任伦理缺失。

一、责任伦理哲学认知

责任伦理是理性，神圣使命也并不是非理性，而是超理性。在康德的哲学里，灵魂不朽为责任行为提供了假设条件和必要性。人们意志的信念与道德法则的完全一致是至善得以可能的无上条件，而两者的圆满契合就是神圣性。康德将责任放在形而上学的基础上，再通过纯粹实践理性的方法在大众化中将其普及。道德形而上学是责任的根基，是责任付诸实践的、必不可少的最重要的条件。

"责任伦理"的含义也可概括为，既要承担后果，又不以结果定善恶。冯钢认为：在韦伯那里，"责任伦理"要求的正是"无条件地"对自己的行为承担责任。人们在韦伯那里每每都能体会到"天职"思想，或者所谓"职业伦理观"。根据"责任伦理"，一个有道德的人必须忠诚于他自己选择的职业，因为在今天，这种现实的选择既不可能由宗教传统来指引，也不可能受对人类目标毫不重视的科学的指导，在缺乏知识和神意的情况下，人类不得不在黑暗中自己选择，并最终自己负责。正是在这种现代"天职"精神中，一方面是以责任为前提的目标合理性行动（工具理性）创造着相对价值；另一方面是以信念为前提的"职业成为它自身目的"而产生的内在价值——尊严。责任伦理是经由信念伦理"援引出台"的。就此而言，信念伦理和责任伦理不是截然对立的，而是互为补充的，唯有将两者结合在一起，才构成一个真正的人——一个能够担当"神圣使命"的人。今天，人们已经越来越深切地体会到，市场经济制度逐步完善下的企业，迫切需要有效的责任伦理约束。企业参与者保持互惠互利关系的程度，取决于各方承诺履行合同义务的程度。这种承诺是行为层面的，也是心灵和精神层面的。在心灵和精神层面的集中体现，是责任伦理。这种责任伦理使企业各方的未来收益与其现在及过去的行为联系起来，培养各方履行义务的能力，减少了各方采取负能量式的歪曲信息和违背义务行为等所能带来的机会主义好处。

责任伦理产生于西方。在西方，责任源自拉丁文respondo，较早在宗教领域中使用，其原初含义就是应答、作答、报答等，意味着"允诺一件事的回应或回答"，对此卡尔·米切姆做了深刻揭示：人行善是指他充当应上帝召唤而负责的人，就我们回答上帝对我们的启示而言，我们的行为是自由的，因此人的善总是在于责任[①]。19世纪德国著名哲学家康德，以责任为中心来勾画他的伦理学，将责任视为一切道德价值的源泉。这样，为了使理性的人在道德上成为善良的，就要求人的行为必须为了责任而责任，以实现人的自由和提升人的尊严。康德伦理学被称为动机论的伦理学。在这里，所谓的动机论是指行为善恶的判断标准不在于它的目的或者结果，而是根据行为所遵循的原则和法则。康德的伦理学之所以有此特征，其根本标志就在于"责任"一词。可以说，康德的"责任"概念主导了他的整个道德哲学。有学者指出，康德给出的关于责任的三个命题分别是：其一，只有出于责任的行为才具有道德价值；其二，一个出于责任的行为，其道德价值不取决于它所要实现的意图，而取决于它所被规定的准则；其三，责任就是出于尊重规律而产生的行为必要性。责任对人们的行为具有立法作用，在康德看来，知性在认识领域为自然立法，理性在实践领域为自身立法。前者是自然法则，即自然规律；后者为道德法则，即道德规律。理性颁布的命令具有普遍有效性，责任是服从客观普遍原则的行为必要性，它唯有通过理性途径才能对人的心灵产生影响。自律是理性的人的自由的体现，为了责任而行为就是自律的表

---

① 涂可国：《儒家之"义"的责任伦理意蕴》，中国孔子网，2018年5月9日。

现。幸福不能直接成为责任，但可以作为实现人们责任的手段。德性体现于出于责任的行为，责任是德性的源泉。人的行为是否具有道德价值要看行为是否出于责任。康德指出，只有责任的动机才能给予行为以道德价值①。

20世纪70年代初伦理学形成。作为规范企业员工行为的要求和准则，企业伦理道德贯穿于企业经营活动始终，对整个企业活动都有着深刻的影响。1919年初，马克斯·韦伯在《政治作为一种志业》的演讲中，首次提出了"责任伦理"范畴，用以与"信念伦理"(或译为"心志伦理""良知伦理")相区分。马克斯·韦伯在分析近代资本主导经济起源时认为，新教伦理精神是资本主导经济的催生剂。同样，当代中国也需要新的伦理精神支撑时代的成功转型和经济可持续发展。这种新的伦理精神是责任伦理理念与意识。其中，新的道德思维是责任伦理理念与意识中最深层次的东西，是决定一切道德现象的"底色"。

责任伦理的核心基础是行为人对自己的行为有自由裁量权。这种自由裁量权既处于制度框架之内，又处于制度约束之外。它或是处于制度的无意识之外，或是见于制度的漏洞和缝隙之中。现实中，行为人经常处于价值选择的困境之中，有时这种选择不是简单的善恶之间的选择，而是在多种义务和责任之间的选择。在多数情况下，源自各种制度规定的行为人的正式客观责任是有限的、直观的、可操作的。但源自行为人的主观情感、态度和价值的主观责任则是不可捉摸的。

外化责任伦理于行，重在行为人的人格品行的提升。制度的缺陷必须依靠行为人的内在德性和人格力量来弥补。这些内在德性为行为人的自由裁量权的行使提供了持续的责任伦理指导。企业责任伦理与规章制度都是企业中调节人们行为的力量，分别强化员工决策的逻辑性和非逻辑性。企业责任伦理，是用伦理学提供的思考框架，针对道德的独立性，使企业和员工在契约与契约之外达成共识，形成责任伦理的天职逆熵。

二、责任伦理外化要义

截至20世纪90年代中期，《幸福》杂志排名前500家的企业中90%以上有成文的伦理守则，用来规范员工的行为；美国约有3/5，欧洲约有1/2的大企业

---

① 黄瑞英：《康德对人的道德主体地位的论证－读－实践理性批判》，道客巴巴网，2015年1月29日。

设有专门的企业伦理机构，负责企业有关的伦理工作；美国制造业和服务业前1000家企业中，20%聘有伦理主管，主要任务是训练员工遵守正确的行为准则，并处理员工对经营行为提出的质疑；有30%~40%的美国企业进行了某种形式的伦理培训。日本企业通过定期培训，制定社训，唱社歌，做朝礼等活动推动企业伦理建设。韩国企业界的民间联合组织(全国经济人联合会)则在1996年2月向政府和社会公布了《企业伦理宪章》，内容包括：正确认识企业的作用，树立社会责任感；通过创造和革新，追求正当利润；提倡公平、正当的竞争，尊重竞争对手，遵守公正交易和竞争秩序；树立与顾客的共存意识，保护和增进消费者权益；实行按个人努力和业绩进行公平分配，保障企业成员的利益；树立环境意识，推行与环境协调的经营；等等。

弗雷德里克·伯德指出："如果管理者能更多地意识到他们的价值观、社会准则和伦理规范，并把他们用于决策，就可以改善决策；如果决策时能考虑到社会分析和伦理选择，那对管理者本身、企业和社会都是有益的；各种伦理分析工具能帮助管理者作出更好的决策，更清晰地向利益相关者解释其行为的理由。"

责任伦理与神圣使命是企业天职商魂这枚硬币的两个方面。与企业文化其他方面一样，铸造天职商魂不仅重在内化神圣使命于心，还要外化责任伦理于行，就是要在企业行为，即全体员工的行为，体现责任伦理主体地位。

（一）外化的核心所在：以信为本

责任伦理的中心要义，是体现在执行上的以信为本的高度内省精神。内省是自主的前提，是一种自我超越、自我完善与提升的境界，是通过自我约束不断提升整个企业的执行力。在大多数日本企业的经营哲学中，更多的是强调自己应无条件遵循的责任伦理。日本曾明确提出"用伦理兴企业，用心去工作"的口号。在众多的日本企业中，"工匠精神"在企业上与下之间形成了一种文化与思想上的共同价值观，并由此培育出企业的内生动力。植根于日本文化中的对工匠达人的崇尚精神是造就日本奇迹的主要原因。有人认为，世界上存在"两个亚洲"，即"工匠达人的亚洲"和"商人的亚洲"。在亚洲，将工匠达人尊为人生目标和典范的国家，可能只有日本。在日本，不论是当权者还是老百姓，都对工匠达人充满了尊敬，并且竭尽所能地厚遇和庇护。工匠精神的实质就是责任心，是内心的信守、内心的承诺，是从心里产生的对承诺兑现的压迫感、责任感。工匠精神只是责任心的外在表现，责任心是工匠精神的内核。

（二）外化的标志所在：以律为重

没有责任，就没有权利；没有员工的责任，就没有员工在企业工作、生活与发展的空间；没有责任伦理，就没有企业的生存与发展。责任伦理要义之一，就是确立以律为重的声誉约束观。这种以律为重声誉约束观的核心，体现契约精神。当今的信息化、数字化、智能化时代，使企业每名员工都拥有了前所未有的信息和自主行为条件，也使每名员工都比以前拥有更多的无形权利，而这些本来是属于企业中的权威的。拥有了更多权利的员工，能否把多出来的权利运用到企业发展中，变成驱动企业发展的正能量，取决于员工是否拥有企业运营和发展所需要的契约精神。显然需要企业大力倡导和建设外化责任伦理于行的天职文化，形成难以湮灭的以律为重的制度观，自觉接受制度约束，完全按照制度要求自觉规范自己的行为，不断强化员工与企业、员工与员工、员工与自己的契约层面的责任伦理。有人研究了11世纪马格里布商人的商业惯例，并得出结论称，在确定且特定的历史情境中，多边声誉机制是限制海外机会主义行为的主要制约因素，而不是法律合同和诉诸法院。从中人们能够看出以声誉约束机制为基础的责任伦理的重要性。

当今世界经济秩序正面临前所未有的变局，市场及市场竞争的不确定性在增加。在各种严峻挑战面前，天职逆熵更加重要。一位员工的一个小小的不用心即可决定企业竞争的成败，甚至企业生死。可见天职逆熵、天职逆熵定律、天职逆熵法则对企业来说是何其重要。

第七章　交易逆熵

交易可能是人的本性之一,
它的历史可能和语言一样古老①。
有人说,需求决定供给,
但是公司绝不墨守这个成规,公司制造了需求②。
自由协商最可能达到公平的价格,
因为交易能够达成的事实便说明双方都满意③。

　　市场是企业的生命价值之源,交易是企业的生命价值之本。交易逆熵是企业逆熵要素中意义非凡的元素,体现了企业法人逆熵所有要素存在的核心要义,是其生命价值根本意义所在。因为离开市场,企业生命就是无源之水;没有交易,企业价值就是无本之木。在严守交易逆熵法则中为自己,为市场的另一主体——消费者创造价值、实现价值,这是企业的使命,也是商人的使命。

　　交易是一种很平凡而又神圣的经济行为。有了它,才有了人类今天所有

---

① 　《国富论》作者亚当・斯密所持观点。《公司的力量》,中国国际电视总公司 2010 年出品的大型电视纪录片第一集解说词。

② 　经济学家约瑟夫・熊彼特所持观点。同上。原创。

③ 　英国学者 R.H. 托尼所持的观点。R.H. 托尼赵月瑟等:《宗教与资本主义的兴起》,上海译文出版社 2006 年版。

的文明或文明成果。交易，是相关各方利益的交换。作为一个中性词，交易无所不在，法律未禁皆可为。交易，既无边界也无禁区。有观点认为，在中国传统人际关系中，往往过于强调人情。而人情关系的实质也是交易，只不过是一种通常没有进行货币量化衡量的交易而已。实际上，只要存在利益这个媒介，个人与他人的关系都可以定义为交易关系。每个人都必须依赖别人的需求而存在，这种依赖因为交易而产生，也以交易而延续。满足不了别人的需要，个人就不能存在和发展。同样，作为组织的企业、政党、政府等也是如此。正是因为这种通过交易实现的满足和被满足，才促进了人类经济文明的发展与进步。

对于企业来说，交易是生存之基，发展之要。对交易、对市场的重视，是大企业的普遍特定，包括大工业公司。早在20世纪60年代，企业，尤其是大工业公司日益觉察到，对批发和零售分配进行投资，不仅可以从中取得高额的利润，而且可以排除这个国家经济上最大的一个障碍，从而直接支援了生产过程①。

经济是人们生产、流通、交易、消费一切物质、精神资料的总称。人类必须依赖经济而存在，政治必须服务经济而生存。4世纪初，东晋时代已正式使用"经济"一词。"经济"一词是"经邦""经国"和"济世""济民"，以及"经世济民"等词的综合和简化。这一切，对现代经济来讲，主要是指通过市场实现的交易行为。没有交易，生产、流通、消费或不成立，或无意义。市场的存在，使所有货物及服务能够以确定的规格、价格，在人的相互认定之下继而得以交易，人与人之间需求与欲望的物质与非物质载体也就有了置换的实现。是人，均有自我意愿上的偏好与取舍，这决定了所需物质与服务的每个方面体现出其应有的特色。市场之中，由人的意愿和对货物的价值认定，而产生公平自由的交易原则。同时，各种各样的交易意识、行为的出现和发生，都在人的理解之下，借助市场的作用，随着人的意愿而自由伸展。交易也是经济生活中供给方与需求方活动的总称，没有交易就没有市场，没有市场，就没有现代经济。在现代经济中，交易一般专指以企业行为主动为主的商业活动。

著名的"科斯定理"指出：当产权界定清楚并且有存在交易费用的时候，资源就会被运用到被认为是价值最高的地方，而不管是由交易者中的哪

---

① 罗伊威利斯：《意大利选择欧洲》，上海市"五七"干校六连翻译组译，1976年版，上海译文出版社，第232页。

一个来承担他对别人所造成的影响的责任。但对企业个体来说，如何使自身价值最高，能够使资源向自己集中，离开交易逆熵之道、交易逆熵法则、天职逆熵逻辑的遵循与坚守，是不可想象的。

第一节 实现价值

市场是客户需求及企业满足客户需求的集合体。需求产生、需求方的购买行为，以及企业的行为及满足需求的竞争，都是在市场中以价格信号为引导而展开的。需求是客户向企业发出的价值信息，交易是企业向客户发出的满足消费需求价值承诺的实现。企业是一种有组织的提供顾客所需商品与服务行为的载体。企业存在的基础是因为消费者需求不能满足，所以产生了新的市场，由市场催生了新的企业或企业行为。市场的核心则是交易，而且是基于人们对价值认识的交易。

被顾客嫌弃的公司不会有未来，企业依赖顾客而生存与发展。今天，每家公司都应该负起"使顾客幸福"的使命，以及消费需求价值实现的责任。

一、承兑要约

对企业来讲，交易是企业通过承兑向需求方发出的要约，实现企业价值的主动行为。无论时代怎么变，商业的本质没有发生改变：对于企业而言，是价值创造，并且其产品与服务能够在成本控制之内产生利润；对于顾客而言，就是通过购买（交易）满足生产、生活中不断产生的新需求。企业存在的根本原因是能够"满足不同消费者的不同需求"。这种满足，是企业通过产品与服务所涵盖的信息发出的天然要约，由消费者接受要约并通过购买产品与服务实现要约，即宣告特定专项产品与服务的天然要约的完成和终止。也就是企业履行了要约，消费者完结了要约。

（一）交易的首要介质是要约

交易首先需要企业持续履行向消费者发出的天然要约，要约是交易的首要介质。要约是一方当事人以缔结合同为目的，向对方当事人提出合同条件，希望对方当事人接受的意思表示。所谓要约的天然性，就是没有形成文字、双方不用签字，但需求方也可以以预付款的方式确定要约。企业可以通过三种方式以要约为介质，与需求方达成意向。

1. 公告要约：吸引消费

发布要约可以通过自然、传统和现代社交等媒介。酒香不怕巷子深，就是通过产品与服务的品质形成的声誉，靠口口相传自然媒体进行传播。可以通过走街串巷，向潜在消费者发出要约。传统大众传播媒体出现后，可以通过广播、电视、报刊，甚至书籍刊发广告，向消费群体发出要约。1934年的北平，一部厚厚的小说集，每页都有商家的广告。这种发出要约的形式并不多见，但生动反映了要约的重要。即使在残酷的战争状态，也是如此。20世纪五六十年代，报纸被当作"一种提供消息和扩大宣传的决定性手段"，在意大利，国营和私营公司，都控制了重要的报纸。例如，菲亚特就控制了都灵的《新闻报》，而国家碳化氢公司的喉舌则是米兰的《今日报》[①]。今天，数字技术的普及已经改变了用户发现和观看内容的方式。人们花在手机的时间已经超过电视和PC端的时间。早在2015年，中国互联网媒体广告收入就已历史性超过传统媒体的广告收入之和。互联网媒体占据了要约发布的主渠道。

2. 会员要约：锁定消费

交易的核心本质是市场驱动，企业交易的目标是创造客户。好的企业一定是与客户建立起持续交易基础的企业。交易就是要考虑有没有可能建立强有力的社群，能不能帮助用户创造价值。因此，一些企业纷纷在会员制上进行创新。会员制不仅可以锁定客户，还可以实现与特定消费者个体的产品服务要约的延时完结。全球最大连锁会员制仓储量贩超市开市客，实现的是付费会员制。它的过人之处很多，比如，它的会员卡能当身份证用，如果登机、出国身份证忘记带了，用它的会员卡就能够登机。它的免费医疗体系颇为健全，药品价远低于市面价。对它的会员服务，还包括保养车。它还有加油站，会员可便宜加油。实际上，做那么多服务，开市客的目的只有一个，就是引流——把现实和潜在的消费者引到会员体系里来。要享受它的极致服务，首先要成为会员，而成为会员，就得交一笔入会费。其几十到百十美元的会费，就可使它在全球锁定8000多万会员，并且还是一年一付。有时，开市客的会员费收入竟然贡献了67%的全公司净利润。因为开市客的服务，它的会员续签率达到惊人的90%。

---

① 罗伊威利斯：《意大利选择欧洲》，上海市"五七"干校六连翻译组译，上海译文出版社。1976年版。

3.延展要约：粘连客户

美国家电市场在20世纪80年代初开始处于饱和状态，每年只有1%~3%的增长率，而且75%的销售额来自旧家电更新需求。产品寿命的延长和同质化产品的充斥，使客户对同一品牌的重复购买率不足30%。客户关系管理由此兴起。这种关系实质上是企业与客户交易延续管理，是企业向客户（有时也是客户隐晦地向企业）发出的延展关系要约，目的是通过后续服务，使现实客户成为企业长期客户。GE公司的家电事业部门在20世纪80年代初期就建立了电话服务中心，接受客户和经销商的咨询。GE已拥有达3500万个美国家庭的资料，相当于美国家庭数的1/3。资料库的资料已经由开始的仅由客户服务人员提供，变成由所有的与客户连接点提供，包括客户服务人员、业务人员、产品维修人员、技术工程师、经销商和市场营销人员。其资料对新产品开发和营销计划提供了有力支持，成为解决客户问题的依据和智库。GE客户知识管理为公司带来了巨大的价值，即时问题的解决促成了80%的重购率，是一般重购率的2.5倍以上。封闭环路中的客户知识为业务、营销和新产品开发带来了极有价值的依据。

（二）交易的战略取舍是定位

一个企业不可能满足所有消费者的需求，履行要约一般指向特定产品与服务的消费者群体，这就是取舍，交易战略取舍。

1.市场区间定位：须精准

主要体现在营销的品牌定位理论上。定位理论最初是由美国著名营销专家艾·里斯与杰克·特劳特于20世纪70年代早期提出来的。里斯和特劳特认为，"定位是你对未来的潜在顾客的心智所下的功夫，也就是把产品定位在你未来潜在顾客的心中"。菲利普·科特勒对市场定位的定义是：所谓市场定位就是对公司的产品进行设计，从而使其能在目标顾客心目中占有一个独特的、有价值的位置的行动。市场定位的实质是使本企业与其他企业严格区分开，并且通过市场定位使顾客明显地感觉和认知到这种差别，从而在顾客心目中留下特殊的印象[①]。

定位的真谛是攻心为上，消费者的心灵才是交易的终极战场。大多数消

---

① 周秦汉唐：《什么是市场定位理论》，个人图书馆网，2014年6月28日。

费者思考模式一般具有五大特点：一是消费者大多只能非专业性地接收有限的信息；二是消费者喜欢简单，讨厌复杂；三是消费者缺乏安全感；四是消费者对品牌的印象不会轻易改变；五是消费者的想法容易失去焦点。掌握这些特点有利于帮助企业占领消费者心目中的位置。2001年，"定位理论"击败瑞夫斯的"USP理论"、奥格威的"品牌形象理论"、科特勒的"营销管理理论"、迈克尔·波特的"竞争价值链理论"，被美国营销学会评选为有史以来对美国营销影响最大的观念。

2.市场竞争定位：重优化

20世纪80年代初，韦尔奇出掌通用时，GE正是美国最强大的公司之一，运营一切正常，当时年销售额250亿美元，利润15亿美元，资产负债良性。然而，韦尔奇从市场变化中看到了挑战，意识到在经济全球化的形势下，二流的产品与服务将不能生存，只有那些坚持第一、低成本高品质以及在市场定位中拥有绝对优势的产品与服务，才能在竞争中获胜。为此，韦尔奇执意要修理这架"没有毛病的机器"，提出了"第一或第二"的交易战略。他果断淘汰了一些虽在盈利但已过时的业务，只保留那些在市场上占统治地位的业务，要求GE所有的事业部都变成市场中的第一或第二，否则就将其关闭或出售，从而实现使GE成为全球最具竞争力公司的目标。经过10年调整，20世纪90年代中期，GE的各主要事业部都已在全球市场上居于主导或接近主导的地位。

与韦尔奇GE采取相似战略的是德国德古萨公司。其交易的战略目标是每个业务都要成为所在市场的前三名，达不到该目标的业务就要被剥离。仅2000~2002年，公司就剥离了价值60亿欧元的业务。根据德古萨的经验，专业化学品公司成功的关键在于满足特定顾客的特殊需求的能力。德古萨公司强调的战略目标中的关键一项内容是：时刻保持领先一步，在顾客自己还没有意识到之前就要了解顾客的需求。主要体现在各个方面比其他竞争对手领先一步。在市场上领先一步，是构建市场竞争优势；在技术上领先一步，是构建企业的技术优势；在成本上领先一步，是构建企业的成本优势，目的是让竞争对手难以超越。别小看这一步，这一步的距离，能使企业与企业之间有天壤之别。所以，德古萨公司能发展成为全球最大的专业化学品生产商。此外，德国德古萨公司交易逆熵的过人之处，还在于对顾客需求的快速反应能力，成为公司上下的共同价值取向。在了解顾客需求之时，并且保持对顾客需求的快速反应，以满足顾客的需要。

二、以利而为

赢得客户是企业实现交易目标的第一要务。交易逆熵重在引领企业以利而为，互利互惠。照诺斯看来，人类行为远比蕴含在新古典经济学范式内部的个人效用的"理性最大化"来得复杂。在许多情况下，人们不仅有财富最大化行为，还有利他主义和自我约束的行为，而这些不同动机会极大地改变人们实际选择的结果。在交易中，把客需驱动作为企业交易的第一要则，以服从客户需求为要务，把用户的权益放在至高无上的地位，是市场常青树企业交易逆熵的共同特点。

（一）奉行利他主义

从利己目的出发，通过利他而利己是利他主义的核心要义。日本企业长寿的重要原因之一，是其始终坚持的核心经营思想——利他之心。松下幸之助和稻盛和夫在世界各地备受推崇，虽然他们的方式略有不同，但两者都有利他之心。

1. 信条：永远重视消费者

为客户服务是华为存在的唯一理由，也是生存下去的唯一基础。华为的成功是长期关注客户利益，并以宗教般的虔诚对待客户。华为公司任正非的一个观点很重要，值得每一个创业者和企业负责人思考：

全世界只有客户对我们最好，他们给我们钱，为什么我们不对给我们钱的人好一点呢？[1]

美国企业普遍重视管理自己的粉丝客户，追求在服务上推陈出新，努力提供高质量的售后服务。著名运动品牌"哥伦比亚"的承诺是：顾客的任何消费，可以在一年内，在全美的任何分店无理由退换货。不仅是名牌商店，事实上，这种利他主义的服务意识普遍存在于美国企业家心中，哪怕在偏僻小镇的一家中型食品超市，店主也会按照消费额附赠会员客户加油折扣。有人问迈克尔·戴尔："在戴尔公司的成长中，什么是最有价值的？"迈克尔·戴尔的答案是："客户"。戴尔公司要求员工倾听客户需求，视顾客为

---

① 时尚：《客户是企业存在的唯一理由》，中企营销网，2018 年 7 月 1 日。

老板，满足顾客的意愿。英国瑞安航空公司的老板，每星期会搭乘4次他自己公司的航班，直接接触消费者。美国一家研究机构的调查显示：服务好的企业的商品价格要高出9%，其市场占有率每年增加6%；服务差的企业市场占有率每年降低2%。在接受调查者中有91%的人表示不想再光顾服务不好的公司，并且他们中的90%会向同事宣传他们的印象和感受。重视消费者是日本企业理念的重要内容。企业经营者普遍认识到，消费者是产品的最终使用者，也最有发言权。许多日本企业为了突出消费者的地位，将其写进了交易理念之中。例如，"以顾客为原点"（永旺零售）；"为顾客提供更有价值的服务，与顾客共同发展"（三井住友金融集团）；"创造最大的顾客满意"（第一生命保险）；"顾客满意是企业一切活动的原点"（朝日啤酒）；"尊重每一位顾客"（新日本石油）等。既体现了企业的企业精神，又诠释了企业交易的意义、收入利润的来源。丰田汽车的高层，每年都亲自到4S店蹲点几天，在店里观察顾客的购买行为。以客户为中心也是德国企业成功的原因之一。德国著名企业管理学者赫尔曼·西蒙说过，以客户为中心比以竞争为中心更重要。和客户之间保持常年的合作关系是德国企业的长处，这甚至比强大的技术竞争力更有价值。位于鲁尔区哈根小镇的卡尔倍可是一家有177年历史的润滑油制造企业。在竞争激烈的行业内，卡尔倍可一直保持着每年15%~20%的稳定增长。CEO汉斯-奥托·弗朗兹说，在成熟的润滑油领域，各家产品性能都不错，卡尔倍可能够胜出在于服务。卡尔倍可有一支专门为客户服务的工程师队伍，一旦客户遇到问题，一个电话、一封邮件，工程师就会马上飞到现场帮助解决。每三年，卡尔倍可还会组织一次大型研讨会，邀请所有的客户、合作伙伴一起联谊、交流。

2. 力行：竭诚服务消费者

世界优秀企业普遍注重推进客需至上的交易逆熵，视竭诚为客户服务为对交易定律的起码遵循，以及对交易逆熵之道的切实尊重。IBM公司通常要求员工在接到顾客请求1小时内派人去为顾客服务，必须在24小时内解决顾客的问题或者给顾客一个满意的答复。IBM公司的交易逆熵还是一个以销售为中心的文化。公司强调，经营的各个环节都必须直接或间接地参与销售。从总裁到制造厂的工人都要经过严格的训练，确保他们与客户保持直接或间接的联系，想销售之所想，从而创造一种以销售为中心，以用户为动力的工作环境。"IBM就是服务"，这是IBM公司的一句广告语，就是要在为用户提供最佳服务方面独步全球。公司训练的不仅是产品的推销员，而是培养出用户困难的解决者。IBM深知顾客才是IBM的衣食父母，只有顾客持续满意于IBM的产品与服务才会成为忠诚客户。因此IBM不断教育员工必须知道谁是你的顾客，你在公司内部又是谁的顾客；必须了解顾客现在与将来都需要什么，并竭力提供维护服务；必须引导顾客使用本公司产品与服务，并要善待顾客。

中华民国时期的商人对"服务"二字的认知理解一开始就表现得极其深刻。永安公司不断告诫员工："得罪了一个顾客，就等于赶走了10个顾客；接待好一个顾客，等于拉来10个、100个顾客。"名闻遐迩的"康克令小姐"便是永安公司的杰作。为推销美国金笔Conklin（康克令），永安公司雇用年轻漂亮、温文尔雅、服务热情而且懂一点英语的上海小姐站柜促销，不少文人闻风而来，报纸上都做了报道，大家干脆称她为"康克令小姐"，以后上海人就习惯把女店员统称为"康克令小姐"。"康克令小姐"现象，无疑是中国近代商业服务水平重大提升的标志。几乎无一例外，民国企业自诞生起就要面临早已完成市场布局的外企打压，而服务显然是民族企业拉近与消费者距离最为有效的手段之一。有着"中国最优秀的银行家""中国的摩根"之称的陈光甫，留美回来于1915年创办上海商业储蓄银行，率先在中国金融史上首创"一元即可开户"先例，同时还要求员工，"凡私人所有的工业、金融机关、大企业等，请牢牢记着'我是来服务的'这句话"。陈光甫在美国宾夕法尼亚大学学金融，回国即创业。现在中国的银行几乎都是1元可以办一个账户，但在陈光甫之前从来没有发生过。上海商业储蓄银行的大楼最醒目的特点，就是门特别小，没有大门，只有小门。陈光甫有意修这么小的门，他说门修大了小客户望而生畏，不敢进来，门要小，不要给人压力，不要让人觉得银行财大气粗，银行是给人服务的，要谦卑。陈光甫反复叮嘱自己的员工讲银行服务之道："本行所恃，既全在服务二字，则应以平等眼光，招待社会人士，不可以贫富贵贱，而显示招待上之区别……"

（二）坚定让利思想

从增利目的出发，通过让利而增利是让利思想的核心要义。在传统短缺经济的商业逻辑中，企业处于主导地位。企业生产什么，顾客就消费什么。企业想保证利润，就做刚需型的大单品，然后把它规模化。短缺经济的终结，使这一市场和商业逻辑发生重大改变：消费者赢得了话语权。这意味着，任何不能够使消费者感到获利的交易，都是非常艰难的交易。从哲学的角度理解交易逆熵，可以说，只有让利，才能增利。

消费动机有三大要素：价值、便利、优选。价值的核心在于为顾客提供有价值的产品与服务；便利的核心是谁能让顾客享受更加方便、快捷的服务，谁就是赢家；优选的核心是性价比。企业交易逆熵的侧重点之一，就是注重引导企业既能够正视外部环境变化，尤其是客户的挑剔，以及同样注重价值感；又能洞悉当今世界正在逐步进入一个比较健康和良性商业交易结构的现实，因此着重强调，要实现各方的价值增值，就必须实现互利性，坚定供需互利至上理念。这种互利性体现在企业要降低生产和交易成本，以优惠的价格成就客户，成就企业。

1. 增利要略：让利

谋利是商之根本，但市场常青树企业却没有把利益当成追求的唯一目标。他们让利于客，贡献公共大众，以严格的道德标准要求自己，这样的做法不但没有让他们的利益受损，反而帮助他们在商业的道路上走得更远。前面已经提及的开市客，其任何一个商品只挣1%~14%的毛利率。如果任何一个商品毛利率超过了14%，都需要CEO特别批准。公司公开称，从创办日起，没有任何商品的毛利率超过14%。这是典型的薄利多销，实质是让利多销。其交易逆熵与一般的企业颇为不同，与一般商家想的也不一样，这个公司是控制毛利率的公司，它的综合毛利率平均只有6.5%。1983年，第一家开市客在美国开业。在之后30多年时间里突飞猛进，一跃成为全球排名第二的零售商，紧追沃尔玛。成功的背后，正是开市客与众不同的交易逆熵。比如：公司每天思考怎么少赚钱。全世界的企业几乎都在追求毛利，只有开市客的交易逆熵基因密码是：如何少赚一点。开市客有一个雷打不动的招牌套餐：热狗+汽水。这个套餐非常便宜，30多年来一直是1.5美元，卖出去了几十亿份。再如：随时、随地、随性地退货。绝大部分超市或专卖店退货是7天内，如果超过7天基本不退。但在开市客，退货从不问原因、不限时间，只要你不满意，随时可以退换。甚至连吃一半的饼干，穿过的衣服，用过的电器，都可以几乎是无理由退货。对于开市客来说，退货多并不糟糕；相反，它认为退货有利于产品质量的提高。因为被退货太多的供应商肯定会感觉"压力山大"，在以后会更注重品质。这种交易逆熵所铸造的理念，不能不说是一种其他一般企业所没有的思想超越，体现出决定其持续发展背后的交易哲学、交易逆熵之道。在一次美国的员工满意度调查中，高居第二的不是苹果、不是脸书、不是英特尔，而是开市客，仅次于谷歌。应该说，零售公司的员工高满意度是非常难以争取的，而开市客竟超过了很多硅谷的顶级公司。可以说，受益于独到的交易逆熵的不仅仅是公司，还有开市客的员工。开市客一个收银员时薪是20.89美元，几乎是沃尔玛的2倍，普通超市员工的3倍。而且88%的雇员都享受公司提供的健康保险。开市客员工离职率仅为5%。让利哲学还包括让利员工、优待员工，优待员工就可能实现优待顾客，让员工有更高的积极性及幸福感、获得感，减少人员流失的同时也提升了企业的公众形象。这种形象是花钱做广告都买不来的，这就是企业逆熵——交易逆熵（包括人本逆熵）的力量。

2. 增值关键：服务

亚马逊创办人兼执行长贝佐斯经常以一家刚破产的美国百货业者为例，提醒员工须永远把顾客放心头，才能长保公司历久不衰。贝佐斯表示：如果我们开始只顾自己，不顾顾客，那才真正是敲响了亚马逊的丧钟。具有亚马逊"独裁者"头衔的贝佐斯，被世界工会组织评为全球最差老板，但对消费者却表现出无限的理解与亲近。他是全球商业和科技革命的推手之一。1995年，贝佐斯用30万美元启动资金，在租来的车库中创建了全球第一家网络零售公司，取名为亚马逊公司。2018年，亚马逊公司市值突破7000亿美元，在全球拥有50多万员工。贝佐斯身价过千亿美元（他的会议桌子还是用六块门板拼成，这种吝啬的做派从车库创业以来，他坚持了20多年）。贝佐斯从不承认亚马逊是一个电子商务公司，他总是高声向全世界宣布，亚马逊要做全球最以客户为中心的企业。简言之，他要做一个"顾客公司"。据称，贝佐斯从来不关注对手做了什么，只专注于用丰富的选择、便利、低价和服务取悦顾客。其交易逆熵的过人之处，主要体现在服务上：公司坚持所有业务起点都是用户体验，终点必须又回到用户体验上。与开市客有一拼的是其会员制，全球亚马逊Prime付费会员数已经超过1亿。贝佐斯关注消费者的购物体验，永远胜过企业利润。与故意设置高价产品相佐，他们推出一款超值单品，通过优质的服务，使消费者与企业的价值得以充分实现。

第二节 创造价值

企业的交易行为就是价值的实现、转化与创新。作为供应方的企业能够走多远，取决于其在发展需求、共创价值的核心竞争力上到底有多强。张维迎指出：每一个成功的企业家一定要发现市场。发现市场就是制造新的分工，而做到这一点，就必须有创新。要当一个好的企业家，当一个好的高管，脑子都要动在这个方面：怎么发现市场。在比尔·盖茨之前，软件是硬件的一个附属而已。硬件和软件都是IBM自己做。比尔·盖茨最伟大的成就，就是发现了软件市场，创造了软件产业，由此这个市场在经济中所占的份额越来越多。苹果创造了一个市场，谷歌也创造了一个市场。交易的欲望就是贡献市场，贡献一个国家的经济增长。发展市场、创造市场，就是发现需求、创造价值。

作为一种具有不断获取收益能力的稳定经济组织，企业也是现代公共大众最重要的财富。同时，企业也是一组欲望集合与欲望交易的平台，满足投资者欲望、全体员工欲望等，并形成企业整体欲望（以此类推，市场也是如此）。这些欲望必须通过满足客户需求欲望来实现，这是交易逆熵之道的实质和根本。从市场价值创造的分担构成看，最终完成市场价值的主体是消费者；但作为产品与服务提供方的企业，则是市场价值的最初贡献者。无论是企业欲望满足，还是消费者需求欲望满足，都是在实现价值、创新价值。所以，只有在交易实现中市场供求各方价值的共创，才能促进市场的发展，从而带动经济文明的持续不断地进步。企业欲望与消费者需求欲望的不断产生和满足，共同推动了市场价值的提升。

一、供需代更实证

交易是不断推动时代经济实现新进步的决定性力量。

学者盛洪认为："交易虽简单，却有着神奇的功效。它不仅给交易当事人带来福利增量，推动分工和专业化进程，而且会导致经济制度以至政治制度的变迁。世界上大多数的奴隶制度，除了美国，都是被交易瓦解的。通过交易，通过互动，人类才形成了哈耶克所说的'自发的秩序'"。[1]

---

[1] 盛洪：《交易的含义》，道客巴巴网，2013年4月3日。

　　200年来，全球收入差距形成一个很有意思的曲线，一开始相对持平，后拉开差距，近来又接近持平。据相关资料，各国的GDP数量和人口之间的相关系数为1，意味着世界的差距是没有的，绝对平均的。而一直到1820年，相关系数仍然是0.94，国与国之间的人均收入没有大的差距。但之后相关系数开始下降，到了1973年，相关系数为0.15，差距拉得很大。1973年之后相关系数开始回升，2003年回复到0.52，预计到2030年可以恢复到0.73。如果依照这个趋势发展下去，世界的格局就会完全不一样。对这一现象，学界有不同的解释，不少学者认为与技术进步有关。在农业文明中，技术普遍进步不大，基本上靠天吃饭，因此，各国差距拉得不大。而工业革命后，新技术、新科技层出不穷，各国科技进步速度又有很大差异，自然拉开了距离。这一论据十分有力，但却不太好解释为什么相关系数会回升。实际上，1820年后相关系数的变化，与一个历史性现象有基础性、本质性的关系，这就是市场，是市场中的交易；是市场的扩大、是市场交易的全球化。在农业文明中，交易是微乎其微的，或者是低层次的。工业文明则不然，交易是目的，也是手段，其在经济发展中的地位和作用自不待言。表面看，当一个国家率先工业化后，与其他国家人均收入的拉大是非常明显的，即穷国越穷、富国越富；当全球工业化后，各国人均收入之间差距自然会缩小。深层次看，其背后的逻辑是交易，是实行市场经济后的交易使然。

　　西方国家之所以率先进入发达国家行列，其根本的原因是市场经济的率先建立和完善，使交易成为经济的主体方式或绝对方式，并率先向全球扩张，使其财富急剧增加，与非市场经济国家形成巨大落差。而相关系数的回升，也是因为，一些原来落后的国家经过痛苦的探索，终于认识到市场及交易在国家发展的极端重要性，从而引进和完善市场经济，使交易逐渐成为经济的主体方式或绝对方式，从而推动国家财富与国民财富的快速增长。这样全球收入差距再次缩小。1978~2012年，中国每9年人均GDP就翻一番，与西方的差距迅速缩小，今天成为世界上第二大经济体。何因？市场使然，交易使然。

　　英国在17世纪末至18世纪中叶就已开始进入初始消费时代，尽管18世纪人们的购买力有限。所谓消费时代，是指走出中世纪匮乏状态以后，生产和消费都超出了生存必需和生理需求的范围，消费成为大众生活和生产的主导动力和目标的时代发展阶段。消费时代与传统生活相区别的最明显特征，是形成了以中等阶层为主体的大众消费。在人们的生活中，农业需求不再具有唯一性。相对于中世纪西欧那种普遍匮乏状态而言，此时已是一个物品"泛滥"的时代，人们的消费得到革命性改观，更多的人享受到了购买消费品的快乐。除了生产力大发展、民众购买力持续增强以外，最重要的是生产开始面向大众市场，生产出了花样繁多的适应各阶层特别是中等阶层审美标准和品位的新商品，并赋予其愉悦功能，激起中产阶层和平民的消费欲望。而且各种制造品的价格大大降低，把奢侈品变成了普通消费品，从而使"许多曾一度被推崇为奢侈的东西，现在就连穷困潦倒、沦为公共慈善救济对象者亦可获得，而那些东西绝不会被列为生活之必需"。英国企业面向大众市场的生产主要是通过一系列产品和工艺革新实现的，并通过设计实现了产品多样化。

放眼现代经济文明，很容易看到，市场，以及它所包含的供给方企业、需求方消费者，是如何在交易逆熵的推动下，以及政府与公共大众的觉悟与支持下，实现共生共长、共同发展、共同进步，走向了今天和明天更为发达的市场文明。其重大的突出表象，就是企业与消费需求的时代变迁。

（一）供应方的历史性换代。

崛起的企业之所以引领世界，因为他们更了解并代表着有消费能力的人多数人的生活感知，代表着对美好生活的向往。交易逆熵推动下的市场，始终以无坚不摧的力量铲平一切障碍，不仅在经济领域，甚至连许多传统非经济的领域也逐渐为市场渗透。相反地，经济生活同时由市场消费者与企业两大力量相互作用、互相激励而前进，一个突出的现象是，市场整体与大企业同时不断发展与扩张，这种共同发展与扩张几近永无止境。严格来说，要从企业是市场替代的角度，认定市场会因大企业的兴起而消退，应该不是一个正确的判断。这种判断之所以不能成立，因为市场与企业皆是不断发展的变量，企业的壮大同时也可以带动市场的扩大，企业的扩张就是市场的扩展。虽然大企业在40年后取代了许多市场的功能，但无论是市场的规模还是多样化程度都不断上升，正确的说法应该是市场与大企业同时不断地扩张。道理还是曾经提到的道理，企业是市场的主体。当然，个别企业因产品或服务不被消费者认可，实现不了交易，自然被其他产品或服务被消费者接受的市场主体替代则另当别论。

如果再引入其他变量，这一结论的论据可能更加清晰，由此人们会看到政府、公共大众、企业、消费者的多赢因素的影响，即市场与环境塑造企业的行为与组织。从世界各国的现代经济文明历史上看，不仅市场与企业两者经常是共同演化，市场塑造企业，企业也塑造市场，因为市场与企业互为一体。而且现代经济文明更是由看不见的手（市场）与看得见的手（企业、政府）共同塑造、共同推进而不断发展的。也就是说，由交易逆熵推动下的企业发展，尤其是作为供应方的企业换代升级，更能清晰展示人类现代经济文明的进步。有两大国家的历史印证足以说明问题。

1. 美国：世界最发达大国的例证

1790~1840 年，美国这个时期的市场上充满了许多的小型商贩与企业，多数的企业不过是企业主，外加一两位助手的规模；还有数量庞大的消费者与家庭。这正是亚当·斯密 1776 年出版的《国富论》中所描述典型市场，为数众多的生产者与消费者，彼此的身份并不重要，也缺乏足以垄断市场的力量与过多烦琐的管制，价格机能可以妥善地配置资源，导致交易量迅速增长。

有观点认为，因为尽管美国由于市场机制而获得相当快速的经济成长，人口往西部迁移，总数由 390 万人增加到 1710 万人，政治制度确保全国市场的成形，如同亚当·斯密的预测，企业的分工程度随着市场的扩大而增加，因此出现越来越多专门处理某一活动或是部分市场的企业。但企业的规模与组织并无太大的变化，一个 1790 年的美国企业和 1390 年的意大利企业之间的相似程度，远大于和 1860 年美国企业的相似程度，1840 年之前无论美国还是意大利的企业都是按生产、营销等功能区分的 U 形组织，之前数百年几无改变，经济成长并未带来企业组织的改变。自 1840 年起，美国的企业组织开始有了前所未有的发展，进而为"美国世纪"奠定了坚实的基础。为什么是 1840 年？因为能源、运输与通信技术的进步，使新的机会出现，企业必须改变组织形式以获取这些机会。多数历史学家认为 1800~1810 年新英格兰地区所兴建的水力动力的机械纺织厂是美国能源革命的开端，而运输革命滥觞于运河运输。1825 年，伊利运河历时 8 年修建成功，西部丰富的物产可以通过水路源源不断地运送到纽约，成本只有原先的 1/20，时间为原先的 1/3。另外，像 Robert Albion 等则主张美国的通信革命肇始于 18 世纪末的各种通信工具的改善。运输革命始自铁路，通信革命要自电报的发明算起。戈登认为，历史上从来没有哪一项发明能够像铁路这样对世界产生如此迅速和决定性的影响。正是铁路把无数小规模的地方经济联系在一起。这一切都在 1840 年开始成熟到足以推动企业规模的扩大与组织的发展。

企业规模的扩展给经济发展带来的惊喜是明显的。截至1913年，美国占全世界工业产出的36%（德国占16%，英国占14%）。今天，在美国约有500多家经济、技术实力雄厚的工业大公司，它们构成了美国经济发展的主要支柱，各大公司之间的激烈竞争成了美国经济发展的推动力之一。尤其企业发展速度越来越快。特许通讯成立于1999年，仅20多年的时间，就发展成为收入290亿美元、资产1532.4亿美元、市值1016亿美元、拥有90000多名员工的巨型公司，在福布斯的顶级公众名单中排名第41位。特斯拉成立于2003年，公司专门从事电力传动系部件和电动汽车的开发，销售、设计和制造，以及制造和销售太阳能屋顶板和家用电池，发展势头更为强劲。新住宅投资是一家美国房地产投资信托公司，位于福布斯排行榜上第13位，成立于2011年，起初只有3名员工，几年后市值52亿美元，收入12.4亿美元，资产183.3亿美元，利润5.04亿美元。

2. 中国：世界最古老大国的例证

20世纪80年代初，中国出现具有决定性意义的第一个转折点——实行迈向市场经济改革及对外开放市场的政策。该举措促进了中国工业化进程并刺激了经济爆发式增长。1984年，市场领域改革的政策承认了长途贩运的合法性，这使一大批流动的人摇身一变成为公开的流通大军，在国内开辟了更大市场。供给的相对富足，摧毁了短缺经济，是中国20世纪80年代以拓展市场为方向改革开放的重大成果。1992年，邓小平南方谈话后呈现出更大一片生机盎然的市场化改革的天地。"要致富，先修路"的投入让东莞成为内地的香港和台湾，甚至日本企业的产业转移地。从东莞到中山、顺德、南海，这被人们称为"中国四小龙"的发展，带动的是整个制造产业的腾飞，人们开始看到中国制造的家用电器、世界品牌的鞋子和服装。1999年，中国首次面临如何向消费者营销其工业品的问题，需求增长不足首次出现在政策声明中。中国正式告别了所谓的供应短缺型经济。2000年后，中国经济逐渐步入了第二期工业化进程。随着中国实行的改革开放政策的与时俱进，产业升级都已经如火如荼地展开：向价值链的高端移动，技术升级，聚焦于高质量发展，经济和产业结构更加合理化，注重改善经济制度和政治体系。随着提供同一服务或产品的企业不断增多，人们的生活也就更加丰富多彩，发展日新月异。2019年，中国成为上榜世界500强企业数量最多的国家。成立仅9年的小米首次入榜，是世界500强中最年轻的公司。

仰视世界，今天的首富动辄万亿元，企业更是富可敌国。无论是从整体企业的规模及科技水平对新需求的创造与满足，还是从需求的发展与满足及企业引领客户消费需求的能力，人们都能够清晰地看到，在交易的推动下，供应方紧跟时代变革、推进时代变革、引领时代变革所成就的一切，都能够在市场中显示出其光彩夺目的种种重大表象。

（二）需求方的更新换代

"在非洲，每天早晨羚羊醒来，羚羊明白它必须跑得比狮子快，不然它会被狮子吃掉；每天早晨狮子醒来，狮子也明白它必须赛过跑得最慢的羚羊，不然它会活活饿死。不论你是狮子还是羚羊，都不重要……重要的是每天旭日东升，你就得开始奔跑"！这段话就挂在沃尔玛前任 CEO 大卫·格拉斯办公桌对面的墙上，他也经常把这句话作为谈话的结束语。显然，消费需求就是那只拼命奔跑的羚羊，企业就是那头拼命追赶的狮子。只有跟上并超越消费需求变化的企业才能有更好生存与发展的机会。

透析市场，会清晰地看到：交易不仅推动了企业的历史性换代，也推动了消费的持续升级。由企业主导的数字化带动了消费领域升级变革，全球市场总体进入了新消费时代。同时，消费升级换代，又对企业提出了更高的要求。谈到此话题，不能不提及改革开放40年为中国市场发展带来的天翻地覆变化。从中国的巨变，也可看到世界的发展、时代的变迁。中国的市场无论是供给方，还是需求方，其表现都令全世界感叹和不解。过去10年中国的恩格尔系数持续降低。2017年，全国居民恩格尔系数降至29.3%，进入了联合国划定的20%~30%的富足区间，意味着大众进入实质性消费升级历史新阶段。尽管低收入群体（月入2000元以下）仍然达7亿人之多。消费升级主要体现在三个方面：从基本消费到品质消费，从实物消费到服务消费，从大众消费到个性消费。近年来，随着消费升级的驱动，消费市场出现两大亮点：快时尚品牌受到年轻消费者的青睐与国际奢侈品牌纷纷入驻高档购物中心。尽管受新冠病毒肺炎疫情影响，经济和市场受到冲击，但是市场信心的恢复则是注定的、必然的，恢复只不过是时间的问题。

进入21世纪，需求方呈现新一轮的更新换代，主要表象为二：

1. 需求方消费物理工具的代更：现代化、虚拟化
消费物理实现手段换代升级，是时代变迁的重要市场表象。以科技的发

展+用户需求的改变为背景，消费物理实现手段的升级同样具有历史意义。数字技术的普及已经改变了用户发现和观看内容的方式。托马斯·弗里德曼说：正是20世纪80年代后期的信息革命接踵而至，才有可能让如此多的人按全球化观点行事，在全球自由通信、全球旅行、全球贸易中使全球化力量进入了一个鼎盛时期。计算机和廉价电信的结合使人们可以在全球范围内进行贸易，根据《经济学人》的资料，1930年从纽约打3分钟电话到伦敦，费用是300美元；而今天通过互联网，几乎是一分钱都不用。当代几乎所有能够消费的东西都在不断升级。在今天的整个交易环境中，所有的能够消费的产品与服务都在迭代，没有东西可以停留在原来的框架之下。比如微信，它已经是一个人们非常熟悉的产品，但它依然在不断地迭代。以此为背景，人们花在手机的时间已经超过电视和PC端的时间。

消费者的边界已经模糊。现在的消费升级已经不仅仅是物质需求，还有很多场景的情感寄托，无缝衍生，核心特点是"生活场景的数字化"。似乎工业化会让大家在感知上处于独立和空虚的状态，所以他们开始追求一群人Enjoy购物的感觉，这种现象已经从线下还原到线上。更为重要的是，市场交易正经历数字革命，消费者可以从世界各地获取有关企业、产品、技术、绩效和消费者行动与反应的信息。互联网使消费者也能够查询有关公司的公共大众责任和产品与服务使用感受的大量信息。每个消费者都可以了解竞争品牌的价格及其质量排名和特性。因此，消费者现在可以完全控制购买过程、甚至生产过程。消费者变换角色的意义非凡，它标志着企业不能再独立自主地采取行动、设计产品、开发生产流程、精心制作市场营销信息和控制没有消费者干预的渠道。人们看到的所有的行业，都需要重新定义。企业的产品与服务的融合，也必然是一个跟随顾客不断成长的过程。市场中供给方与需求方的关系更加紧密，互动更为现实多样，合力对市场文明乃至整个经济文明、政治文明等的推动作用，必将更加明显。

2. 需求方消费主要群体的代更：年轻化、个性化

主流消费群体换代是时代变迁的关键市场表象。中国的"一胎化"政策使消费主体年轻化的速度加快与集中。通过多维家庭人口预测模型，基于大量文献综述对出生率等主要人口参数做出的假设，新加坡国立大学讲座教授杨李唯君推测出未来30年中国一人户的情况和特征。推测结果显示，一人户数量增加是未来数十年中国人口的主要趋势，将从根本上改变基本社会结

构。当中国家庭数量从2010年的4亿增至2050年的5.54亿时，一人户数将增长一倍以上至1.33亿人，即每四户中就有一个一人户。到2040年，一人户占比将达到24%，两代同堂和三代同堂的家庭数将逐步递减至30%和5%左右。独居男性以平均每年2.6%的速度增长，远高于女性的1.6%增长率。到2050年，25~29岁男性独居者将达到770万，其中未婚者占95.8%[1]。

以此为背景，交易逻辑必将随之发生变化，重要的是因为交易的客体基础变了。在中国，"80后""90后"已经几乎不看电视了，改为互联网和移动端。有人认为，年轻人似乎只关心内容本身，不管广告植入多么巧妙。年轻的消费者越来越受到个人主义的影响，在选择上敢于不从众。"00后"是需求方消费意愿取向个性化的典型代表，其消费特点更加明显，即感性化和快消费，更有主见、不盲目接受外部影响。消费群体意愿换代是时代变迁的特殊市场表象，出现新的消费需求个性化实属必然。消费者不仅希望专业和便宜，还要体现个性、需要有趣。消费者会寻找在基本消费之外的价值，消费不仅仅只是为了满足基本的生活需求，而更希望消费赋予更多的意义。有观点认为，过去企业常常用地理特征、人口特征等标准对消费进行细分。但今天，消费者不再是单一的指标所勾勒的画像，而是一个融合了更多兴趣标签、行为偏好、价值主张的构成。以此，消费文化不再是代际的隔离，而是相互渗透。中国正逐步走向细分更精准的多元的"精众市场"。探索式消费成为趋势，新的发现和体验越来越成为消费者在消费过程中的关注点。随着技术手段的入侵，原来的营销套路已经无效了；随着"90后"成为消费的主力军，原来的交易模式失灵了；随着市场的千变万化，原来的商业模式陈旧了；随着消费的升级，原来的产品与服务不能满足需要了……工业经济时代靠的是规模经济，流水线和批量生产。互联网时代，是一个个性化经济的时代，关注于更加精细化的亚文化的挖掘，以及更加精致化的文化细分，才可能找到新的商业成长机会。

供应方的历史性换代，需求方的不断更新换代，无不体现出人类现代经济文明的发展成就，必将对企业、对交易逆熵提出更大的期待。

---

[1] 张梦真：《学者：中国独居户30年后将增至1.33亿》，环球网，2020年10月27日。

二、价值升级内涵

发展需求、价值共创，是企业交易逆熵推动市场文明进步的集中体现。

商业起源于商品交换，商品交换起源于人们不同的需求。最初的需求很简单，只是为了生存。随着人类的不断进化，欲望越来越多样化，交易活动越来越丰富。人性中的欲望催生并促进了交易的发展，欲望无止境，发展就无止境。人是市场的核心，市场的本质是人性的本质。无论是交易模式、市场策略，还是产品设计、用户体验，归根结底是如何满足人性的需求，哪怕是满足部分群体的偏好，也一定会在市场中有所收获。

张维迎把企业家分为三类：第一类企业家，能够识别出消费者自己都不明白的需求，这是最伟大的，他们创造产业。比尔·盖茨、乔布斯，就是这样的企业家。第二类企业家，能够更好地满足已有的需求。他们可以以很低的成本进行大规模制造。第三类企业家，按订单生产，不需要太多的想象力，人家把设计都做好了，你生产就是了。显然，第一类企业家是人类经济文明发展最为稀缺的资源。

（一）崇尚从无到有

奉行有无哲学。通过企业的创造，促进需求更新换代（比如：新的需求从无到有、旧的需求从有到无），是有无哲学的核心要义。

日本交易学专家坂本光司指出：说到底，从无到有才叫作交易。从事本来就有的事业，不会为公司带来什么了不起的业绩，这种交易不叫"靠自己点亮光明"或是"唯一"，只能叫作"模仿交易"或"二手交易"。坂本光司强调：所谓"从无到有"，是要去发掘、创造原本不存在于世上的价值或潜在需要。这种交易方式必须想办法去唤醒沉睡于人们心灵深处、未被察觉到的需求，进而开创新的市场，创造出会令人不自觉地感到"如果有这种东西该有多好""原来已经有这样的产品了啊"的商品价值。没有顾客就去开发，这原本就是公司真正的使命。产品与消费者之间，如果能将"交换"提升到"互动"与"共鸣"，那么将是产品获取消费者认可的最佳方式。京瓷集团名誉董事长稻盛和夫认为：有欲望是人的本能，人们想过更富裕、更便利的生活，这种欲望成为动机。

科学技术获得了新的发展，出现了新的发明和新的发现，结果是在欲望的推动下创造了今天的现代文明。过去10年里，苹果增长迅猛。2019财年苹果的营收是2009年的6倍。库克领导的苹果就是要拿出漂亮的高价创新产品，因为这样才能让苹果维持增长，保持高利润，让拥有忠诚用户的生态系统不断扩张，这对企业实在是一种压力。

近170年来，零售业已经发生四次从无到有的零售革命，每次零售革命都大大激发了消费者的消费欲望，促进了需求的发展。第一次零售革命是百货店的出现。1852年，博马尔谢百货店第一次出现在法国，卖的是薄利多销之物，价格固定，改变了传统的作坊式零售模式。第二次零售革命是1859年，美国人建立了世界上第一家连锁店。美国大西洋茶叶公司，由单体店向组合店方向发展，并在20世纪50年代以后获得高速发展。第三次零售革命是1930年美国人发明的超级超市。大容量冰箱和汽车的普及，为一次性购物提供了便利的条件。之后超市的业态分化出综合超市、社区超市、便利商店、折扣商店等多种零售形态，分别满足不同社群的需求。第四次零售革命是无店铺销售，邮购、电话销售、自动售货机，以及线上线下结合销售。四次革命性变革，使零售企业今非昔比。

典型的还有中国超市的发展，大大带动了需求的发展。短短40年，中国超市已从1.0上升到3.0。超市1.0阶段的表现，是以标准化供应链驱动行业的发展，催生了中国第一批强大的超市企业。超市2.0阶段，标准化的供应链迅速被电商打破，崛起了非标准化的供应链。超市3.0阶段则告别了供应链驱动的效应，来到了消费需求发展驱动的时代。其中，由无人经济刺激和发展消费需求，更为引人注目。在减少厂家成本的同时，给消费者带来更好的体验和更大的便利，体现出无人经济价值的过人之处。当然，进入无人商业新常态还需要经济、市场、消费、供给的进一步发展，包括其他人文条件。但是，商业新常态必将是创造需求的新常态，是引导和满足客户需求不断换代的新常态。

（二）着力从有到无

从哲学层面上讲，消费占据了人类发展的制高点。企业在服务用户，满足消费需求上，必须从重有形服务，到重有形与无形服务并举转变。即功夫在诗外。充分运用科技的力量，在无形服务上下功夫，在有形服务上见成效。

一切技术创新根本上是为了满足和发展人的需求，而需求总是需要通过消费、交换来实现。随着数字技术扰乱了企业的传统交易模式，使企业不能不面对思维方式改变的问题：必须以科技的力量重塑企业商业模式、服务模式。包括互联网、大数据、人工智能纷纷入驻企业、融入企业，目的当然是适应企业潜在客户的需求，以寻求解决客户问题的新手段、新方案。比如，人工智能让企业重新认识客流。可以通过人脸识别、认知技术等多维度地理解消费者，了解消费者个性特征、兴趣偏好、体验变化等，从而优化运营。通过Azure智能云和认知服务，部署摄像头，可以精准地了解购物中心内部顾客所在区域、性别、年龄以及情绪状态形成量化的客流数据，实时地展现给运营团队，为业务人员提供决策洞察力和参考。业务团队和管理层准确了解商场的热区和冷区分布后，通过活动合理引导客户，优化租金设置和店铺分布，在提升顾客和租户满意度的同时，让商场在精细化交易中创造更多的收入。大型购物中心可以通过利用认知服务的Face API，采用脸部ID注册会员信息，实现对会员更精细化、个性化的专属服务。

有观点认为，市场交易的工具变了，企业会清晰领悟到，营销创意越来越离不开技术的支撑。必须以技术为驱动，实现营销价值的创造。而革命性的技术创新不仅颠覆了传统市场的既有格局，也带来了前所未有的新机遇。关键的颠覆性技术将深入影响市场交易行为——物联网、增强现实、虚拟现实、机器人、人工智能、机器学习、区块链技术、自动驾驶、无人机、数字跟踪等，种种新技术的突出效能是使交易效率有了更大的提升。技术的提高，发挥科技力量让企业以现代化的方式在所有渠道中更好地服务消费者，虽然这一历程将十分艰难，但唯有如此，才能赢得消费者的忠诚，提高企业竞争力。

毋庸置疑，交易永远是围绕市场价值实现，以及促进市场文明进步的逻辑展开的，这也是遵循交易逆熵之道的必然要求。立足于此，企业才能面朝大海，春暖花开；才能体现格局，赢得未来；才能聚势用势，永续发展。

第八章　品　质　逆　熵

品质是一种内在力量，
它的存在能够直接发挥作用，而无须借助任何手段[1]。
品牌成功的关键，
是在顾客心智中建立与众不同的形象[2]。

　　品质是法人生命价值的重要函数。品质逆熵决定生命价值的宽度和长度，是企业逆熵要素中十分重要的元素。企业品质具有相对值和绝对值，绝对值的意义又由市场中企业品质的相对值决定。因此，企业品质逆熵既有提升自身品质的逆熵使命，也有靠品质提升企业市场竞争力的使命。随着消费的升级、人们生活的改善，有品质的企业及其产品与服务不一定不被消费者忘记；但没有品质的企业及其产品与服务则一定会被消费者淘汰。

　　市场经济就是信任经济，因信任而买是市场交易不变的法则，而信任建立在品质基础上。企业品质，是企业自然人和法人道德、诚信、可预期的突出表象，以及产品与服务质量及其完整性的保证。法人与自然人一样，必须依赖他人而生存发展。市场经济制度下，企业的唯一特性，是不能与市场分

①　"美国文明之父"拉尔夫·沃尔多·爱默生所持观点。新东方：《人品，永远第一》，爱尖刀网，2019年10月29日。
②　定位大师杰克·特劳特所持观点。赵正：《三只松鼠屡遭质量投诉 代工模式弊端显现》，和讯网，2019年4月11日。

割的。企业与市场连接的唯一纽带是企业为市场提供的产品或服务，而产品与服务一旦不被市场接纳，企业就失去了与市场联系。就像自然人失去了空气，失去了与他人生存物质交换的联系，企业必然衰落及死亡。

市场对企业产品或服务的选择，依据的恰恰是其品牌形象，而其品牌形象的背后蕴含的是品质。品牌依托的是产品，产品依托的是人。所以，有品质的员工，是组成"品质企业"的细胞。在日本企业的介绍资料中，往往会有一项内容，叫作"贸易伙伴"，就是它与哪些大企业在做生意。"贸易伙伴"有一个重要的身份认定，就是企业内部的"支付代码"。日本大企业的法务部门对于一家新的贸易伙伴要进行背景调查。一般来说，要调查这一家公司以下资料：第一，有没有黑社会组织背景，或与黑社会组织是否有瓜葛。因为日本法律规定，企业禁止与黑社会组织以及相关企业做生意。第二，企业的经营与负债情况。第三，企业经营者尤其是股东老板有没有犯罪记录、个人金融诚信度如何。第四，企业有没有不良官司缠身。这些调查内容通过后，才可能会跟你做生意。无疑，这四条可概括为两个字："品质"。中国玻璃大王、福耀玻璃集团创始人、董事长曹德旺说过：投资国外时银行利息低是一个错误理解，国外银行给你提供资金是按照你企业级别给你放贷款的，你品质上不去就享受不了低利息待遇。

有人做过研究，国内外优秀企业十分看重员工的品质，排在第一位的是人品原则，要求要有一颗善良、仁爱和诚信之心。因为只有这样的品质，人才可能与企业同舟共济，共渡难关。

第一节　内在及外在

品牌形象内在与外在之需是品质。在市场竞争中，品质提升能力是企业重要的逆熵力。品质内隐人格，外展内涵。优秀的企业所具有的品质有三大特征：其一，企业值得员工忠诚；其二，具有消费者首选的品牌；其三，是行业参与者有价值的合作伙伴。透明的市场已越来越清晰地证明，效益来源于品质价值，来源于高附加值、高性能的产品和服务，来源于卓越的运营。什么是品质价值？就是能给持续发展带来益处。有品质就意味着有忠诚的消费者，有忠诚的消费者就意味着有市场空间，有市场空间就意味着有实现价值的机会和舞台。

一、内在品质意志外部化

品质逆熵是现代经济文明中买方市场的必然要求，也是市场常青树企业的自觉行为。品质意志也是企业的生存意志、发展意志。企业要生存发展，必须要有自觉的、坚定的品质意志；同时，要把这一品质意志外部化，即通过品牌形象向市场、外界展示出来。高质量保障是德国企业成功的重要原因。德国人根深蒂固的实业观念造就了德国企业超强的制造能力。"德国制造"已成为高品质的代言词。在罗兰贝格监事委员会主席施万克看来，德国企业对于产品的精益求精源于一种独特的高品质商业文化。他援引德国学者冉珊鹤做的一项研究说：美国代表的是一种寻求短期利润和个人财富的商人文化；而德国则代表了一种努力创造持久永恒产品的手工业（品质）文化。这种说法未必正确，因为商人文化与品质不仅没有冲突，而且品质正是商人文化之核心要义之一；手工业未必与品质画等号，手工业只有市场特定、需求相对狭窄才会有品质，但并不一定是品质的保证。

（一）信用背书，赢得市场信赖

品牌形象是企业及产品与服务的对外展示，是企业对市场的品质承诺。

1. 市场信赖：品牌形象经营之基

现代经济文明的企业经营也是品牌形象的经营。品牌形象经营的目的是赢得市场信赖。品质是企业最重要的信用，信用体现的是企业品质。以信用背书，才能赢得市场信赖。企业只有得到买方的同意，才能获得一定的利益。

信用即诚信，是企业在实现商业目标、树立理想化品牌形象的关键。有人认为，品牌形象诚信的达成意味着，企业员工、顾客、合作伙伴以及市场，能够理解、信任企业所描述的服务以及预期达到的效果。降低品质标准要求，损害消费者利益，最终将砸了自己的品牌、失去企业的长远利益。一个有品质的企业，绝不会为了眼前而牺牲长远。从市场的品质定律看，竞争越是激烈，人们越是看重诚信品质；市场越是进化，人们越恪守品质道德。这就使诚信、道德的价值更为凸显，影响力更加强大。企业必须顺应时代、民众、消费者、政府的期望和要求，依靠诚信经营打造企业品质、提升企业品质。买方市场之下，在"质"与"量"的战争中，最终胜利者永远是"质"，而不是"量"。因为，企业的品牌形象判定者永远是客户，而不是企业。评判的重要指标，也是客户忠诚指数，包括向他人推荐的可能性、对总体性能的满意度、再次选择的可能性和继续购买的可能性。客户评判的指标，不仅包含品牌形象本身，还包括企业的员工流失率和业绩增长率。品牌形象管理的真谛要求企业必须认识到，营销和广告不仅能够提高企业知名度，还可以破坏企业的品牌形象。因此，在品牌形象的经营中，要始终关注信用、信用，还是信用。说你做的，做你说的。

2. 品质价值：品牌形象成功之要

持之以恒地维护品质价值是品牌形象的成功之本。这一点实际上已成为许多国际一流品牌创建百年金字招牌的秘诀。为什么在全球顶尖品牌里，欧美品牌占有的比重最大，那是因为品牌对于欧美市场来说，意味着信用背书，品牌的感召力远远高于商品价值本身。有人举例子说，法国的LOUIS VUITTON之所以能成为百年品牌传承，是因为基于欧美大众公共生活价值观符号里的标准化，继而形成商品等级化，其最显著的符号标识就是品牌。

而品质是欧美品牌唯一的生命力，与市场销售份额无关。通常来说，打造一个举世闻名的品牌需要一个漫长的历史沉淀，这种沉淀体现的是品质。业内人士指出，欧美地区的消费者对品牌的忠诚度是多年来形成的，这个与价格无关，无论很贵的奢侈品还是很便宜的生活用品，决定消费者掏钱包的，绝大多数都是品质。品牌后面是品质，品质凝结的是信用。对市场来说，交易商品，就是忠实信用。人们可以简单理解为，品牌在欧美，就是品质，就是信用。尽管奔驰汽车价格很昂贵，但一直走红市场。其背后的逻辑，依然是品质。品质的持续提升，是企业品牌营销的不变真理。离开品质，就不可能有品牌的成功。

2020年的一项调查显示，中国已有30个"走向全球"的本土品牌，包括联想和华为等传统产业企业，还有阿里巴巴更新的互联网和数字化企业。这些企业的共同点是，其全球增长战略的基础是不断上升的品牌意识、品质理念和资产净值，而非仅仅是对外并购。

3. 信用背书：品牌形象立身之本

以品质信用背书，是品牌形象的立身之本。轻允诺，常食言者，必然为众人唾弃。自然人如此，必将在人群中无栖身之地；法人如此，必定会在市场中难以立足。知名度和美誉度是积累品牌资产的两个主要的组成部分。知名度带来的销量是资产变现，美誉度带来的是资产积累。而知名度和美誉度都离不开品牌的品质建设。品质决定知名度，更决定美誉度。离开了品质作为品牌的基础，美誉度必将会断崖式下降，知名度也不会支撑多久。没有了美誉度和知名度，品牌难以在市场立足，企业也很难在市场立身。

商誉是指能在未来期间为企业经营带来超额利润的潜在经济价值。近十多年，中国A股上市公司的总资产快速增长，从60万亿元增加到224万亿元；但商誉增长更快，从0.08万亿元到1.3万亿元，增长了6倍。商誉即品质，是隐含品质的价值。商誉包含声誉，对于声誉风险，企业应持一种审慎的态度。既不能让这种风险导致企业在决策时过于惧怕风险，更不能轻视这种风险。因为这种风险时刻威胁着企业的品牌，企业的生存。苹果公司创始人贾伯斯是一位营销高手，他认为：当一家公司在公众前是一个负面形象或有着负面声誉时，广告的作用是适得其反的。

要想在市场上赢得持久声誉，企业必须具有尽最大努力消除产品一切瑕疵的"前瞻性品质意识"。显然，这种以后果为导向的品质责任伦理，比起传统的追溯性品质责任伦理，更能有效地避免在科技时代企业低品质的生产有可能带来的无可挽回的灾难性后果。当然，市场中的企业"前瞻性品质意识"，既对内也对外。对整体市场而言，企业对外的"前瞻性品质意识"，就是要预设任何市场主体都是具有机会主义的"经济人"，在与其发生生产经营联系时，必须理性地预期交易对象的机会主义倾向而可能产生的恶行，并采取有效的审查和措施防范。如果每一家企业都依此原则在市场交换时进行严密的预测，形成有效的相互监督制约，那么所有的"经济人"也将在"看不见的手"的引导下尽力排斥机会主义，把追求自身盈利与对方利益和公众利益结合起来。其最终结果是有效刺激企业的品质责任伦理意识，提高企业的自律与互律，从而促进企业产品和服务质量的提高，让公众得到更多放心满意的商品。而这一点，正是市场经济条件下企业的品质责任意识自我生成的有利条件。

（二）孜孜追求，实现价值超越

大数据加深了人们一个认知，即网络的点击并不能直接转化为市场的认可度和满意度。麦当劳99%的预定来自非广告点击的人群，也就是说，仅有1%来自在线广告点击的结果。产品能够感动用户，让用户非买不可，深层次是因为产品的价值，价值落到实际就是品质。高品质产品才是企业的生存之本。不管是产品品质，还是管理品质，只要品质出现问题，必酿大患；只要品质过硬，市场就可能大量买单。

1. 价值超越：品质即自尊

成功的品牌会让用户产生根深蒂固的幻觉："这是我的品牌，高品质、高品位、高档次的品牌；我和这个品牌不能割裂，它是我自己人格（品质、品格、品位）的外在延伸。"从而实现品牌人格与消费者人格的无缝对接。可以说，企业需要实现以高品质与客户实现高度认同、在精神上融为一体的价值超越。1961年，美国的费根堡姆提出了全面质量管理理论（TQM），将质量控制扩展到产品设计生产检验使用的全过程，全体员工都参与质量控制。品管大师田口玄一提出，产品质量首先是设计出来的，其次才是生产出来的。质量分两种。第一种是顾客重视的质量，包括产品外观、构造、性能、服务、售价等相关议题，第二种是顾客不重视的质量，例如社会损失、失效、偏差、变异、缺点、污染、退化等，这些正是工程师要重点改善的，它对于市场占有率和产品出口有着重要的影响，如何预防失效、如何降低变异、如何降低成本等。美国质量管理大师威廉·戴明博士认为：质检只能剔除次品和废品，并不能提高产品质量。

在注重产品品质的同时，人们还重视服务品质、服务质量。1963年，服务品质概念产生，认为服务具有无形性、异质性、不可分割性和易逝性四大特征。之后，人们又以卓越的、有价值的、符合规格的和满足顾客期望的四个标准界定品质，并进一步认识到服务具有明显区别于产品的特征，例如不可储存性、生产与消费的同步性、认知或评价的主观性与相对性等，使其较实体产品品质更难以评估且难以控制。20世纪70年代，有学者试图揭示服务品质的内涵，将服务品质界定为服务结果符合所设定的标准。有突破性的是20世纪80年代，有学者将期望认知理论引入服务品质研究，逐渐将服务品质的研究从探索阶段提升到成熟阶段，并从概念界定、分类结构、衡量方法、影响因素到与顾客满意、顾客忠诚之间的相关关系方面加以研究。

品质是企业的自尊心。重视品质逆熵的企业，都是良心企业，也是追求自我超越的企业。任何企业，只要有对实现企业价值的渴望，就必须体现在追求品质的自我超越上。品质是实现企业价值的基石，是企业价值的中心内涵，是获得品牌形象溢价的源泉。没有品质，企业就失去了存在的意义和发展的机会。没有品质就没有质量，无品无质的量是没有价值的量，只是企业的库存或废品而已。当然，没有效率的质量也是不可持续的。品质形成是企业行为长期化的结果。只有把加强品质管理管控工作作为打造品牌形象的重要基础，通过品质逆熵，完善制度、强化管理、加强文化建设等措施，保证企业的行为是可预期、可追溯、长期化的，才能得到客户的信任，使其愿意与企业合作、愿意选择企业的产品和服务，最终使企业实现品质价值、收获品质溢价。

2. 生存超越：品质即本能

在激烈的市场竞争中，只要企业还存在一丝生存本能，就会在生存本能的驱使下，通过提高品质去实现自身的市场价值。一些企业之所以比较短命，一个重要的原因是没有实现生存的超越，没有将品质化为企业之本能。这些企业对品牌核心价值的贯彻仅停留在广告宣传等传播层面，没有体现在产品研发、包装设计、价格、个性化服务、分销等一系列营销活动中。这些企业对品牌管理的认知，始终拘泥于如何通过单纯的品牌形象管理来影响受众的品牌知觉。只有在所有向消费者传达品牌信息的机会中都能体现出品牌形象核心价值——品质，才能以最低成本使消费者在大脑中建立清晰的品牌形象。成功企业的品牌会通过长时间对于消费群体的不断渗透和经营，让品质这一品牌形象的种子在消费群体的心底深深根植，进而使消费者产生"品牌形象即我，是我人格外延"的印象。

有一种逆耳或刺耳的观点认为，企业品牌形象经营之所以存在差异，原因很多，主要方面是有些企业的思维依然停留在追求短平快经济效益等方面的市场理念中；而国际品牌相对来说愿意做更长线的大生意，所以他们愿意在技术创新及新品研发方面做更大投入。但也应看到，中国的一些企业对短平快的追求是有客观原因的。一个重要因素，中国是个政策导向为主的市场型国家，商人的安全感不强，政府一个新政策可能就会改变他们的命运。对他们来说，最安全的就是先让钱放入自己的口袋。同时，中国企业总体上的创新精神也不够，大多还是以"复制+本地化"为主。有媒体认为，美邦模仿了耐克的商业模式，但模仿不了耐克的创新；淘宝模仿了易趣，随后因为比易趣更了解中国人，所以超越了易趣；百度复制了谷歌，因为没有竞争，所以成为巨人，但是百度的发展模式，几乎都在跟踪谷歌，却没有一样比谷歌做得更好。再者，中国一些企业更多追求的是"差不多"的感觉，这与企业文化因素有很大关系，至少品质逆熵意识还没有在企业深深扎根。在这方面，与日本还有相当大的差距。日本人追求的是"精准"，虽然这类精准有时让人感觉有些死板。

二、外在品质意志内部化

20世纪以来，市场形态有两大转型：一是从有钱买不到的短缺型消费，到有钱买更多的饥渴型消费转变；二是从有钱买更多的饥渴型消费，到有钱买更好的品质型消费转变。而随着市场（供需）的转型升级，外部品质意志内部化的压力日趋明显。50年代前，即早期的卖方市场条件下，产品供不应求，企业管理的重心是如何提高生产效率，加速产品的大量生产。从20世纪初泰罗的工作研究及其科学管理的推广运用，到法约尔的经营管理、韦伯的组织管理，乃至人际关系、行为科学等都是基于提高企业生产效率应运而生的；甚至第二次世界大战中产生的后勤保障学、运筹学等都普遍为企业所运用，以恢复"二战"后经济，加速产品的生产。从中可以看到，只要是短缺经济、卖方市场、则品牌形象等，更不用说品质，就很难提上企业重要的议事日程，更不可能有绝对的话语权。然而到了60年代，由于"二战"后经济全面恢复、经济的高涨发展，市场上的产品越来越多，导致总供给大于总需求，经济发达国家的市场开始转向买方型市场，市场竞争开始增强，竞争的作用开始体现。在这些国家经营的企业，面临的环境日趋复杂，原来只顾生产效率的提高已不能适应新的市场变化，企业要考虑的事情不能仅局限于"生产"，企业为保有既得市场和争夺新的市场而各显神通。在这种背景下，企业管理的重心自然由内部的生产效率问题转向了外部的市场占有问题。企业占有市场，就有了生存的土壤，失去市场就失去了生存的条件。期间，市场营销理论及方法，为企业赢得市场起到了很大的助推作用。研究如何寻找有利的市场机会，如何占领市场、守住市场、开拓市场等早期的战略理论，为企业应对市场竞争提供了基本的思路和程序。同时，品牌形象开始得到企业和消费者的重视。70年代后，西方石油危机的产生导致了企业经营环境进一步复杂化，企业面临的市场竞争日益激烈。企业即使根据市场信息生产出了消费者需要的产品，但产品却依然卖不出去。一个重要的原因是，在低需求的买方型市场环境下，消费者的需求满足有了更大的选择空间，其讨价还价能力不断增强，低价格成为诸多消费要素中的最终决定因素，因而迫使企业思考如何降低成本而以低价格竞争制胜。于是，企业管理的重心又从"市场"转向了内部的"理财"，十分注重长期投资、促进技术进步而达到最佳规模批量下的企业总成本最低。这个时期，品质仍然没有上升为企业竞争的主要条件。进入80年代，全球物质产品空前丰富，发展中国家经济开始起步、加速，全球国民财富快速增长，加之全球经济市场一体化趋势，全球范围内的市场逐渐转变为多样化、高层次的买方市场——消费者有财力、有品位，由此，企业间的竞争较70年代更加激烈。90年代后，基于Internet、电子商务、高新技术及其产业的新经济时代的来临，人类的政治、经济、军事、文化生活等发生了新的深刻的变化，市场竞争进一步加剧。

高层次买方市场的形成，市场需求方拥有了越来越大的话语权。当然，外在方不仅仅是消费者，还有经常既与消费者结盟，又与企业站在一起的政府。这些外在方对企业品质要求的意志，会以各种形式内部化。对企业品质形成企业难以抗拒的强制之力、强推之力——消费者的压力，以及代表消费者意志的政府的压力——市场对企业品质提升的两大力量。

（一）客户票选，消费之力驱动

在高层次买方市场，企业的入场券始终掌握在消费者手中，企业的生死券同样始终掌握在消费者手中。品牌形象的背后是忠诚的客户资源。许多国际知名企业的成功之路都是依靠强大的品牌形象效应铺垫起来的，如可口可乐、奔驰、迪士尼、宝马以及华为等，均是如此。这些企业的品牌形象价值连城，成为吸引忠诚客户的重要无形资产。客户第一的品质逆熵，始于能否感受到客户的需求，需要经营者永无止境地以身作则，率先垂范，始终紧盯市场上消费者手中那宝贵的选票，甚至是每一张选票；同时，必须竭尽全力用品质的持续提升去赢选票。

1. 品质服从消费者意志：企业必须遵循的法则

能否严格遵循品质逆熵之道，决定于企业内部的运营能力，也决定"客户第一"理念的贯彻落实。感知客户的需求，需要企业整体的努力，包括经营者自己、营销人员、研发人员、客服人员等，都要自觉关注消费者需求，能够及时洞察和理解消费者需求。企业感知客户需求的触点越多，感知到的客户需求越细腻，越真实，越及时。只有如此，才能解决消费痛点，满足消费潜在欲望，服从消费者意志。新零售时代，由体验而激发出的感情共鸣，将成为一个品牌独特的个性，与味道、视觉、心灵相关。这不仅是与消费者恒久的情感连接，也是一个品牌的生命力所在。行动和体验使无形的品牌价值变得可见。企业的品牌价值等于产品体验的最终结果。产品质量优异的企业，不但能形成名牌，而且企业商誉好，往往会成为长寿企业。产品质量差的企业，就算花钱搞铺天盖地的广告，形成品牌后，但只要消费者购买后，发现质量有缺陷，就会毫不犹豫地投不信任票，当很多消费者吃亏上当后，就会联合抵制该企业产品，企业则会为此付出惨痛的代价，甚至倒闭。因产品质量问题失去消费者选票而倒闭的企业有许多，其中较为典型的是三鹿企业，因奶粉富含三聚氰胺而彻底失去消费者的信任，甚至使消费者极度愤怒，人们不会容忍自己亲人以生命为代价的消费体验继续存在，最终的结局是企业倒闭。

2. 变幻莫测又毅然决然：客户票选的不变铁律

对企业品质的执着追求，始终是买方市场客户票选择的一定之规。一旦企业品质背离消费者价值，消费者会毅然决然扬长而去，态度之冷酷又是那样的令人愕然。尽管人们都知道企业只有满足了客户的需求包括品质需求才能生存，但有的企业坚持得好，能够始终如一地执着坚持；有的则言不由衷、口是心非、力不达心。企业之间竞争力的区别也在于此。就是看谁能更精准地，更持久地满足客户的产品与服务品质需求，尤其是能洞悉和满足客户新的更高层次的产品与服务需求。正是如此，昔日的手机英雄诺基亚，不见了；昔日的柯达相机，不见了。它们都在登上最高峰之后，转瞬间就消失了。松下中国区前总裁木元哲说："客户就像男人一样，永远都是花心的。他永远都在寻找更好的选择"[①]。

因为精准地满足了客户的需求而名噪一时的企业，最终因为不能走出这一魔咒，不再能满足客户的需求而快速地陨落了。

正如人的需求层次不一而论一样，消费者的需求是变化的、递进的。企业的品质也必须不断提升，才能满足客户不断变化递进的需求。产品质量、服务质量如果并不完全等同于企业品质，至少不一定等于客户需求的品质。企业品质不提升，仅仅能够满足客户过时的需求，则再好的产品与服务质量都不具有体现消费者意志的品质。当然，当人们提到品质时，在绝大多数时候还是产品品质。但仅仅有产品品质，还远远不够。诺基亚手机、柯达相机，这些时代的代表性企业，它们由盛而衰的历程展示了一个事实，客户的需求永远处于持续变化之中、持续发展之中。这种持续变化的需求往往是

---

① 谭士芬：《直击心灵的演讲：什么是品质？》，搜狐网，2019年3月29日。

更残酷的品质外部压力。如果不能随需而变，老旧产品的质量再好，也会因为不再能满足客户新的需求而变得与废品无异。如果在客户需求感知上出了错，就算有再好的运营战略，再好的管理团队，也都无法扭转向失败而行的方向，甚至是南辕北辙。因而，企业的品质逆熵，需要面对两方面的问题，第一，能否看到或是听到客户需求？是否能真正理解客户需求？第二，是否愿意为了满足客户变化的需求，而做出相应的内部调整？这种内部调整通常都是极其痛苦的。谭士芬认为：无论是企业的经营者，还是高管，往往出现自我认知放大。把过去的成功归结于自身的优秀，进而认为自己已经足够优秀到可以处理一切。他们不再靠近客户，去认真思考客户的需求是什么，他们更关注的是自己的想法。在听到不一样的声音，即便是来自客户的声音时，也会嗤之以鼻，甚至试图对客户进行说服和教育工作。当年的诺基亚到底是否看到了智能手机这一新生事物？如果看到了，他们想到了什么？他们是否想到，他们需要重新定义什么是有品质的手机？在最后轰然倒下之前，是否有可能诺基亚终于想到了，他们应该做出转变，应该向智能手机进行转型？如果这一决策提前1年，今天的世界又会怎样？还会有辉煌的三星和苹果吗？可惜没有如果。诺基亚这个昔日神一样存在的企业，转瞬之间轰然倒下，留下一片惋惜之声。

3. 应对消费升级的突变，品质竞争强者通、通则达

消费升级是人类发展的必然趋势，预示着外部品质意志内部化对企业的持续压力只会增强，不会削弱。尽管消费升级需要长时期的积累，但积累过程中有时会发生突变，让人眼花缭乱。尤其是对中国这样一个苦了几千年的国家。当代的消费巨变，让人瞠目。改革开放40多年，中国经济飞速发展，总体上，人们的购买力不断增长，消费习惯和观念也发生了巨大变化。商品价格已经不是相当一部分消费者决定购买的一个主要因素，而是更愿意购买个性化、有品牌设计和品牌认知度高的产品。体现企业品质的品牌形象传播和舆论导向已起到了越来越关键的作用。随着经济的快速发展和人均 GDP 的提升，消费升级概念开始形成。人们的收入提高了，生活质量提升了，消费开始向着更贵、更好的方向发展。消费升级同时对品牌提出要求，品牌必须顺应趋势提升自己的品质和品牌力。

有研究成果显示，从中国的市场看，消费升级的印记非常清晰。

其一，衣着消费升级：态度第一，质量第二，价格第三。仅仅是几年

前，中国消费者在购买衣服时还在意物美价廉，品牌在其中并没有那么重要。而如今的年轻消费者，已更在意品牌和品质能否体现自己的品位和态度，这是年轻消费者在穿衣上消费升级需求的体现。消费升级并不是"不求最好，但求最贵"，对于品牌来说，注重消费者的态度和生活理念远比价格重要。这就是品质一个时期或特定时期的升级版。无印良品设计顾问佐藤可士和在阐述无印良品产品的理念时用了一句话："不是非此不可，而是这样就好"，这体现了无印良品的品牌理念，这种品牌理念在面对消费者时转化成了消费者的生活理念。

其二，食的消费升级：食品卫生，环境和体验。随着收入的提升，消费者对于食品的需求渐渐从吃饱就好，转变为吃得好，吃得健康，且有好的食用（用餐）体验。食的消费升级，体现的是消费文明的升级，是对生命及生存质量——健康的重视，从一个侧面反映对品质的追求。尽情饮酒已不是社交的必备首选；适度饮酒已被引入饮食文化的重要选项。饮茶、喝咖啡，开始逐步进入时尚佳境。

其三，住的消费升级：从标准化到个性化住宿。在中国，几十年来，人们对于住宿的常用名称一直在变，"招待所—旅馆—酒店—主题酒店—民宿"，这个变化一定程度上体现了消费者消费升级的趋势。

其四，行的消费升级：作为人类四大刚需"衣食住行"的最后一环，行一直随着人类文明的发展而发展。消费升级的最主要体现就是汽车保有量越来越高。一是人们对于私人空间的需求，拥有一辆车，就像在公共空间有了自己的一片天地。二是人们对于时间的需求，京沪高铁之所以受欢迎，是因为高铁节省了时间。

消费者的需求在消费升级时代具有明显的特点，品质的内涵要求有了重大转变。一是时间更重要：买一个便宜的更耗费时间的东西，还是买一个贵一点但更节省时间的东西？在消费升级时代，消费者往往会选择后者，洗碗机，电动牙刷，高铁都体现了这种趋势，在收入越来越高的今天，时间会越来越值钱。二是体验更重要：曾经消费者购物的最主要需求是解决刚需，衣食住行都是如此。但在今天，吃一顿饭的体验远比吃饱重要，住一个酒店的体验远比睡觉重要。消费体验作为消费的重要一环，在消费升级的大背景下越来越成为消费者做购买决策的依据。三是态度更重要：衣服能遮蔽身体即可，车仅作为代步工具，这是过去的态度。如今，穿衣需要体现自己的品位，开车需要体现自己的个性，消费者对于品质态度的需求越来越大于对产品功能的品牌需求。对此，企业品质价值必须始终如一地坚守，同时品质竞争必须求强求新，即"强则通，通则达"。

（二）国家竞争，政府之力驱动

企业品质是一个国家重要的核心竞争力。国家间企业品质的竞争，主要体现在对"国家品牌"的追求上。政府是外部品质意志的最强组织体系，在买方市场中，政府对企业品牌形象的投入，为企业品质提升形成了强大的压力和推力。

伴随着经济的不断发展，品牌之间的竞争力度日益加大，世界消费已经从"商品消费"逐渐转为"品牌消费"，消费者更加注重品牌的选择。选择的标准依然是品质。在全球以国家为单元分灶吃饭的经济竞争中，品牌的选择不仅仅指企业的发展，还展现出一个国家的经济实力和世界影响力。体现企业品质的品牌战略，已经上升为国家战略，包括完整的战略思路和精细的扶持体系。

实践证明，一个民族品牌的发展也离不开国家政策的支持与扶持。于是逐步发展出了"国家品牌"的概念。国家品牌也是国家品质。"国家品牌"增强了品牌的品质信誉度并且由国家进行担保，使消费者更加放心，成为一个国家软实力的重要体现。从欧美和亚洲一些主要工业发达国家的选择看，主要体现为三种模式。中国人民大学信息分析研究中心发布的《2015中国品牌发展报告》，有过专门论述[①]。

1. 韩日政府：直接推动

韩国和日本的企业品牌品质发展显示，其某些企业品牌之所以能够经历百年的潮流依然屹立不倒，主要归功于企业和政府对包括产品质量在内的企业品质的重视。韩国企业的品牌形象提升，离不开韩国政府的大力支持。《华盛顿邮报》对韩国政府曾这样评价："国际职业推销员"。韩国政府在2001年的培育韩国企业出口国家队计划，采取的是分类指导的方式，积极鼓励民族品牌发展。之后，每年向评选出的企业源源不断提供技术与设计开发、海外营销传播方面支持。在韩国，国产品牌使用量达90%之多，国外产品仅占10%的市场份额，这就是韩国的"身土不二"原则。韩国在2006年提

---

① 卢小宾等：《2015中国品牌发展报告》，中国质量新闻网，2016年1月19日。

出了"国家品牌"整体营销的思路，将民族品牌作为国家品牌发展战略的一个部分，着力指引、扶持民族品牌的发展。2009年，"韩国国家品牌委员会"成立。在商业方面，国家品牌委员会制定了相关政策，将拥有尖端技术和优秀设计的产品评选为"大韩民国名品"在海外市场进行积极宣传，以提高国际对韩国品牌的认知度。同时，国家品牌委员会设计了统一的国家认证标识，对获评"大韩民国名品"的产品在其外包装粘贴统一的标识，这样提升了消费者对于产品的信心，提升了韩国产品的信誉度。韩国政府还大力支援韩国知名企业和品牌参加世界性大型展会。

第二次世界大战后的日本，绝大多数企业都是依靠模仿国外产品进行生产的中小型企业。因此，1957年，日本政府制定了"G商标选定事业"制度，时至今日，63%的日本人认识"G标志"，了解其所代表的内涵，35%的消费者因为"G标志"而考虑优先购买产品。2003年，日本又出台了"日本品牌"战略，提出将日本塑造成为高品质、高美誉度的国家品牌。"G"标志作为"高品质、高可用性、高稳定性"的象征，"G标志"在于鼓励日本品牌不断为消费者创造精致时尚的生活方式。日本的G-Mark，德国的IF，德国的Red Dot以及美国的IDEA，这四个评选并称为世界最著名的四大设计大奖，而日本的G-Mark标志大奖又是以评选严格苛刻而著称，其目的一直是评选和表彰优秀设计，以便改进生活质量，提高工业研究能力并扩大出口和贸易量。时至今日，全球的消费者之所以欣赏日本的品牌，与日本政府多年来的直接推动密不可分。

2. 德国政府：积极扶持

与如今高端大气的形象不同，"德国制造"在一百多年前几乎就是现代一个时期"中国制造"的复刻：技术的落后和工艺的粗糙令产品质量饱受诟病；但劳动力的优势却让价格十分低廉，这使当时还是发展中国家的德国开始向周边，包括向英国这样的工业先进国家大量出口自己的产品。由此，"德国制造"迅速被贴上了低价和劣质的标签。为了谋求更高的利润，德国的商人常常只好为自己的货品贴上"英国制造"的标签，以次充好。1876年5月，在美国费城举行的第六届世界博览会上，被誉为"机构动力学之父"的德国机械工程学家弗朗茨·勒洛也不得不承认德国产品质量粗糙，并批评德国工业界当时的生产原则——价格低廉和假冒伪劣。然而，勒洛的话似乎在德国人中间起到了"知耻而后勇"的功效。自那以后，在政府和企业、消费者的共同努力下，德国产品质量开始渐渐提升，与英国产品相比较，性价比也不断攀升。随着工业革命的不断深入，到了19世纪末期，"德国制造"在人们心目中的形象已从"便宜和劣质"慢慢蜕变成"更便宜与更好"。许多德国品牌甚至开始成为质量保证的代名词。20世纪90年代以后，德国政府又不断扶持企业进行出口品牌参展计划，规定凡德国企业，不论大小、所属行业和协会及所在地，只要展示德国产品，均可申请参加官方扶持的展览。参展公司也因此获得了质量可靠、精细周全、先进高档等"德国制造"印象。德国政府扶持参展的资金来自公共财政，并不直接拨给参展企业，而交由执行公司整体统筹，对企业的资助比例可达总参展费用的51%。德国政府的扶持得到积极回报。2008年全球性经济危机爆发后，欧洲经济一直没有得到很好的恢复，尽管如此，德国经济却表现亮丽：2010年经济增长就达3.6%，2011年也达到3%。之后，德国一直是欧洲国家经济增长中的翘楚。有观点认为，别小看德国经济的增长率，表面看来数字不高，但质量不可小觑。

3. 美国政府：规则引导

美国品牌一直成功地占据着世界品牌主流地位。2014年，世界品牌实验室发布的全球500强品牌中，美国品牌占有227席，近乎一半。进一步分析上榜美国企业品牌的年代分布，发现存在时间20~50年的品牌、50~100年的品牌数目相近，各约50多个，百年以上的品牌近100个。显然，美国品牌几乎在每个年代都是全球市场的主导，即便在新兴产业中也是如此。虽然美国没有政府主导的具有长远意义的品牌发展战略，但美国政府却以独特的，依靠包括立法、建立经济（市场）秩序等在内的游戏规则的方式，给美国企业品牌、品质以巨大的保障与发展空间。品牌囊括企业的技术、产品的商标、企业的服务与文化等多重元素，并形成价值巨大的无形资产和知识产权体系。美国是一个拥有高度知识产权保护体制的国家。从1789年《宪法》的规定，到1870年颁布的《商标法》，与其他《专利法》《版权法》《反不正当竞争法》《互联网法》和《软件专利》等一系列法案，共同筑起了知识产权保护法律体系。其中，就品牌发展的意义而言，影响巨大的是《贝多尔法案》。在美国，由于企业是创新的主体，而基础研究主要是由政府投资于大学实验室完成的，如电脑的诞生。《贝多尔法案》明确规定，政府投入的知识产权可以合法授予私人部门，以促进其商业化。这一法案构建起的政府-大学-企业创新体系，使前沿技术可以迅速转化为企业的商品和品牌。典型的如美国的波音公司，同时承担着军品和民品的生产任务。由于飞机上的许多国防技术研究用于民用产品，使得"波音"品牌始终以高品质领先其他飞机品牌。

尽管中国在企业品牌、品质发展的政府推动上觉悟较晚，但行动有力。今天的中国，品牌已经不仅仅是企业战略，同样也是国家战略。国家在助推民族品牌全球化战略上已经给了很大支撑。

第二节　承诺及塑造

品牌形象之要是承诺与塑造；承诺与塑造之要是品质及品质形象提升。这是品质逆熵的核心要素。

走在世界品质逆熵前列的国家中，人们发现其各有特色，均有某些过人之处。如德国、日本产品的品质之所以好，根源在于德国、日本的思想、环境、教育和制度好。德国人思维严谨、态度认真以至于被误认为刻板；日本人恪守规则、忠于集体、崇尚实力。德日两国人的性格非常适合机械、电子等有形产品的制造。德日两国从民间到国家都十分重视教育，尤其是基础教育。技术是品质领先的保证，也是众多品牌企业所追求的，技术事关产品的功能和性能，这些都离不开教育，尤其是离不开务实型、实践检验型教育。这些，无疑对品牌形象的塑造与承诺，具有非常重大的意义。

20世纪60年代，S&S公关公司总裁乔·马克尼提出了"品牌资本"管理理念，从此品牌管理变得越来越重要。品牌管理的思想与模式克服了传统管理模式中"只关注单一产品和市场"的弊端，实现了从战术管理到战术管理与战略管理并重的转变。在品牌战略管理模式中，品牌的作用不再仅仅是增加销售和利润的短期效益，更重要的是在客户心目中建立企业的品牌识别，以此为企业带来长期效益。有观点认为，商业品牌自诞生以来一直在进化，可分为三个时代。从早期的产品身份识别为主要目的的品牌识别时代，到产品同质化以后的以差异化的品牌承诺为特征的品牌价值时代，再到当下的全方位全接触点都要传递品牌为消费者创造价值的品牌体验时代。第一个时代，品牌只是业务的一个产品身份标签，用来区别于其他的企业或者产品，所以品牌更多的是依托于标识、包装这些接触点作为载体而存在。品牌沟通是由企业向消费者的单向传播。第二个时代，企业往往通过不同角度的诠释差异化自己，这些角度包括我是谁、我有什么、我做什么和我提供了什么价值。这也为品牌溢价提供了支持。品牌传播也通过广告语、代言人和场景来沟通差异化特征。企业通过消费者调研的手段实现品牌传播的双向转化。第三个时代，品牌体验成了品牌传播的新代名词，尤其重视产品和服务本身是否兑现了品牌承诺的利益与价值，购买渠道是否为消费者能够快速感受到品牌承诺提供相应的便利性，员工是否秉承品牌承诺作为品牌大使而忠诚地传递和提供着品牌承诺为消费者创造的价值，也就是品牌自身的价值以及强大与否的根本所在。

一、品牌承诺品质

品牌承诺的是企业对市场的品质契约。企业名称、品牌名称、产品名称、品牌形象高度合一会给消费者带来更聚焦的认知。品牌的内涵是文化，内涵的核心是品质，已渐渐成为人们的共识。如果一个品牌成为某种文化的象征或者在生活中形成习惯的时候，那么它的传播力、影响力和销售力是无法估量的，并且这个品牌将与它所代表的文化共浮沉。比如，麦当劳的"汉堡包文化"代表着中产阶层的餐饮文化，万宝路体现着美国西部牛仔的开拓精神。它们通过长时间不断地演绎着它们的品质文化，并在人们的生活中沉积，形成了生活习惯，再加上它们根据不同的文化和背景，不断地创新，使之风靡全球。品质逆熵已经成为企业兴盛的重要路径，是战胜经济衰退的有力武器。

（一）品牌的根本在于重品重质

品牌的本质是打造符号、强化符号、保护符号；品质逆熵的根本是铸造品质、强化品质、保护品质。

1. 重品：人品赢得信赖

品是人品，是人的品质。人品决定企业的品质，决定产品与服务，决定品牌形象。实施品质战略，离不开杰出的企业家和员工，铸造员工品质永远是第一位的。品牌出名，企业出名，主要依靠出色的企业家和优秀员工的共同努力。企业家是创业家、创新家、战略家、改革家，企业家哺育出品牌产品，也应该是品质逆熵推进大师。把对员工的品质教育提高到战略高度，把员工培养成品质逆熵型员工，是品牌形象塑造的关键。应有"立品牌树人"的观念，围绕"创品牌"的目标，确立员工素质的要求和标准，建设高品质的员工队伍。

　　"Know-How"的意思是专有的技术或技术诀窍（最早指中世纪手工作坊师傅向徒弟传授的技艺的总称。多指从事某行业或者做某项工作，所需要的技术诀窍和专业知识）。在德国企业主眼里，这些具有"know-how"的员工极其珍贵，掌握着企业重要的无形资产。而德国企业品牌成功的一个重要原因，在于拥有一批高素质高品质的员工，而打下这一基础的是德国职业教育系统一直沿袭的"学徒制"[①]。在"学徒制"下，选择职业教育的16岁学生必须当3~4年的学徒。在此期间，一半时间在工厂"做工"，另一半时间返校学习理论。工会在450个行业里也强制规定：劳工必须通过学徒制才能被公司聘用（德国蓝领工人平均每小时的薪资也远高于英、法、美、日等国）。VisionTool，是一家不到30人的小企业，主营演出设备租赁、销售和发行。老板斯蒂芬·史路特从学徒做起，白手起家，已经成功创立了两家企业。在金融风暴期间，演出市场萧条，VisionTool受到了巨大的影响。但在最困难的2009年，史路特不但没有裁员，也没有降薪。那一年整个公司的人赚得都没有少，只有他的收入下降了。但他并不后悔："让员工走，你会损失很多经验。"因为对"know-how"的重视，"忠诚"成为德国企业主对员工最期待的品质。位于柏林市中心的KPM陶瓷厂由腓特烈大帝命名，已有250年的历史。在现代化厂房里，工匠们仍通过手工打造每一件产品。他们所生产的每一件瓷器都价值不菲，且至少要经过9道制作程序。只要一环出错，就要从头来过。所以，每个工匠都要从学徒开始，没有5年以上的经验是无法直接在产品线上工作的。

　　A.O.史密斯公司在品质逆熵建设中，提炼出高品质员工五大特征要素，即关注、速度、可靠、准确、能力。公司针对每个特征要素，制定具体考核标准，进行严考核、硬兑现。比如作为服务部门，主动询问被服务部门需要的频率就是一项指标。通过量化指标转化成为直观的分数，人力资源部门的奖金评价体系里有15%~20%权重与这一分数有关。这些具体的衡量标准及考核，成为提升员工品质和提高客户品牌认同度、满意度、忠诚度的法宝。

2. 重质：品质赢得忠诚

　　虽然企业的"人品"非常重要，品牌知名度和品牌印象非常重要，但消费者还会看具体的产品品质，通过具体的产品品质形成对企业"人品"和企

---

① 杨佩昌、曹可臻：《向德国企业学什么》，共识网，2012年4月3日。

业品质的最终评判。消费者会因为对品牌核心价值的认同，而产生对品牌的美好联想，对品牌有了忠诚度。

可口可乐秘方价值达790亿美元，难怪可口可乐公司总裁敢说出"如果可口可乐工厂被火烧掉，明天世界上的银行就会上门来"的狂言。这种风靡世界的饮料，经历了100多年，仍然屹立不倒，根本在于其品牌的品质。2017年生效的"瑞士性"立法，无疑是"瑞士制造"的一大资产与武器。在表业等诸多产业享有"瑞士溢价"的现实，鼓励瑞士更新了对产地标示的法规。在工业产品范畴，新法规定6成生产成本必须位于瑞士境内，产品不可或缺的制程元素也须发生于本国，方符合标注"瑞士制造"的最低标准。在高端市场享有翻倍溢价的瑞士表业也乐见产品获得更具体、严谨的保障。瑞士钟表工业联合会主席帕绪强调，他们致力于打击全球的瑞士伪表，捍卫及推广"瑞士制造"的承诺。帕绪指出，瑞士表业最大的优势在于持续性的质量保证，这或可视为一种集体性的品牌。在长期对质量的坚持下，建立了这样的品牌声誉，现在可以依赖它，但也必须持续投资以确保质量与声誉。这是一个永不终止的过程。

玛氏公司是全球最大的食品生产商之一，拥有众多世界知名的品牌。在公司里，前老板弗瑞斯特·玛氏素以对员工要求严格，以及对品质要求近乎完美闻名。整个玛氏公司的营运都围绕着一个中心思想，即品质，因为他们认为品质来自"毫不懈怠地重视生产过程中的每个细节"。玛氏公司对于原料的品质非常重视，它甚至成立一个部门（信息服务部）监测每一种农作物的收成情形，不管是可可还是花生，并提供公司有关长期供应战略的建议。玛氏公司甚至租借卫星以监控气候状态，并聘请最顶尖的统计学家，计算气候对农产品的影响。这些都是为了维持玛氏公司产品的品质，并让公司与消费者双方都获益。"顾客就是我们的老板，品质是我们该做的事，而物超所值的产品则是我们的目标。"玛氏公司认为，品质控制对于公司而言非常重要，"品质，就是代表我们向顾客做出的保证，我们的牌子不会让他们失望——不管购买几次，绝不会让顾客失望"。

（二）品质的承诺带来品牌价值

品牌逆熵的力量主要体现在以下两个方面。

1.品牌效应：溢价

英特尔前总裁格罗夫曾说过："整个世界将会展开争夺'眼球'的战役，谁能吸引更多的注意力，谁就能成为21世纪的主宰。"吸引不了注意力的产品将经不起市场的惊涛骇浪，注定要在竞争中败下阵来。调查显示，在一个系统里，头部（Top）品牌吸引的注意力约占40%，第二名是20%，第三名是7%~10%，其他所有人共分其余的30%。头部会带来很多的关注和个人品牌影响力，这些都会提高品牌的溢价，带给品牌更高的收益。一旦品牌成为某个系统的头部，系统就开始产生正回馈——微小的优势会带来更多名声，名声给品牌更多机会、更高收益。这又让企业可以投入更多资源，继续扩大优势，最后结果是头部的品牌获得最高的增长率。当然，仅仅高品质还不够，品牌还需要在高品质基石上的强宣传。为了达到高价售卖的效果，大品牌公司往往会给产品添加许多额外成本——大多数品牌的宣传、销售费用已占到产品价格的40%。而这种强宣传往往注入了文化的要素。通过品牌人们看到，正是品质的认同推动了品牌的全球溢价。品质逆熵的经济追求，是保持和增强品牌溢价能力。这种品牌溢价既是企业竞争力和发展能力的体现，同样对员工的就业和薪资具有决定性意义。曾经有一些西方学者在对欧美具有强劲品牌溢价能力的品牌商品考察后发现，其之所以能够保持和持续增强品牌溢价能力，不仅取决于过硬的商品质量、得力的广告宣传、广泛的市场占有等因素，同时，品牌商品中特殊的品质价值取向，更是其品牌溢价的重要因素。因为当品牌竞争在质量、价格、售前售后及跟踪服务等物质因素上费尽心血，且很难再有很大的突破时，一种非物质因素"文化"便被引入品牌竞争之中。而当商品一旦被注入了文化因素后，其身价就不仅仅是物质因素的总和了，其商品的附加值随之大大增加。它们的竞争渗入文化因素后，则是一种高层次的，非一般意义上的竞争。因此，品质逆熵可以将精神财富转化为物质财富，为企业带来超额利润，这就是文化的品牌溢价。

德国产品是高品质、同时也是高价格。高价格包含品牌的品质溢价。德国企业全力做到坚持高品质和高价格战略不动摇。要做到这点其实并不容易，因为，即使产品质量很好，但很多买家往往对品牌的高品质溢价望而却步，但德国企业仍然坚持高品质和高价格。德国博世公司生产汽车零配件和汽车维修工具，如电钻等。但质量太高就意味着汽车的零配件和维修工具不容易更换。博世公司生产的电钻头，可能一根钻头能用很长时间，而其他公司生产的钻头很快就坏掉。产品太经久耐用对博世公司来说反而不是什么好事，这家公司因而在一段时期陷入经营困难的境地。出路要么是降低质量，让汽车购买者经常换零件；要么是降低价格，让人更愿意更换产品。这时候，董事会对公司战略进行讨论。讨论的结果，也是公司的决定：既不降低质量，也不降低价格，而是寻找新的市场。这个市场就是美国。博世公司把重心放到美国，很快就起死回生，重新焕发生机。之后，中国汽车市场发展起来，博世公司就有了更大的市场空间。与其他个人电脑与智能手机制造商相比，美国苹果公司长期以来一直对其设备收取溢价。其富裕的消费群已表明，即便三星等竞争对手能够声称将领先一步引进某些技术突破，他们也准备为更时髦的设计与更简单的使用方式而出高价。苹果公司之所以敢于测试，甚至挑战消费者对更高价格的容忍度，正是其对产品品质的自信。

全球市场调查机构凯度发布2019年百大品牌报告显示，美国零售龙头亚马逊超越科技公司苹果和谷歌，成为全球品牌价值最高的企业。亚马逊的品牌价值飙升52%，达到3150亿美元。凯度在新闻稿中提到，这家位于西雅图、由贝佐斯在1994年于车库创立的零售巨头亚马逊，利用关键收购策略、卓越的客户服务和颠覆性的商业操作模式，取得名列榜首的成就。这些名列前茅的品牌采用"颠覆性"的品质经营商业模式，击败各自领域的竞争对手。

2. 品牌力量：磁吸

管理大师德鲁克指出，企业唯一的目的是创造顾客。品牌资产的核心价值是品质，它有利于消费者识别和记住品牌的利益和个性，获得消费者认同、喜欢乃至爱戴。对消费者而言，品牌的价值观念、利益属性、情感属性等可以创造消费感知，丰富消费联想，激发他们的消费欲望，使他们产生购买动机。品牌所代表的综合性功能属性会对广大消费者产生磁场作用，使品牌像磁石一样吸引消费者，从而有效地提高消费者对品牌的忠诚度。同时，其他品牌的使用者也有可能被吸引过来，成为该品牌的追随者。

品质逆熵关注品牌与公共大众价值的最大公约数，体现时代特征，成功与消费者建立起高品质的价值联系。品质逆熵所倡导的价值观、审美观、消费观，可以对消费者起到引导作用。品牌本身所凝练的价值观念、生活态度、审美情趣、个性修养、时尚品位、情感诉求等精神象征，能够把消费者引导到和自己的主张一致的轨道上，从而提高消费者对品牌的追随度。行为科学的代表人物梅奥·罗特利斯伯格提出"社会人"的概念，认为人除了追求物质之外，还有与公共大众相联系的各方面需求。品质逆熵追求的是，使企业的产品与服务能够让消费者在享用商品所带来的物质利益时，还能有一种文化与精神上的非物质意义的满足，从而发挥磁吸消费者的作用。同样是名车，宝马是"驾驶的乐趣"，沃尔沃定位于"安全"。因为有了自己清晰的核心价值与个性，这些金字招牌各自拥立了自己的固定消费群，在各自的区隔内占据最高的份额。

品牌的品质逆熵也是一种成本机制。首先，凸显品质的品牌可降低企业的营销成本；其次，可降低消费者的选择成本；最后，可降低公共大众的监督成本。

二、内圣承接外王

品质逆熵关乎企业兴盛，全球知名企业无不重视品质逆熵，并有许多有益的探索和鲜活的成功范例令人深思和赞叹。可口可乐，作为全球并成功的品牌之一，其成功所在，是为消费者提供了一个有丰富内涵的品牌，而不是冷冰冰的产品；它的过人之处是把美国人的精神、美国人的生活方式化为品牌内涵，通过长期不懈的演绎，与时俱进的整合传播，渗透全球，长盛不衰。有观点认为，可口可乐的成功是把品牌变成了人们品质生活中的一部分。

审视成功的强盛企业，其品质逆熵在内、外两个领域都有建树。

（一）以工匠精神铸就品质内圣

所谓的内圣是根据品牌的品质要求，对全体成员从认识上进行高度一致协同的教育培训，并通过各种传播途径，使各个经营环节与品牌协同，做到"身心一致"，持续提高企业品质。而"身心一致"的最佳境界是工匠精神。工匠精神是赢得市场信赖的利器。"工匠精神"的核心要义是：不仅仅把工作当作赚钱的工具，而是树立一种对工作执着、对所做的事情和生产的产品精益求精、精雕细琢的精神。

其一，虔诚。以工匠大师的虔诚去深耕创效厚土。在日本，家族手工业和制造业的数量非常庞大，据《老店企业研究》统计，在10万多家百年以上的日本老店中，约有45000家是从事制造的。即使古代"士农工商"的身份识别制度非常严格，手工业和制造业却依然能够家族式地传承下去。这是基于日本人对"工匠达人"的喜爱与尊敬。工匠精神体现职业素养的境界，饱含使命的神圣与虔诚。作为企业文明进步的恒久标尺，工匠精神是处于激烈市场竞争中的企业奋力前行的精神源泉、品牌资本和企业发展的道德指引。

其二，匠心。企业需要全员以工匠大师的匠心去精细工作。"工匠"在日语中被称为Takumi，从词义上来看被赋予了更多精神层面的含义。在日本，许多行业都存在一批对自己的工作有着近乎神经质般追求的匠人。他们对自己的出品几近苛刻，对自己的手艺充满骄傲甚至自负，对自己的工作从无厌倦并永远追求尽善尽美。日本经济学家野村认为，植根于日本文化中的对工匠达人的崇尚精神才是造就日本奇迹的主要原因。对技艺精益求精、孜孜不倦的追求，也是支撑整个日本制造业傲立于世界的重要原因。工匠精神是工匠大师的价值取向和行为表现。工匠大师喜欢不断雕琢自己的产品，不断改善自己的工艺，享受着产品在双手中升华的过程。工匠大师追求完美和极致，对精品有着执着的坚持和追求。日本的树研工业1998年已生产出世界第一的十万分之一克的齿轮。为了完成这种齿轮的量产，他们消耗了整整6年时间；2002年树研工业又批量生产出重量为百万分之一克的超小齿轮，这种世界上最小最轻的有5个小齿、直径0.147毫米、宽0.08毫米的齿轮被昵称为"粉末齿轮"。自从第一部相机诞生至今，称得上著名品牌的并不少，但笼罩在工匠精神光环下的却并不多。德国徕卡相机就是其中之一。一个世纪不变的造型、极简单的功能与绝不妥协的工艺使徕卡相机深入人心。今天，德国人的严谨、精益求精以及实用主义同样成就了工匠精神最根本的内涵。如今，高度发达的工业化革命取代了小作坊生产，但德国的工匠精神仍矢志不渝。专注、坚持、精准、务实的工匠精神，成就了众多的德国企业，使诸多百年品牌历经风雨后，依然焕发出强大的生命力与品牌魅力。

其三，圣德。在日本，荣誉代表着自身的地位和影响力。这种文化根深蒂固，成为工匠精神之花盛开的肥沃土壤。日本匠人将个人的品质和产品的质量视为自己的自尊、荣誉。日本企业中的顶级工匠，除了技术过硬，还要有德，德是一贯交付质量和口碑、影响力，以及企业对瑕疵的态度及获得周边认同程度。而且日本这种匠心之德还会代代相传。日本的师徒制是终生的，师傅会像老师看待学生那样，把徒弟当成自己的产品看待，十分重视产品的质量。如果徒弟德行有亏，师傅会觉得自己失职、失德、失败。

美国的摩托罗拉公司十分重视强化员工队伍的品质建设。被摩托罗拉奉为"宗旨"的两条行为准则就体现了非常高的品质道德要求："保持高尚的操守，对人永远地尊重"。在摩托罗拉，遵守职业及商业道德是工作标准中最基本的一条，再好的一个领导，再好的一个经理，再好的一个员工，不遵守职业及商业道德，也是不合格的。摩托罗拉每年都会对员工进行职业及商业道德培训。公司创始人保尔·高尔文从来不把利润放在公司最重要的位置上，在1930年的大危机中，多数公司都在虚报财务指标与产品利润，保尔·高尔文却对他的财务人员说"告诉公众真相"[1]。1999年，摩托罗拉开发出了一套"个人承诺"系统，来代替原来的个人发展计划系统。这一系统要求员工在每年年初要明确自己的目标、工作中的合作者以及职责要求，然后在每个季度列出检查点进行对照检查，最后年底进行总结。波音公司把"在品质、获利及成长方面成为业内的佼佼者，绝无例外"作为企业的长期使命，生产安全可靠的高品质产品。波音公司在评估及留任管理人员上强调以下特质：具有极佳工作表现，并展现最高的道德水准；对于波音公司，以及波音的原则、成功条件与目标具有认同感，愿为其尽心尽力；率先进行以顾客满意度为重点的"持续提升品质行动"；以公平、信赖与尊重对待他人；去除障碍，促进集体精神，协助员工提升工作表现。

这些都是对"内圣"的很好诠释。

（二）外王必须始终以客户为圣

任何一个产品或品牌，都有两个最核心的价值——功能（给自己用）和社交（给别人看）。用户感知价值=功能价值+情感价值+社交价值。今天，很多产品在"产品功能"领域取得创新的难度已越来越大，于是"品牌社交"文化价值的强化，则成为品牌新的价值增加取向。面对成百上千的品牌，消费者是健忘的。因此，只有始终坚持以客户为"圣"，时刻与消费者保持互动，主动强化联系，才能更好地提高用户转化率。品牌被业内人士称为最稳定的流量池。品牌即符号，好的符号能够刺激人的感知系统，让人产生强烈的关联印象。20年前，品牌的需求更多地集中在设计和策划层面。随着互联网的发展和信息的碎片化，几乎价值链的每一个环节都是品牌塑造的一部分，一个成功的品牌越来越需要整体思考，需要所有环节的协调努力。互联网时代，市场的"断头路"被打通，原先消费者与零售商、媒体之间的壁垒被打破。而数字化对品牌的展示也起着非常关键的影响。第一，信息传递路径的缩短以及渠道所属权的迁移。第二，消费者决策流程的缩短以及购买方式的简易化。许多企业纷纷打造并充分利用数字化优势，以构筑自己的品牌

---

[1] 姜汝祥：《如何管理高速发展的公司——波导与摩托罗拉的差距》，《经济观察报》，2003年11月2日。

体验。人们看到：外王，一直是成功企业品质逆熵的主要着力点。一方面重在策划，另一方面通过各种媒体或载体，借助各种软性的传播方式进行长期的潜在渗透。围绕品质核心进行传播，重点在于建立一种氛围，让顾客潜移默化地接受这种文化的感染，甚至创造一种洗脑式传播，多次反复，潜在无意识地传播，形成"润物细无声"传播新境界。

应该看到，品牌战略虽由企业组织实施，但最终由消费者需求来决定，即：不是生产主导而是消费主导。也就是必须让消费者认同企业的品质，才能让消费者产生购买行动。外王，正是通过对品牌核心价值的不断演绎，加上时间的积累，让品牌的价值观沉积在忠诚消费者的脑海里，以品牌为荣，并自发地购买该品牌。

所以，品牌的核心价值一旦确定，企业就应该以滴水穿石的定力，将品牌背后的品质提升坚持下去。企业的一切营销传播活动都应该围绕品牌核心价值（品质）去演绎，让品牌的每一次营销活动，每一分广告费都为品牌做加法。可口可乐演绎"乐观向上"百年未变；万宝路诠释"阳刚、豪迈"已达50年；力士表现"高贵美丽"也逾70年……宝洁公司创于1837年，总部位于美国俄亥俄州辛辛那提市，是全世界最大的日用消费品公司之一，是财富500强中第十大最受赞誉的公司。是它，创造了工业时代一个成功的品牌案例——象牙香皂。一块香皂持续经营了132年，这是"难以理解"的事实。1878年，清光绪年间，中国刚刚开始兴办邮政，发行的第一套邮票——"大龙邮票"已存世极少；而同年诞生的象牙香皂，至今还在欧美的超市以低廉的价格走进千家万户，被更广泛的人群所接受。它打出的第一个全国性的广告，时间是1879年[1]。广告和品牌之所以在那个时间点出现，是基于铁路网的大流通，使全国性的市场成为现实。而全国市场一旦建立，销售规模呈几何级数放大，非现代化的流水线生产不能满足。因为商品要超出一个地方性的销售区域，传统的信用背书鞭长莫及，品牌变得更加重要。

中国虽然已成为世界第二大经济体，但经济发展的水平、质量和效益与发达国家仍有差距，特别是品牌建设与经济体量不匹配。中国经济转型的核心其实就是"三个转变"，即由中国制造向中国创造转变、由中国速度向中国质量转变、由中国产品向中国品牌转变。其背后无不体现品质之精髓。

以此为标准，中国企业品质逆熵建设依然任重道远。

---

① 刘彦：《宝洁公司最耀眼的品牌—"象牙香皂"》，总裁网，2010年11月1日。

第九章　维新逆熵

如果试图改变一些东西，首先应该接受许多东西[①]。

创新是判断企业家的唯一标准[②]。

你要准备自己身上的一切都发生变化，反复地发生变化[③]。

由熵运决定，企业的生命价值注定会表现在其维新（变革、创新）的能力上。维新的能力就是企业维护变革创新的能力，尤其是变革创新的孵化能力。在熵增急剧增长、法人急需变革创新的关键时期，维新是企业等法人组织能否延续生命价值的关键负熵因子。无论外部的熵增，还是内部的熵增，都需要法人具有内在的维新逆熵能力，克服生存与发展危机。

喜新厌旧是市场的残酷定律，如时间更替一样无法改变。这也是人类经济文明发展的魅力所在。维新逆熵是企业逆熵要素中最具周期性特点的元素。一是因为法人由衰而盛、由盛而衰，是常见的普遍现象，其中有外部的原因，也有内部的原因。二是变革创新需要一个过程，同时也具有周期性，从酝酿到成果，再变旧，被新的变革创新超越。

[①]　法国哲学家让－保罗·萨特所持观点。未来知识库：《十四位哲学家的人生忠告》，搜狐网，2020年11月3日。

[②]　美国经济学家约瑟夫·熊彼特所持观点。梅松：《没有持续的创新 就会不进则退》，人民论坛网，2017年5月2日。

[③]　美国学者比尔·布莱森所持的观点。严维明等：《万物简史》，比尔·布莱森译者，接力出版社2005年版。

　　在人类近现代经济文明的发展史上，无论是优秀企业、先进国家的实践，还是变革创新的理论及所显示的力量均证明，变革创新对熵运改变的重大意义已毋庸置疑。比如前面一再提及的美国GE公司，一句"得以生存的不是最强大或最聪明的物种，而是最善应变的物种"的达尔文这段话，给了GE，更给了韦尔奇很大的启发。韦尔奇也在他的自传中告诫管理者们，他一直认为，当一个机构内部的改进低于外部变化的速率时，离公司关门的时候就不远了。GE意识到，公司不能靠大，而要靠变。面对激烈的市场竞争，"只有变革不会改变"。成功企业的领导者，应该是"掌握变局的赢家"。与韦尔奇理念相通的企业家很多，1993年的李健熙以"除了妻儿，一切皆变"为理念开始了10年的改革之路和铸造品牌之路，10年后的三星成为具有108亿美元的全球电子行业第一品牌。日本史诗般的产业转型变革，更给人启发，也是以变革提升企业乃至产业维新力的典型案例。其理念之超前，足以使日本在后疫情时代的维新竞争中处于更为有利的地位，至少在亚洲已无人能与其比肩。

　　从全球看，变革创新决定世界能否走出工业文明基础上的全球化怪圈。这一怪圈意味着，在没有进一步的变革创新情况下，全球化对各国经济发展的红利已趋消失殆尽，给零和游戏及摩擦选择提供了可能，甚至面临冷战与热战的风险。

　　10多年前，美国的次贷危机重创全球经济，没有任何一国和地区能够独善其身。美国次贷危机引发的金融危机、实体经济危机是"重创"直接诱因，但其深层次原因是带动此轮经济繁荣的主导技术及产业群创新停滞或衰竭。尽管全球性经济危机的危害显而易见，但其也蕴含着影响至远的积极意义，为所有国家、所有企业发出了必须变革、创新的强烈信号，也提供了实现发展方式根本性转变的难得机遇。在应对金融危机与经济危机中，世界各国尤其是各大企业纷纷采取更加积极的变革创新举措，加大重组、投资策略调整力度与科技、管理创新力度，使全球经济下滑趋势得到有效遏制，并形成新一轮变革创新冲击波。由此可以证明，变革创新对人类发展的意义十分重要。维新逆熵之道，是变革创新之道，更是维护孵化变革创新之道。

　　人有悲欢离合，月有阴晴圆缺。无论是法人还是自然人，皆是如此。整体的生死存亡或阶段性的兴盛与衰败交织，都是生命体的客观规律，也是熵增定律，没有谁能够违反。但是，作为法人，通过变革创新，完全可以使其从阶段性衰败困境中走出，迈向兴盛，重新焕发生机。

第一节　变革创新要件

作为维新逆熵内涵的变革创新，本身有其必须遵循的客观规律。比如科学研究与技术创新，就具有其独特的系统性、逻辑性，而且需要必备的客观条件。

康熙年间，中国也有不少技术精湛、技艺超群的武器制造商，其中，比较有名的就是戴梓。据说，他对于枪支等武器的理解完全不输于西方的武器商人。戴梓曾经为了解决装弹问题，发明了所谓的连珠火铳，这种新式武器杀伤力极大，而且缩短了弹药的填发时间，据史料记载可连发28枪，好比当今的机关枪。而如此杰出的人才，却在康熙的默许之下被驱逐至塞北，直至1726年去世，"机关枪"当然也无疾而终。

万尼瓦尔·布什在《科学：无尽的前沿》的报告中就提出了"科学、技术和工程概念体系"说。在这份报告中，万尼瓦尔·布什提出了基础研究、应用研究、工程学相互区隔、前后引致的线性创新模式，并认为应该采取差异化的支持政策。1945年发布的这份报告奠定了"二战"后美国科技政策的基石，产生了"永恒的、抽象的"影响。随着时间的推移和实践的深入，越来越多的人认识到，人为把科学、技术、工程相互割裂的思想反而制约了创新的发展。一些学者从不同的方面对布什的理论提出异议。1997年，托克斯提出了著名的巴斯德象限，指出在纯基础研究（波尔象限）和应用研究（爱迪生象限）之外，还有一个由解决应用问题产生的基础研究，可以称为"巴斯德象限"。巴斯德象限的基础研究不仅可以产生新的知识，还能提升人类改造世界的能力。2016年，哈佛大学教授文卡希·那拉亚那穆提，进一步批评线性模型，提出了发明—发现循环模型，认为基础研究（发现）和应用研究（发明）是一个相互关联的整体，它们之间的关系是循环往复的。这一模型更好阐述了科学（发现）与技术（发明）的内在关系，也更符合科技创新的实际。由此而言，一个不能忽视的极其重要的问题是，变革创新，包括科学技术研究及发明创造，需要依存于非常苛刻的主客观条件及其环境。实践与理论一再证明，在变革创新的诸多客观条件中，至少有两大要件不可或缺。这是变革创新规律使然。

一、竞争驱动

垄断不可能有变革创新，至少不会有主动的变革创新。只有在垄断地位面临空前威胁和生存面临空前危机，法人才会被动地变革创新。企业这样，法人也这样。竞争是法人变革创新的不变法则，因为只有竞争才会带来危机感，才会优胜劣汰。竞争不仅会带来生存的危机感，更会带来发展的危机感。竞争面临的威胁，不仅是生命，还有生命价值的质量。

优秀的企业、强盛的国家及其他杰出的法人何以主动变革创新？从现代经济文明，尤其是市场经济的视野看，就是两个字：竞争。在竞争的环境下，优秀的企业都是高维新力的企业，也是靠主动变革创新提升维新力的企业。同样，优秀的国家也都是高维新力的国家，是靠主动变革创新提升维新力的国家。不仅是企业、国家，政党也好、政府也好，其他社团组织也好，只要是法人，都是如此。

从内部看，变革创新，体现的是法人的生命意志，即生存发展意志；同时也是法人的价值意志，即价值成长意志。二者体现的是出于法人的本能。在无外部因素的影响下，这种本能完全由熵决定，其边际效应较为强烈。尤其是在时间和规模两个维度的交叉作用下，熵增会加速，集中体现在官僚主义盛行，变革创新意愿匮乏，把握熵运的能力急速下降，维新难度加大。这时，特别需要外部的冲击，以唤醒企业的生存发展本能，激发企业生命价值意志。这就是人们所强调的外部竞争法则。从外部看，法人的变革创新，即使是维新者的主动选择，也无不体现出外部竞争环境使然这一法则。这从一个侧面看出，这是为什么垄断性企业不靠垄断就难以持久生存。因为竞争是驱动企业变革创新的法则，也是市场的法则。没有竞争，就没有市场，或不利于市场的生存。所以，企业的生存意志必须服从于市场的生存意志。市场意志也是人类现代经济文明的生存意志、发展意志。从国外发达国家市场借政府之手对垄断企业进行强制拆分看，在某种意义上讲，这种拆分正是市场对企业组织形态的强制性变革创新。因而，从外部竞争的法则看，任何法人都不能长期处于垄断性地位，变革创新才是法人的必然选择。

（一）世界经济体系内国家地位竞争驱动

从整体来看，尽管人类经历了多个世界体系，但只有16世纪西欧兴起的以资本为核心的世界经济体才是真正意义上的世界体系，这才是500年经济文明发展历史的现代世界体系。2020年暴发的新型冠状病毒肺炎疫情为人类发展注入了巨大的熵增因素，全球将发生前所未有之大变局。谁能够在未来世界体系中占有更重要的地位，肩负更大的责任，取决于各国不同的变革创新能力，以及变革创新孵化的能力。根据美国明尼苏达大学经济学家卡霍和纽约大学经济学家鲁尔的研究，迄今为止只有韩国和新加坡成功地跻身发达国家之列，其他追赶国家大都困在所谓的"墨西哥式第二阶段"。卡霍和鲁尔警告：若不继续改革，中国的增长可能会大幅减速，从而可能困在一个比墨西哥还不如的位置。

在全球以国家为单元发展的现实中，世界体系地位的竞争无疑是保持人类经济文明可持续发展的一条极其重要的法则。这一法则是人类熵运使然，它决定着一个国家的生命价值。新型冠状病毒肺炎疫情，对任何国家都是极为重大的熵增因素。由竞争法则所决定，此次疫情无疑是又一轮变革创新的"催生婆"，也是世界经济体系内国家地位竞争新的起点、新的机缘。尤其是那些"雄心勃勃"想"弯道超车"的国家，在国际竞争的刺激下，会采取各种措施进行维新，以抢占世界经济体系中更为有利的地位。此次竞争无疑也伴随巨大的战争风险，需要靠全世界各国政府层面政治从业者的智慧与勇气予以避免。

从亟须进一步变革创新的中国看，变革创新决定中国的崛起。今天，国外不少学者之所以看好中国，就是看到当代的中国，变革创新已成为时代选择。但是，对此也要保持充分的清醒意识。据媒体披露，著名企业家马某曾表示，中国的创新其实都只是"应用上的创新"；根本上的发明，例如网络、智能型手机都不是中国发明的，芯片技术上还落后20年。马某举例：一个马斯克，一个乔布斯、一个拉里·佩吉，一个牛顿，一个爱因斯坦，这样的一个人，就能影响一个或多个时代，中国近代以来，几乎一个都没有。马某认为，"真正底层（指基础科学与基础科技）的东西我们并没有创新"。马某指出，没有基础科学和科技，再多的应用创新，到最后还是要受制于人。显然，如果没有深层次的变革创新，中国距离实质上的崛起还十分遥远，也很难经受住全球时代变迁的考验。

因而，就目前中国的维新能力（包括变革创新孵化）看，仍然不容许过分乐观，尤其是变革创新的能力，仍然难以支撑某些国际人士所忽悠的谋求更高地位需求的雄心。因为，至少与东亚邻国日本相比，在变革创新能力和成果上，差距并没有在缩小，而是在扩大。这不是给那些自我膨胀者泼冷水，而只是陈述事实。那些自我膨胀者应该记住，一个国家的强大并不完全取决于GDP，而取决于其变革创新的能力，尤其是变革创新孵化的能力。清王朝被日本彻底打败的时候，其GDP远远高于日本国。其之所以惨败，可能是败在变革创新能力、变革创新孵化能力极其低下，与生机勃勃的日本国已远远不在一个数量级。

当代，日本产业界新一轮的转型变革是从2011年开始的。以此年为起始，是因为日本有一家电气公司叫NEC，日本人叫"日本电气公司"。20世纪80年代，中国的四通打印机是一个伟大的革命，使具有上千年从铅字印刷历史的中国开始进入电子打字的时代。这项技术，就是NEC公司提供的。NEC是日本第一台电脑的生产厂商、第一颗人造卫星制造公司。日本认为包括电视机在内的白色家电已经是一个产业包袱，或者说是产业垃圾，中韩等一些国家都已经做得很好了，没有必要再维持这一产业。必须把这个"垃圾"产业扔掉，使日本企业轻装上阵，再去开拓新的产业。这是日本电子产业新的发展理念。2011年，在家家户户还在购买电脑的时候，NEC公司突然决定抛弃电脑事业。这震惊了日本，因为NEC公司是日本电脑的鼻祖。这真是一个大胆而超前的成功产业转移。8年后，人们才发现电脑产业已经是夕阳产业。当时NEC要把电脑产业抛弃的时候，足足卖了一个好价钱。到后来索尼公司、东芝公司、富士通公司要把电脑产业卖给人家的时候，就再也没有人接盘了。NEC抛售电脑，这就是日本制造产业的杰出人士的远见卓识。NEC公司很早就认识到，传统的电脑最终要被淘汰。而NEC公司却兴起了产业的转型革命——NEC公司在干什么呢？现在日本大部分的全自动驾驶汽车的系统就是NEC公司研发的。抛弃了电脑产业以后，NEC并没有扔掉自己的半导体技术，而是继续研发尖端的半导体技术。从中，人们还看到日本产业的革命并不是政府引导的，而是企业的一种自我革命，是一种自我创新。说到底，是维新使命使然。索尼公司把电脑产业卖掉，电视机也做得很少，其高利润从何而来？是它不做壳，改做内件了。比如，它的传感器已经占到全球份额的70%。日本转型成功的企业还有很多。尽管如此，日本仍然没有逃脱新冠病毒肺炎疫情的重创。日本不能仅仅依靠产业的变革创新来提升国家的变革创新能力，其国家政治、社会、人文等仍然面临全面变革创新的艰巨任务。日本国如此，何况中国乎！但是，日本企业维新逆熵的表现依然不仅令人震惊，而且令人敬佩。1981年，软银集团是由孙正义在日本创立并于1994年在日本上市，是一家综合性的风险投资公司。媒体介绍，软银这几年悄悄地干了一件大事，就是将全世界主要的AI技术公司，以出资或者收购的手段纳入自己的旗下，成为全世界拥有AI技术最多的一家公司。软银控制了这些技术后，孙正义找到丰田汽车公司的社长丰田章男。两家联合做全自动驾驶、多功能用途汽车，并已在美国家电展上展出丰田概念车。软银公司和丰田公司，第一不缺钱，第二不缺技术，第三不缺智慧，两家企业巨头开始打造世界上第一个AI（人工智能）社区。但是，日本人觉得技术应用虽然重要，但基础研究更重要。所以，日本科研经费的55%用于基础研究。正因为有扎实的基础研究，才会有诺贝尔奖获奖的荣耀。丰田的氢能源技术从1992年开始研究，到2014年才开始应用。在中国，还很少有一家民营企业愿意花20多年的时间去研究一项技术。而日本的企业做到了，他们有这个耐心，也愿意花这份钱。人们最终看清，20年，日本经济并没有衰退，它是把大量资金投入到了新兴产业，比如人工智能、生物制药等前沿产业：一台苹果手机，37%的零部件是日本制造的，而且都是核心零部件。美国最新型的波音787客机，35%的核心技术是日本企业提供的，所以有人说波音787客机名义上是美国的客机，其实是一架准日本客机。

创新是美国企业精神的核心，在美国商界有这样一句话："要么创新，要么灭亡"。至少在过去的50年中，美国无疑是世界技术创新的领袖。可以说，美国之所以能够在西方国家鹤立鸡群，与其独特的维新逆熵理念、维新逆熵之道，尤其是变革创新孵化的环境与能力不无关系。托克维尔在比较了北美这块大陆上的三个国家即加拿大、美国、墨西哥的情况后，得出了一个颇有意思的结论：差异来自三个地域上的人的分别，尽管三个地域上的定居者最初都来自欧洲，可加拿大、墨西哥建立起了紧密和稳定的公共大众生活形态，人们居住得非常集中。在美国的定居者和移民尽管保留着欧洲的传统和习俗，但却住得比较松散，大都不安于现状，在不断地变革，总是在旧的文明之上创立新概念和新的边界。美国企业大都是热衷创新的企业。美国玛氏公司是一家由私人家族弗兰克·马斯（弗瑞斯特·玛氏）于1911年创立的跨国公司，其发展历史有两大主轴：其一是创新，其二是将成功的创新经验推广到世界各地。这两个主轴确立了该公司经营的本质，一直到今天。

（二）市场经济体系内企业价值竞争驱动

变革对组织来说非常重要，而创新对企业更为重要。创新是企业可持续发展的保证，是维新逆熵的法宝。如摩托罗拉、西门子、杜邦等，均是通过不断自主创新才成为激烈竞争市场中的价值成长赢家。

1. 以小博大、以弱胜强的秘密所在：靠创新印证竞争法则

在市场的竞争历史长河中不断演绎，而且在未来的市场竞争中会继续演绎小公司打败大公司的传奇。有人也曾提出这样的疑问，为什么往往是创新的小公司能够把传统大公司打败？其原因很简单，主要是大企业的维新力已经变得越来越弱，惧新、畏新，求稳怕乱，成为大公司的心理法则和利益固局。对于新业务，大公司内部往往有阻碍因素，而创新在小公司里面没有阻碍因素，这是两者之间巨大的差异，也是维新能力的差距。陈春花认为，创新不仅是今天市场环境的条件，更重要的是，创新是企业能够成为价值型企业的能力所在。成功的企业都创造性地开辟了新的领域。

当然，创新不一定就会成功，创新企业也会因为创新失败而消亡。进入 2020 年，美国新创公司的日子越发难过，一些明星级的公司也是如此。ZUME 结合工业机器人与自动驾驶，机器人在工厂做披萨面皮，送进具有烧烤设备的外送机器人车，酷炫的烧烤机器人满足客人实时订单，将热腾腾的披萨送货到家。然而这家超级明星新创公司超过一半的员工都打包回家，具有烧烤披萨功能的自动驾驶送货车的研发，也宣告停止。还有共乘租车 Getaround、做 DNA 测试的 23andMe、全自动化货运报关公司 Flexport，以及一长串的新创公司，全数加入了大裁员的行列。中国的新创投资退潮更是触目惊心，共享单车尸横遍野的废弃照片，是中国新创事业坟场的代表作，这些共享单车都有阿里巴巴、腾讯等大咖做靠山，还是照样下台一鞠躬。2018 年前 11 个月，中国新增 7620 家科技新创公司，2019 年仅剩下 1427 家，暴跌 82%，投资的资金，更缩水至原来的 1/10。

但是，不创新或停止创新，则一定会失败、衰败。百视达，其公司的员工曾经超过 6 万名，而在美国开的门店超过 9000 家，遍布美国的每一个小镇。然而就是这样的一个巨头企业，却被自己的"后辈"奈飞打得措手不及。导致百视达竞争失败主要的致命错误，是轻视对手的创新、不重视时代变化。奈飞是影视租赁行业真正的互联网产物。它运用的模式类似于京东，即不开设门店，只设置物流中心，然后用户通过网站订阅的方式租赁影片。百视达没有想到，奈飞硬是凭借当时代理费低廉的印度和意大利等冷门影片打开了市场，并最终撬动了好莱坞影商。安于当时百视达门店遍布美国的现状，丝毫没有察觉自己所做的业务跟快餐行业并不一样，从而错过了最好的创新

转型时机。

没有一家企业是大而不倒的，时代的进步让企业的生存更加残酷，或许是自身存在的一点小毛病，或许是对市场变化的片刻滞后，都有可能将一家企业推下发展的滑坡。由此可见，维新，更准确地说是变革创新，以及变革创新孵化，对任何企业都很重要，那样紧迫。20世纪初，福特的美国汽车业霸主地位之所以被通用汽车公司所取代，一个重要原因，是因为通用汽车敏锐地意识到慢慢富裕起来的消费者，正在追求多元化的产品。为此，通用每年都推出一款新车，并设计出一种新的工业组织体系。而福特原来则坚持一味降价，坚持只生产一种款式的汽车。福特霸主地位的终结表明，那种缺乏创新型的灵活性生产理念，再也不能很好地适应变化着的时代。曾经，通用汽车公司在经济危机冲击下面临新的问题，也一度到了破产边缘。企业界类似福特、通用的例子不胜枚举。

2. 保持强盛、霸业长青的法力所在：以创新赢得竞争优势

波士顿咨询服务公司调查了全球各行业的940名高管，其中有25%的人认为苹果是全球最具创新精神的企业。作为苹果公司的联合创始人，乔布斯曾在1985年被当时外聘的CEO John Sculley扫地出门。那时，他还被很多人认为是一个喜怒无常的微观管理者，他曾经倡导的花哨的创新变革及他所坚持的全面控制，也给公司带来诸多枝节问题。1997年，乔布斯又重新掌管苹果。之后，苹果股价飙升。乔布斯就是偏执创新，苹果公司成绩的取得在于乔布斯将他的旧式战略真正贯彻于新的数字世界之中，采用的是高度聚焦的产品战略、严格的过程控制、突破式的创新和持续的市场营销。媒体介绍，乔布斯真正的秘密武器是他具有一种敏锐的创新感觉和创新能力，能将创新技术转化为普通消费者所渴望的东西。从乔布斯身上，人们会清晰地看到，什么是维新的精神、维新的勇气、维新的执着、维新的能力。乔布斯无愧于伟大的创新型、维新型企业家。

如同西门子的创始人维尔纳·冯·西门子一样，德国企业的创始人大多是科学家或发明家出身，他们对于科学和创新有极大的热情。从一开始，他们追求的就是科学的实际应用，而不仅仅是财富。西门子家族第六代成员娜塔莉·冯·西门子曾说："西门子公司依旧保持着我高曾祖父的性格特征，那就是对于创新的激情。他总是说他对于科学有着绝对的热情，但对于他来说最重要的事情是把科学与实际应用相结合。"德国工商总会执行理事，北

京分会总代表亚历山德拉·沃斯女士认为，德国企业之所以成功，在于他们致力于创造长期的产品差别，专注于创新，而非资本市场。

回眸亚洲，在变革创新方面，做得比较好的应该说还是日本。不仅日本政府早就把变革创新列为其立国之本，而且日本企业无论是管理、制度变革还是技术创新，都做得相对到位。锐意进取的变革创新精神，成为日本企业家精神的优秀品质。依仗维新逆熵的锐意"利器"，日本经济发展势头强劲，取得了举世瞩目的成绩。纵观日本成功的企业，大至世界500强企业小至家庭作坊企业，变革创新观念都深植于这些企业的骨髓里，成为企业发展的维新逆熵基因。富士胶片控股株式会社，早在20世纪80年代中期，就"敏锐地意识到"数字技术的崛起将带来的颠覆性，并开始"采取创新措施"。与其形成鲜明对照的是，美国的伊士曼柯达公司，也是富士的主要竞争对手，却未能坚守住自己在数码摄影方面的最初优势，最终导致其在2012年申请破产保护，使之成为维新能力教科书上的反面教材。富士的成功是因为它没有犯伊士曼柯达公司那样的错误。千禧年到来的时候，市场局势已经非常清楚：人们对传统胶卷的需求注定将在未来10年内消失。那时富士正视了危机。2004年，富士开始"盘点自己科技成果的库存……我们开始研究，我们应该利用技术进入哪些领域来求得生存"。富士在2000年后拓展的所有业务都与其材料科学方面的专长有关，这种专长是该公司在多年的胶片制造中积累的。结果是脱胎换骨的变化。在结束于2001年的那一财年中，富士19%的收入来自胶片。2018年，这一比例降至仅1%。

二、内生意愿

无论是内部意志本能，还是外部竞争驱动，变革创新都是正常法人的必然选择。但能不能选择，能不能实施变革创新，取决于法人中自然人的变革创新意愿。也就是说，法人内部本能法则与外部竞争法则，都要服从于法人所属自然人意愿法则。这种意愿是人智资本效能释放的意愿，没有这种意愿，则不可能有变革创新，也不可能实现维新。所以，意愿法则具有决定性意义。可以说，意愿法则决定变革创新可能性及其能力。任何法人，包括企业，要提升变革创新能力，必须遵循维新逆熵之道，遵从意愿法则。

从创新心理学角度看，人只有在自愿、愿意的心态下，才会自然用脑或更容易用脑。而只有愿意用脑，才有创新的可能。因此，企业只要能够做到让员工自愿投入到工作中，有发自内心地想把工作做好的意愿，也就有了运用他们的智慧和创造力的基础。以创新模式赢得消费者的海底捞火锅，其经营者曾经说过这样的话：创新在海底捞不是刻意推行的，我们只是努力创造让员工愿意工作的环境，结果，创新就不断涌现出来了，没想到这就是创新。后来公司大了，当我们试图把创新用制度进行考核时，真正的创新反而少了。因为创新不是想创就能创出来的，考核创新本身就是假设员工没有创新的能力和欲望，这是不信任的表现。此话不无道理，其充分说明员工意愿是运用他们智慧的基础。

意愿法则告诉人们，变革创新，尤其是创新的存在和作为，需要苛刻的土壤条件，即需要相应的非常严格的主客观条件。而维新逆熵要做的，正是创造这些条件，使包括企业在内的法人组织的维新战略与措施得到持续有效的实施。

创新可分为原创型（尤其是基础科学与基础科技方面的创新）和模仿型或借鉴型（尤其是应用上的创新）两种。后者需要的条件相对简单，无外乎三个因素：安定的国内环境，必要的工业积累，由高层政策重视带来的资源投入。而前者即原创型创新需要的条件却相对严格，甚至相当苛刻，尤其是创新意志的培植更加不易。创新的意志是一种适应域狭窄的娇贵创新种子，需要各种精神条件极其严格的沃土，才能使创新孕育、开花和结果。

截至1932年，德国知识界在全球都是首屈一指的。这个国家赢得了1901年以来1/3的诺贝尔奖。后来，希特勒上台，很快爱因斯坦前往普林斯顿，汉娜·阿伦特到了纽约，贝尔托特·布莱希特去了好莱坞，沃尔特·格罗皮乌斯去了哈佛，不一而足。英国、美国至今仍从德国顶尖知识精英这场大出走中受益。从中人们看到，创新的土壤对创新、对创新型人才的生存与创造是多么重要。同时也不难理解，为什么搞极权专制、个人崇拜、思想控制的希特勒纳粹德国必然失败，而民主、自由、平等的英美国家为什么会赢得最后胜利。有观点认为，长期来看，今天最激动人心的、正在冉冉升起的知识之都，可能正是在希特勒时期失去其知识分子的城市：柏林。德国知识分子逐渐聚集到这座生活成本不高、令人兴奋的、无拘无束的首都，而外国人也开始跟着来到这里。之所以有如此的回归，正是第二次世界大战后民主、自由、平等在德国完全统一后的全面回归。

1876年，就任约翰·霍普金斯大学校长的吉尔曼明确提出："最好的教员是自由的，有竞争能力，并且愿意进行开创性的研究""鼓励研究的目的，不是为了实际的结果，而是为了科学本身发展的缘故"。19世纪末和20世纪初，新兴的大财团对教育和科学研究的兴趣日益增加。例如，1891～1910年，石油大王洛克菲勒向芝加哥大学共捐赠了3500万美元，他除了要求该校坚持思想自由和教师的教学自由外，从不过问自己捐款的去向。在自由宽松的思想和制度环境，以及和资金的保障下，美国人的发明创造精神得到了进一步的发挥。"二战"结束不久，美国就发明了晶体管（1948年），制造了半导体收音机和计算机。1956年，集成电路研制成功。1958～1969年成功地实施了阿波罗登月计划。"二战"后，在西方世界的重大发明项目中，美国占65%。

企业创新也是如此。员工具有持续创造力进行有担当的变革创新，是企业应对不确定性的维新逆熵之道。无论是外界有无压力、挑战，或是企业逆境与顺境，皆能如此行维新之大道。但要件的核心，是企业能够寻找到价值观认同的成员，给予平台与资源，尤其是充分的自由度，以及平等的氛围，激励和帮助员工释放创造力，进行无顾虑的变革创新。要做到这一点，首先要打破原有的"指挥—控制"式的传统领导模式，改变领导者的观念与行为，让领导者充分认识到"领导的责任，在于为他人的成功提供支持"，企业领导者从管理者转向员工伙伴。在维新逆熵实践中，要从强调组织价值转向强调为变革创新者营造自由尤其是平等的企业氛围；变以领导者为中心，为以变革创新主体——员工为中心。

维系宽松宽厚宽容"三宽"之法则事实上，真正有应变力的组织是以一种非常达尔文化方式发展的。公司不断尝试、不断试验、不断犯错。也就是说，它正在培育自己的变异。而这些，必须在宽松、宽厚、宽容的环境中才能实现，这就是"三宽"之法则。

所谓创新，本质是指突破，即突破旧的思维定式，旧的常规戒律。乔布斯最喜欢的商业管理书籍是克莱顿·克里斯滕森所著的《创新者的窘境》。该书可浓缩成一句话：一个严谨、理性和规范经营的企业，会因错失创新机遇而使企业走向衰落。

1. "三宽"宽心：肯定成功，更允许失败

肯定成功更允许失败。变革创新本来既有可能成功，也有可能失败。重大变革创新是无人区的生存法则，没有理论突破，没有大量的技术累积，是不可能产生爆发性创新的。在不确定性的世界面前，更要注重建立鼓励奋斗、少问成功、不责失败的变革创新价值判断标准，构建成长性思维和允许

犯错的氛围，才会结成百花齐放的变革创新之果。不以成败论英雄，从失败中提取成功的因子，总结、肯定、表扬，使探索持续不断，是优秀企业的共同特点。在这些企业看来，对未来的探索本来就没有"失败"这个名词，不完美的英雄，也是英雄。这些企业鼓舞员工不断地献身变革创新，不断地探索变革创新，使"失败"的人才、经验继续留在企业发挥作用。从企业发展看，失败和迭代学习是扰乱型技术的本质。如果不能也不容忍在持续型技术上的失败，则很难接受在扰乱型技术上的失败，同样也就失去了变革创新的勇气和实践。国内外企业生死存亡的历史一再证明，不是靠更好的管理，更勤奋的工作，更少地犯错误，就能避免熵增、避免组织衰败。对创新失败宽容，对创新失败者肯定，正是维新逆熵的关键性要义。

在硅谷，创业、冒险是一种风气。新想法、新产品、新工艺、新市场，从无到有，弃旧从新。他们不满足四平八稳，勇于探索冒险。这使硅谷形成了企业家创业文化和精神。这种文化精神还蕴藏着另一个重要理念——接受失败。在硅谷，创业的失败率很高（60%~70%），能存活10年以上的公司只有10%，10%~20%的公司仅存活3~5年。失败成为硅谷经济运行的组成部分，它淘汰了开创公司开发产品初期不切实际的想法，同时也锤炼了那些从失败中站起来再干的创业者。

2."三宽"宽行：赋予创新以勇气与坦然

韦尔奇认为，一个严格的官僚环境会形成一堵厚重的隐形墙，在太多的时候，使太多的人选择保留自己的评论和意见、隐藏自己的观点和态度，不愿直截了当地交流和争论，更无法将自己的声音、自己的头脑融入组织的事业中。韦尔奇甚至将这种因为严格的官僚环境而形成的组织障碍称作"商业生活中最卑劣的秘密"。他说：这种最卑劣的秘密从根本上扼杀了敏锐的创意、阻挠了快速的行动、妨碍了优秀的人们贡献自己的才华。很难想象在一个让员工噤若寒蝉，不愿开口说话的氛围中，企业还可以最大化地利用他们的智慧。

创新如同盲人摸象，参与其中的每个人因为背景、经历、立场的不同，所看到的问题也仅仅是问题不同的侧面。这时，人们之间进行自由、随意和开放式的交流与沟通，对于问题的建设性解决显然极具促进作用。当然，这种形式的沟通不太可能出现在一个严格的官僚环境中。它需要一种非正式的，至少能够让员工敢于开口说话的氛围作为前提和基础。就像托马斯·彼得斯和罗伯特·沃特曼在《追求卓越》中所说：那些卓越的公司有一个非常显著的特征，明显缺少一个被严格遵守的命令传导链条。当然，在作重大决定时，命令传导链条也是存在的，但它绝不会被用来进行日常沟通。对于信息沟通来说，"不正规"就是准则。两位作者在书中还写道：建设性的构想往往是通过非正式而不是正式的方式提出来的，处于企业核心地位的创新系统，实际上意味着企业文化的非正式性。之后，两位作者又补充说，不正规性通常体现在以下几个方面：朴素的布置，敞开的办公室门，较少的墙壁，以及较少的办公室。很难想象在装潢精美，非常正规且经过昂贵装修的套间里可以实现自由而无障碍的信息交流。

创意产生于自发的谈话和随机的讨论中。在谷歌公司，员工可以自由表达自己的看法，几乎没有顺从，很难搞清与会人员的职位高低。当年，在苹果公司的会议室前面，乔布斯坐在地板上，盘着腿、打着赤脚，竟然还在心不在焉地玩着自己的脚指头。而会议的讨论也很快变成了自由交换观点、提出抱怨和进行争辩的活动。乔布斯非常推崇面对面的交谈。他说：在我们这个网络时代，有一种想法认为，创意通过邮件和网络iChat（即时通信工具）聊天就可以被开发出来。

创新是易事也非易事。说易，因为企业内人人皆可创新，事事皆可创新。说不易，因为在不少企业里需创新者多，想创新者寡；可创新者多，能创新者寡。创新，需要滋生创新的土壤；创新，需要苛刻的条件和环境。所以，在创新的路上，极其需要"宽松、宽厚、宽容"。前台积电董事长张忠谋认为，企业要鼓励员工创新，简单来说，是要"奖赏成功的创新、不罚失败的创新"，就算创新的内容让企业赔钱，也不能处罚提出创新的人。

第二节　变革创新催化

在独立而封闭的系统中，熵值只会升高。变革创新之难也意味着阻碍因素既多又强大。有观点认为，为什么工业革命以来，每个大的产业周期都是50年左右？不是新一代产业技术一定要过50年才能被发明出来，而是要等压制新生事物的一代人老去，新产业才能成长起来，才能导致公司原有的思想话语权、决策权的重新调整。在日本索尼公司，一个时期，索尼公司最成功的产品是walkman。但当MP3、MP4出现时，索尼公司不愿意推，因为推MP3、MP4的话，walkman就没有销路了。而发明walkman的这个人在索尼公司内部地位没人敢挑战，谁都害怕得罪他。结果，企业严重亏损。

无数案例告诉人们，从企业到区域，从区域到国家，并不是想变革就变革、想创新就能够创新的，也不是政府一声令下，或企业计划与考核，或一个变革主体的单打独斗，就可以实施、实现的。也就是说，决定变革创新需要非常苛刻的综合性主客观条件，大体主要有四大条件：第一，产权的保护；第二，教育的水平；第三，市场的需求及市场经济制度保障；第四，环境与氛围。应该说，一个国家四大条件中具备得越多，创新能力越强；具备得越少，则创新能力越弱。在19世纪乃至20世纪初，德国是世界上最重要的科学活动中心；"一战"之前（1901~1914年），全世界总共有42人获得了诺贝尔自然科学奖，其中有14人是德国人，也就是说有1／3的获奖者是德国人。虽然此期间德国是强人政治，也就是政府强国民弱（政权大于民权），即创新的第四个条件相对较差，但德国实行的却是市场经济，对私人产权实行严格保护；市场需求与创新之间有良好的互动机制；尤其是其教育特别发达。到1914年，不仅建立了世界前所未见的一流综合大学体系，而且也建成了世界前所未见的最好的技术与商业教育体系。仅美国去德国留学的人，在1914年前的100年里，就有大约1万人。对照创新四大条件，美国期间几乎全具备。1943~1977年，共有90位美国人获得过诺贝尔自然科学奖；1978~2007年，诺贝尔自然科学奖的得主有60%都是美国籍的人，美国人口还没占到世界人口的4%。

作为维新重要内容的创新不仅需要苛刻的主观条件，更需要坚实的客观条件，包括制度层面的条件、人的层面的代际流动条件，以及强大的物质基础。在诸多变革创新，尤其是催化滋长、释放人智效能的物质条件中，体制机制和开放多元无疑十分重要。

一、优化体制机制

创新并不深奥，只要有观点、有概念、有巧思，并且能够通过执行化为现实，"创新"就能够成立。有学者利用100多对同卵双胞胎和异卵双胞胎做测试，发现人的智力，也就是人们常说的"IQ""智商"，有80%~85%都是遗传决定的；但是，这些人的"创造性行为"，只有25%～40%是由遗传决定的，也就是说，人有2/3以上的创新技能，是可以靠"后天的练习"建立起来的。"内功"的基础总共有5种，它们分别是：观察、发问、联想、交际和实践。只要理解这五大基础的本质与其间的逻辑关联，就完全能够进行创新。但是，人智效能意愿释放与催化，却需要极其严格的各种要素的具备。其中，两大体制机制构建就是非常重要的客观要素。

（一）建立和优化支撑变革创新利益集聚的体制与机制

美国的硅谷位于美国西海岸北加州。硅谷的孵化器是斯坦福大学工业园。20世纪50年代初的斯坦福大学只是一所边缘大学，教授工资很低，学校面临着严重的财政困难。斯坦福大学副校长特曼教授提出将学校1000英亩土地租赁给高科技公司建立工业园，大学可与企业紧密合作研发各种项目，使教学、研究和应用一体化，快速产生经济和大众公共效益。1951年专门生产雷达部件的瓦瑞安（Varian）公司（创始人为斯坦福毕业校友）第一个与斯坦福大学签订5年租赁合同，并于1953年迁入工业园。随后，1938年成立的惠普公司、柯达公司以及通用电子公司等，陆续搬入工业园。1954年斯坦福大学创立"荣誉合作方案"，为工业园高科公司全职雇员提供业余时间研究生进修课程，其中早期迁入工业园并签订5年租赁合同公司的雇员还可减免学费。斯坦福大学与工业园的高科技公司形成了良性互动，工业园吸引了大批学术人才和创业能手，使斯坦福大学置身于美国微电子工业和世界最先进人才和最尖端技术集散地。在以后的几十年发展中，斯坦福师生和校友创办的硅谷企业的产值占硅谷总产值的50%~60%。有观点认为，"硅谷效应"已扩展到世界许多国家地区，但实践证明，那种仅把大学、科研机构和风险资金等放在一起就能成功的观点是难以成立的。据中华人民共和国旧金山商务室刊文介绍，硅谷不仅创造了新公司和新经济，更重要的是创造了支持这种新的产业核心技术发展的完备系统。这一完备的体系实质是利益凝聚体系——决定变革创新所必需的利益自然粘连体系，主要包含四个方面。

其一，能够提供有效专利保护服务的体制机制。对创新来讲，其利益凝聚的决定性力量，无疑是前面已经论述到的——对产权的保护。任正非认为：重要的是如何创造对人类的价值。中国缺少产权保护制度。在硅谷，大家拼命地加班，说不定一夜暴富了。也就是说财产保护制度，让大家看到了"一夜暴富"的可能性。没有产权保护，创新的冲动就会受抑制。在美国有严格的知识产权保护制度，你是不能抄的，你抄了就罚你几十亿美元。如此严格的保护制度，谁都知道不能随便侵犯他人。硅谷十分重视专利保护，因为拥有专利的数量是公司上市股票价值的重要因素之一。拥有自己的专利技术，公司可以自由进入市场而不会被起诉；吸引投资和提高公司信誉，并可以防止竞争对手进入公司潜在的市场。专门从事网络产品的3Com公司，在有员工12500人的时候，公司就有21位律师，其中3位专门处理专利事务。公司还建立了专利发明和激励机制。

其二，能够提供完善的金融资本服务的体制机制。硅谷成功的重要因素是得到了丰富发达的风险资本和完善的金融服务体系支持。风险资本是创新企业成长的营养源，它不仅为高科技企业初期提供创业所需的天使资金，成熟的风险投资公司还为创新企业提供信息咨询、管理咨询、战略决策等多方面的服务，极大地提高了企业效率和质量。硅谷的风险投资始于20世纪70年代初，1972年克雷诺·帕金斯投入13亿美元风险资金使苹果电脑公司成功上市（1982年），标志着风险投资时代的开始。银行及纳斯达克市场为企业提供了完善的金融服务。根据Pitchbook发布的统计数据，截至2020年12月14日，全美风险投资总额达到1479亿美元，涉及交易10379笔，创下了近10年来的交易纪录。其中，硅谷地区仍然是风投最为集中的地区，融资总额超过560亿美元，

其三，能够提供丰富充足中介服务资源的体制机制。中介服务体系不仅是企业技术创新体系的一部分，而且它在整合各种创新要素、提高技术创新能力等方面有重要作用。一是人力资源机构。硅谷成长的关键因素是那里聚集着来自世界各地的优秀人才。硅谷存在着许多为高科技公司寻找技术和投资人员的猎头公司。硅谷的人才招聘可以说是在世界范围内选拔的。二是财务和法律机构。律师事务所为企业提供知识产权、执照法、贸易法等各类特殊服务，并且与市场调研公司和风险资本公司一样，硅谷的律师也常常起到商业桥梁作用。硅谷律师的密度大约为10个工程师对应1个律师。会计师则为企业提供税务服务。因美国税务法极为复杂，极小的疏忽或失误都会给企业带来大麻烦，如罚款，甚至法律诉讼，故高级会计师数量超过律师，大约5个工程师就有1个会计师。三是技术转让服务机构。在硅谷技术转让服务机构主要由大学的技术转让办公室（TLO）和一些技术咨询、评估、交易机构组成，TLO的主要工作是将大学的研究成果转移给合适的企业，同时把市场和产业界的需求信息反馈到学校，推动学校研究与企业的合作。

其四，能够提供有效支持的政府服务体制机制。政府对企业的发展采取宽松态度，并为大学提供大量的基金支持研究。政府制定了比较强硬的反垄断政策，允许企业进行权益融资，但对质量有很高的要求，特别是对以股票市场进行融资的企业有严格的规定。作为硅谷中心的圣何塞市政府在土地使用、税收等领域对高科技公司，尤其对近年来专门从事环保研究的公司给予

优惠政策，鼓励吸引这些企业家到圣何塞创业发展。

（二）建立和优化支撑变革创新正向引导的体制机制

正向引导的体制机制缺失是支撑变革创新体系的重大缺失。正向引导的体制机制包含制度性评价体系保障。创新，特别是决定国家与企业生命价值的创新，需要一个强大的有利创新的制度性评价体系为保障。因为正向引导的体制机制缺失，尤其是制度评价体系保障的缺失，造成中国原创性创新的严重缺失。由此，也可以窥视到中国制造业所处的尴尬位置。从中可以看到支撑变革创新正向引导体制机制的重要性。

1. 体系有效：明晰创新不同责任主体与竞争方位

在全球市场经济不断完善的今天，仅从科学与技术创新的角度来看，维新逆熵的系统性特点已日趋明显。作为创新主体的企业，只有明晰维新逆熵系统中不同的创新责任主体及其使命方位，才能主动构建和完善支撑企业变革创新的正向引导体制机制。

其一，明晰科研性创新与商业化创新两个层面的责任分工。美国的尼克尔森曾经对科研性创新以及商业化创新给出过定义，他提出：科研性创新是把金钱转换成知识，而商业化创新是把知识转换成金钱。不少科学家认为，作为一个国家的维新逆熵制度绝不能将商业化创新与科研性创新混为一谈。如果实行将科研性创新和商业化创新合二为一的激励政策，对科研产品有商业激励及要求，显然不尽合理。美国工程院士李凯指出：将科研性创新和商业化创新两者合二为一会带来不少问题。事实也是如此，尤其是在知识产权保护体系不健全的情况下，一个科研团队既需要发表新的论文知识来证明他们的新研究，但又必须保护自己的知识产权不被侵犯来维护自己的商业利益，本就十分困难。另外，要求一个创新产品在短时间内既有科研成果又有商业成果也是不现实的。从中国的经验教训来看，将科研性创新与商业化创新"合体"的危害也不容小觑，很多科研团队为了短时间内获取商业上的价值，热衷于对市面上已有的产品进行模仿改造，却没有开发出自己的有核心知识产权的产品。

其二，明晰全球范围内国家间的创新竞争方位。全球范围内的宏观分工是因引入市场经济先后不同，以及在竞争中形成的。应该说，近300年来，各国的科技发明贡献各有千秋。从诺贝尔科学奖的授奖情况来看，大部分原理性的科学突破来自科学的发源地欧洲，而大部分具有应用价值的科学发现来自美国，但是大部分好的高科技产品则来自日本。当然，全球创新体系中的责任分工与竞争方位是动态的，绝非一成不变。中国科学技术发展战略研究院发布的《国家创新指数报告2020》显示，中国国家创新指数综合排名世界第14位，比上年再提升一位，是唯一进入前15位的发展中国家。2018年，中国人均GDP为9771美元，在世界40个主要国家中仅高于印度、南非、巴西、土耳其和墨西哥，但是，中国创新指数得分已接近人均GDP在5万美元左右的欧洲国家，是唯一一个R&D投入强度超过2%的中高收入阶段国家。中国在创新研发领域的投入正在不断增长，激励科学家的各项奖金、经费保障也在逐渐完善。2018年中国企业的研发投入超过了2万亿元，达到了GDP的2%左右，一些创新示范区如深圳的研发投入更是占当地GDP的4%以上。但总体上看，中国仍处于追赶阶段，尽管近几十年来追赶的步伐在不断加快。

2. 有效激励：构建支持创新的正向引导体制机制

没有变革创新必然熵增，缺少完整的正向引导体制机制支撑就不可能有创新，企业、政党、国家的发展也就没有可靠的维新动能之源。这也是中国改革开放取得如此大的成就后，仍然令人担忧的关键原因之一。要真正致力于维新，切实提高变革创新能力，尤其是变革创新的孵化能力。从正向引导的体制机制要求看，在满足其各项要求及要件中，还应该着力构建和完善两大支撑体系。

其一，激励体系。主要是引导勇于、敢于、善于创新的问题。创新需要打乱、需要重组、需要改变、需要整合、需要摒弃、需要推倒重来，甚至需要颠覆，而这些与严谨、理性和规范的经营中所包含的固有的秩序性几乎完全相对立。那些缺少正向引导体制机制，由于过于严苛，在约束员工的行为、使其与企业标准保持一致的同时，也会禁锢员工思想，打击组织生气和活力。所以，在建立和完善正向引导体制机制中，必须首先着力构建有利创新的激励体系。不少人总是认为，创新是技术的事，但在金融等激励体系没有发生根本转变的情况下，无论在技术层面如何努力，都不可能成为真正的创新经济体。英国最早爆发工业革命，使英国在金融领域率先有了一套支持创新的激励体系。比如最早限制王权的体制机制，最早的专利保护激励体系，都首先创立于英国。资本市场也在工业革命之前出现，世界上第一个中央银行英格兰银行1694年在英国成立，最早的现代意义上的证券交易所1773

年在英国成立，这些才是英国工业革命爆发的原因。英国经济学家希克斯在其《经济史理论》中明确指出，英国的工业革命不是技术创新的结果，而是金融革命的结果，因为工业革命中使用的技术在之前就已经出现，而在出现金融革命后，工业革命才真正发生了。这种金融激励体系，就是能够借钱生钱赚钱。熊彼特在谈及他的创新理论时，特别强调两个群体的作用：具有冒险精神的企业家，愿意提供资金的资本家，但他很少强调技术的作用。道格拉斯·诺斯在《西方世界的兴起》中，谈及英国的工业革命和西方世界的兴起时认为，市场是一种经济制度安排。西方世界之所以能够崛起，在于它发展出一种有效率的制度安排。这种安排确立了财产所有权，把个人的经济努力不断引向一种公共大众性的活动。这样的观点，美国著名金融投资专家威廉·伯恩斯坦在其《繁荣的背后：解读现代世界的经济大增长》畅销书中也有精彩的阐述。伯恩斯坦将发明创新的前提归结为四个因素：财产权、科学理性主义、资本市场以及交通和通信技术的改善。在伯恩斯坦看来：一国繁荣的关键是与之相关的制度，即人们在其中思考、互动和从事商业往来的框架。很显然，私人产权的保护是创新的动力，而科学理性主义是创新的思想基础和前提，类似科斯所言的思想市场。这里所说的制度，从正向引导体制机制的角度，实际上是激励体系。对保护与尊重知识产权的重要性，今天的人们更是认识深刻至灵魂和骨髓。在一个知识产权缺乏保护的制度环境中，创新的风险很大，这是一个浅显而又深刻的道理。在创新的制度保护上，即使没有别人的督促，也应该意识到，不保护别人的知识产权，最终的结果是，自己国内的企业就不会真正去做重大的创新活动。正如马光远所说，技术如同鸡蛋，石头孵不出小鸡，但鸡蛋如果没有适宜的环境，也会变成臭蛋。

其二，评价体系。从正向引导体制机制角度看，评价标准体系严重影响、甚至决定创新动力，企业如此，国家也是如此。有观点认为，中国经济改革起步于短缺经济，在消费品十分困乏的情况下，评判中国经济成功的标准就是大和快，做大规模、做大企业，快速发展、快速增长。这是当时的最大目标。深圳的口号当时很震撼人心："时间就是金钱，效率就是生命"。在快和大的指导思想下，中国企业以追求规模和成长速度为终极目标。应该说，这个指导思想从结果看非常成功，中国的确在很多行业位居世界第一，主要以规模评判标准的《财富500强》中中国入围企业的数量也超过了100家。然而，这也导致了在任何产业领域，中国企业总是能迅速切入产业链的最低端，迅速把规模做到全球第一，而不是在技术上做到最强。无论是传统产业，还是高新技术产业，均是如此。光伏、机器人这些产业在中国已经几乎沦为低端制造业。但是，有时"快"往往会与创新背道而驰。改革开放40年后，中国的评价标准体系，已经从"效率优先"转为"绿色、开放、共享、高质量、可持续"的综合评价体系。评价体系改变带来的维新与发展成效已陆续在全国各地显现。如今的深圳，替代"三来一补""贴牌加工""模拟仿制"的，是平均每平方千米有5.6家国家级高新技术企业、平均每天有51项发明专利获得授权、研发总投入占GDP比重超过4%。以此看出，评价标准体系在推进变革创新中的重要性，无论是国家还是企业，都是如此。

二、确保开放多元

决定维新的变革创新，需要开放多元的理念及其践行。1969年，比利时物理化学家伊里亚·普里戈金提出耗散结构。耗散结构最主要特征，第一是开放，系统内部和外部建立物质和能量交换，如果是一个孤立的封闭系统，那么熵增是必然的。如果系统能够对外开放，那么熵减就成为可能。第二是要打破平衡，形成运动张力。没有温差就没有风的流动，没有地势差就没有水的流动，不能打破平衡，内部就不可能产生张力，也就没有活力流动。抵抗熵增的维新也必须具备这两个条件：一个是开放，实现共赢；另一个是做平等多元功，吸收负熵因子。

（一）开放是近现代全球经济政治文明逆熵之源

一个组织的发展其实是在抵抗熵增。如果没有新的思想、新的人员、新的动能注入，腐化和消亡的可能性会大增。而且对组织进行整理，制定高度有序的规则，就有可能让组织高效运转，就可能有变革创新。无论从市场，还是从文明；无论从经济文明，还是从政治文明角度，开放都是变革创新逆熵之源。

1. 开放：市场与文明逆熵的必然选择

开放系统保证了系统与外界的能质交换，把已经熵增大的低品位能量排出，吸收高品位的能量；对系统做功是这种能质交换的动力。因此，开放是市场发展与文明进步的不二选择。其一，市场开放的极其重要性。1789年法国大革命爆发前夕，有无数特权规定，国王和贵族可以肆意地对城镇征收赋税，一袋货物从鲁昂到马赛的路上会被征收50多种赋税，形成许多阻碍经济自由发展的壁垒。而美国则不同，在同时代，其国内市场完全开放，州和州之间没有任何贸易壁垒，商品可以自由地流通。被学者称为，这是美国经济起飞的秘密所在。1787年的美国立宪大会，确保了美国有机会成为一个巨大的开放的共同市场。美国自建国之初就禁止对货物的跨州流通征收任何税赋或是设置其他限制。其二，文明开放的极其重要性。中国清末后之所以持续性地屈辱性挨打，根本的一条是清政府以开放为敌，死抱封闭的理念，严守传统落后的制度、文化、习俗等。即使是被迫开放，也是片面地开放，强调"中学为体、西学为用"，仍然自大地认为"天朝地大物博，万物皆有"，满足于在自己国内圈圈里打转，总认为天朝市场巨大，别人肯定有求于己。结果呢，天朝衰弱至可以任人欺凌。正如福泽谕吉《脱亚论》所写："我日本国土地处亚洲之东陲……然不幸之有邻国，一曰中国，一曰朝鲜……此两国者，不知改进之道，其恋古风旧俗，千百年无异。在此文明日进之活舞台上，论教育则云儒教主义，论教旨则曰仁义礼智，由一至于十，仅以虚饰为其事。其于实际，则不唯无视真理原则，且极不廉耻，傲然而不自省。以吾辈视此二国，在今文明东渐之风潮中，此非维护独立之道。若不思改革，于今不出数年，必亡其国，其国土必为世界文明诸国分割无疑。"

1894年甲午一战，开始印证福泽谕吉关于中国的预言。而美国则是或曾经是世界上最大的开放型经济体，其强大也得益于开放。美国保尔森基金会公布调查结果，在顶级AI研究者资源方面，美国大幅领先于其他国家。美国的AI相关机构聘用了全球近60%的顶级人才，是排行第二名中国（10.6%）的6倍，也是第三名欧洲（10.2%）的6倍。在美工作的人才来源也颇值得注意，美国本土研究者只占约31%，而有27%的AI研究者来自中国。

中国改革开放的历史性伟大选择。本质上讲，中国的改革开放是一场伟大的维新逆熵实践。尤其是开放，实质上是一个新的文明的融合与演变，中间包含了不同文明的碰撞与结合，其最终指向乃是成功地导致中国作为大国的崛起。中国历史上有两次非常了不起的文明的融合与大国崛起。一次是汉朝。汉朝是儒道互补，也就是说，春秋战国时期诸子百家争鸣后的各种文化，到此变成了最优秀的儒道间的相互融合。这也是中华民族的第一次大国崛起，是今天人们之所以称"汉人"的历史大背景。第二次是唐朝，唐朝是儒道文化与外来佛教文化的融合，当时的情景据说是"家家观世音，户户阿弥佗"。在儒释道融合的精神资源的基础上，才有了唐代东方大国的崛起。当前中国正在经历的伟大改革，同样出现了新的文明融合。只要开放，就必然带来文明的融合，这是任何力量都是无法阻挡的。这种融合是潜移默化的，有时是无声无息的，是每时每刻的，如同地球空气相互流动一样。人类就是这样在文明的交融中，实现熵减，达到共赢。

2.融汇：由经济开放向心灵开放内化

200多年来，全球最大的国家级变革逆熵，得益于开放，得益于各种文明的历史性交汇融合。当今，文明需要对话，而不是冲突；文明需要融合，而不是相互敌视或敌对。全球化就是开放，就是文明的融合，也是全球化熵减功能的实质所在。因为，开放融合必然带来国家层面的维新逆熵。今天，要保障全球化维新逆熵的成果，要求各国的开放，必须由经济的开放向心灵开放的内化。心灵的封闭，不可能产生实质性的文明融合及本质意义上的变革。有观点认为：人类的一切行为和物质与精神文明成果不过是外在表现而已，最终都是从心发出的。一切的变革最终取决于生命的变革，取决于决定人类行为选择的内在文化操作系统的更新。是的，任何一场伟大的变革，如果没有生命的操作系统的制度文明进化，只停留表面的变革，那是很危险的，制度的文明进化会带来人格的改变，而不是相反。人的品格是建设所有物质文明和精神文明的关键，而制度文明则是人格品质的基石。

（二）平等多元本质是对歧见、异质尊重与鼓励

变革创新必须老老实实做平等、多元之功。有人认为，从中间的立场看，华为在2020年的被动有其必然性。华为可能并没有真正地认识到这一点。今天华为具有自己在世界上的领先5G技术，其他的技术研究据说也进入了无人区。但如果一个企业领导人被"神化"，使其即使有所谓的"蓝军"，最终也只会走走形式而已。这很有可能会阻碍企业的进一步发展。因为，无论是企业还是政府，只要是法人组织，一味地服从个人，而对服从的那个人没有什么实质性制约，熵增都是其必然结局。人们越来越认识到，在当今的市场格局，即使是优秀的家族企业，也不应存在一个人的绝对权威。早期帮助罗斯柴尔德家族成功的原则之一是：任何动议，无论它来自哪个人，都需要集体讨论；每项业务活动，即使无足轻重，都必须在一致同意的基础上实施。

对大多数人来说，当谈到德鲁克时，他们所能想到的可能只是德鲁克提出的管理概念。但德鲁克却自称，从写第一本书开始，他所写的一切无不强

调人的多变、多元，以及独特之处。德鲁克所要对抗的，是一个极权当道、讲求统一与一致的时代。德鲁克笃信，只有独立和多元的特质，才能护卫人类文明的价值，并培养领导力和公民精神。赵曙明在推荐《德鲁克的管理的实践》时写道："由于德鲁克先生成长的前半生，正是服从、控制、独裁、统一、一致成为主流价值观的时代，因而他非常珍视人的价值、创新、多元和独特。虽然德鲁克先生的大部分著作是有关企业管理的，但在其中我们也可以看到他的自由、成长、创新、多样化、多元化的思想是一以贯之的。如果你不了解这些，恐怕就很难理解德鲁克先生的著作，也就很难理解《管理的实践》这本书。"[1]

　　沃尔特·艾萨克森在《史蒂夫·乔布斯传》中，以一种更加尖锐的方式，表达了与德鲁克相同的理念。在书中，艾萨克森写道：乔布斯的音乐人朋友波诺经常与他讨论，为什么那些沉溺于摇滚乐和毒品的叛逆反主流文化分子，最终帮助创建了个人电脑产业。那些开创了21世纪的人，都像乔布斯一样，他们是来自西海岸、吸着大麻、穿着凉鞋的嬉皮士，他们会从不同的角度去看问题。他说，东海岸、英格兰、德国以及日本的等级制度不鼓励这种与众不同的思维方式。20世纪60年代孕育的这样一种无政府主义的思维方式，恰恰有助于人类对一个尚不存在的世界展开想象。乔布斯本身就是一个叛逆、反权威、反主流的非传统异质分子。当然，这里并不赞同将"叛逆"这个词定义为忤逆正常规律的思想和行为，而将其理解为对自身独特性的坚持。在经营苹果时，乔布斯也将他的叛逆、反主流和反权威的态度带入到了企业中，这从苹果最著名的两支广告《1984》和《非同凡想》中可以非常清晰地体现出来。具体来看，首先，在招聘人才时，乔布斯就非常关注求职者的反叛精神，艾萨克森在《史蒂夫·乔布斯传》中写道：乔布斯对招聘流程有着严格的控制，目的是招到具有创造力、绝顶聪明又略带叛逆的人才。乔布斯会问一些他常问的古怪问题，以考察求职者在突发状态下的思维能力，以及他的幽默感和反抗精神。同时，乔布斯还会有意识地给他的公司灌输叛逆精神，这从他让他的员工"当海盗，不要当海军"中可以明显地体现出来。媒体介绍，虽然乔布斯天性独裁专制，从不寄望于共识，却又神奇地能够容忍不同的理念和反对的声音。与乔布斯相左的是，那些热衷于统一思想，却又同样热衷于奢谈创新的管理者是可笑的。因为，他们不知道，当他

---

[1]　赵曙明：《德鲁克管理的实践》，百度文库网，　2020 年 4 月 11 日。

们以去个性化的管理方式，将员工从一个个独一无二的原版，变成大量复制的山寨盗版的时候，也同时将组织的创新能力，甚至是组织的未来阉割掉了。

有人认为，这是个多变的时代，一切都处于游戏状态中。企业无论处于哪个发展阶段，企业经营者都要时刻想着有人会颠覆你的企业，而且颠覆不知道来自哪个方向。最可怕的对手不是看得见的同级别对手，而是看不见的竞争对手。随着信息技术的发展、人工智能与产业的结合、万物互联构成一个平的世界，消费者和竞争对手已经变得越来越不可捉摸，行业也变得越来越松散和不稳定。克里斯坦森的以上灼见被今天的互联网时代所验证，一些互联网企业，已经使不少线下零售企业陷入困境，甚至倒闭。今天，越来越少的公司能够保持真正具有持续性的竞争优势了。从科技的角度看，未来二三十年将演变成一个智能型时代，其深度和广度人们还难以想象。越是前途不确定，越需要变革创新，既是对所有企业的重大挑战，同时也给千百万家企业提供了千载难逢的机会。能否把握机会发展自己，维新逆熵成为非常重要的决定性因素。维新逆熵，是一项功在百年的熵减保障性重大工程，每个法人组织（包括企业）都应尽可能抓好。

2020年6月10日，成立仅17年的特斯拉市值超越丰田，成为全球第一车企，相当于7个福特、4.6个通用。新能源车企取代了传统车企的"市值第一"地位。特斯拉引领的这场电气化、智能化浪潮变革正在袭来，这将成为汽车行业的历史性时刻。超丰田，意味着世界上最挣钱的汽车公司市值被最亏钱的汽车公司超越。特斯拉成为全球市值最高的车企的直接推动因素，是现任太空探索技术公司CEO兼CTO、特斯拉公司CEO、太阳城公司董事会主席埃隆·马斯克，宣布启动电动卡车Semi的量产。特斯拉对传统车企的威胁在哪里？简言之，技术优势是硬核。与苹果智能手机对诺基亚的打击一样，特斯拉不是在传统车企擅长的燃油车领域盲目出击，它的策略是改变了竞争的维度，开辟了自己擅长的领域，并做到没有对手可以匹敌。对特斯拉而言，智能化和电动化就是他们的底气。特斯拉是完全重新设计的电动车，不是燃油车改进。这是企业文化上的差别，核心是维新逆熵的差异。

第十章　共蕃逆熵

　　　　　　　　　　总揽世界全局的面貌，

世界正在融合成为一个经济体，迈向一个世界性的经济体①。

财产并非仅仅是收入的源泉，而且还是一种公共行动，

　　而且财产的使用受到社会义务和国家需要的限制②。

　　在人类现代经济文明，企业生命价值，蕴含于共蕃市场及大众之中。共蕃逆熵是法人个体逆熵与其他法人个体、与自然人，以及与市场、与人类经济文明，建立熵运逆熵正相关关系，依靠对共蕃价值贡献来提升自身生命价值。因此，共蕃逆熵是企业逆熵要素中最具潜在外在影响的重要元素，随着经济文明的发展，其作用和意义越发显现出来。

　　1930年的下半年，一场刚开始看似很普通的经济紧缩，却演变成为美国历史上最大的一次经济灾难。之前，为了救助美国的农业，总统胡佛在1929年召开了一次特别国会会议。而这次会议很快就出现了各个利益集团竞相为本集团争取更多利益的场面，没有任何一个与会者考虑公共利益。每一个主要的行业都在国会游说，要求给予他们保护。显然，共蕃责任在那时是那么

---

① 未来学家约翰·奈斯比特所持观点。《公司的力量》，中国国际电视总公司2010年出品的大型电视纪录片第一集解说词。
② 英国学者R.H.托尼所持的观点。R.H.托尼、赵月瑟等：《宗教与资本主义的兴起》，上海译文出版社2006年版。

的紧缺。近70年来，共蓄责任企业依然是稀缺性企业。但是，市场的另一端买方，已经使卖方感受到共蓄责任的压力。在2008~2009年经济衰退期间，"捐1%给地球"中的前五大公司，销售量反倒创下年度纪录。在经济低迷时期，人们花的钱比较少，但也会选择跟其尊敬与信任的公司做生意或依然购买这些公司的产品与服务。这些令人尊敬与信任的公司，正是率先按照法人公民价值共蓄责任要求运营的企业。

西方工业革命以来，随着市场经济的不断发展，以法人公民为主体的价值共蓄生态逐步建立和完善。企业的价值成长模式也随之发生重大转变。这种转变，是法人公民所处价值共蓄生态环境使然，顺之者昌，逆之者亡。共蓄逆商法则告诉人们，从人类经济文明发展讲，企业与市场共熵运，企业与法人共熵运，企业与消费者共熵运，企业与公共大众共熵运；从大概率看，企业与企业同样共熵运。共蓄逆熵要求企业不仅仅要有满足消费者需求的能力，还要有满足包括其他企业价值成长在内的法人公民市场总体价值增长需求的能力；并将共筑市场体制、完善市场制度、维护市场秩序、建设法人公民价值共蓄生态、促进共蓄经济文明发展，作为企业的重大职责。但是，直至今天并非所有企业对共蓄逆熵都能够做到非常的自觉，包括全球顶尖的科技公司。2021年1月，美国两大巨头冲突加剧，脸书和苹果公司杠上了。脸书更在财务报告时，将苹果列为最大对手，并且对外说明苹果有各种动机通过具有优势的平台地位，干涉其他 App 运作。特斯拉CEO马斯克与亚马逊CEO贝佐斯在网络上隔空交火，为了低轨道卫星网络开发而相互批评。马斯克旗下火箭公司SaceX指责亚马逊阻挡其修正计划，亚马逊则反批SpaceX想从一开始就扼杀竞争。

蓄，汉字的基本解释是茂盛、繁殖。生态，指一切生物的生存状态，以及它们之间和它与环境之间环环相扣的关系。价值共蓄生态，也可叫法人公民价值共蓄生态，即共同繁荣的生态，也就是协同共进，共同茂盛、繁殖的生存发展状态。实际上，人类摆脱了短缺经济状态后，开始迈向价值共蓄生态的经济文明时代。全球化、互联互通、命运共同体等，就是迈向价值共蓄生态的突出表象。完善之可以，逆转之很难；完善与发展之，则是人类共同利益的必然选项。如果美国等大国领导人能够关注价值共蓄生态、共蓄经济文明，这个世界可能会变得更好，或越来越好。本书所指法人公民价值，严格于经济文明范畴进行研究论述。

第一节 人类必由之路

共蕃，是人类现代经济文明发展的必然要求；建立建设共蕃生态文明，也是人类经济逆熵的必然选择。共蕃逆熵之道、共蕃定律，是人类逆熵必须遵循的重要法则之一。

一、共蕃经济文明转型

在共蕃经济文明中，各法人公民的角色正在重塑。今天人们已经看到，降低贫富差距、建设公共设施、教育改革、改善环境，这些曾经的政府性事务，正在或即将成为未来企业法人公民职责的一部分。人们早已默认的商业的利润游戏规则面临修订，全球市场正在取代单一国家市场，尽管可能会暂时出现反复，但潮流不可阻挡；语言的障碍、民族的差异正在被打破。企业法人公民的角色必将转化，变得越来越丰满。之所以如此，是因为政府与企业，在经济文明价值共蕃生态中，彼此都是平等互利的法人公民而已。

（一）人类经济文明共蕃生态转型

市场经济是一种自发生成和演进的分工——交易体系。1996年，米塞斯在其巨著《人的行动》中指出：在劳动分工之下从事的工作，要比孤立地工作有更高的生产率，而人的理性能够认识到这一真理。事实表明，市场、交易带来了人类合作与文明进步；是把动物性的人转化为真正的人的根本性动力所在。

在价值共蕃生态，企业法人公民之间，以及与政府法人公民之间熵运与共，相互促进，共同发展壮大。一个很好的例证是，在J.P.摩根出现前，美国政府的规模小得可怜，甚至没有统一的金融体系，也无力进行全国性的公益事业。商业力量的提升与战争一样，成为促使美国政府迅速扩张的催化剂。再有，美国GE公司的成功有很多因素造成，其中博采众长是一个不可忽视的因素。对外，GE采纳了克莱斯勒公司和佳能公司的新产品介绍技术，采用了GM和丰田的高效原料供应技术，学习了摩托罗拉的六西格玛管理方法；对内，GE的各事业部之间在技术、设计、人员奖赏和评价系统，生产以及顾客和地区讯情等诸多方面实行共享。沃尔玛能够一直保持世界500强的领先者，很重要的一个因素是它能够一直保持和市场环境、要素的匹配与共蕃。企业与市场环境是互为主体的，企业如果不能够顺应市场环境的变化、不能够与市场环境互动，就不可能具有竞争力。当今企业面临的世界两大环境：科技，通过人工智能让数字世界和物理世界浑然一体，激发潜能，孕育智慧，构建万物互联的智能世界；市场，通过那双"无形的手"将利己与利他紧密结合，激发市场主体潜力，创造出全新的法人公民全面契合的价值增值共同体。这些，都体现了人类经济文明共蓄的本质特征，从中也可看出，人类共蓄经济文明的孕育与发展。

1. 清晰路径：共蓄人类经济文明的产生与发展

共蓄是人类经济文明逆熵的神圣使命，是企业逆熵的必然选择，也是人类经济文明发展新的路径依赖。共蓄与市场经济制度有不解的血缘。可以说，共蓄是市场经济制度发展的必然趋势，也是在市场经济制度发展中的市场本质要求。在市场经济初期，人类互惠合作的本性、本质也彰显无遗，虽然这点一向为人们所忽视。另外，这一本性、本质，也是人类整体生存之私所使然。由于分工，交易秩序的不断扩展，血缘、地域、民族、国家等层层障碍不断被突破，相隔天涯的人们得以平等地相互施惠受惠，实现利益交换。这样看来，人类的整体生存能力与前市场经济时期相比，已经大大增强，也必将大大增强。

企业的共蓄逆熵自觉也来自对人类经济文明进入共蓄生态新阶段的敏感。在古典经济学中，亚当·斯密那只"看不见的手"理论支配了一切，商人们只要专心于利润，就是对公众的最大贡献。今天，复杂的形势显然已打破了这种单纯的原创环境。尽管仍然需要这种单纯，也必须永远保有这种单纯，但若仅仅于此，企业难以生存发展，市场的发展也会因此而停步。世界需要越来越多的"中间道路"。这一切都说明，人类一种新的经济文明形态必然到来，这就是共蓄经济文明，即法人公民共蓄的经济文明。

共蓄经济文明早在工业革命肇始就已受孕，尽管之后在孕育上出现营养供给反复。一个有趣的事实是，企业价值共蓄责任思想的起点，恰恰是亚当·斯密的"看不见的手"。这一起点，预示着市场经济走向共蓄经济文明的必然。古典经济学理论认为，如果企业尽可能高效率地使用资源以提供大众需要的产品和服务，并以消费者愿意支付的价格销售它们，企业就尽到了公共大众责任。虽然这种责任还不是完全意义上的我们所说的价值共蓄责任，但已经注入了价值共蓄责任基因。18世纪末期，西方企业的公共大众共蕃责任观开始发生了微妙的变化，表现为小企业的业主们经常捐助学校、教堂和穷人。这实际上已经向共蕃大众领域扩展，价值共蕃责任开始有了基础性萌芽。记住，这几乎是完全自发性扩展。但是进入19世纪以后，企业价值共蕃责任出现了反复。两次工业革命的成果带来了生产力的飞跃，企业在数量和规模上得到较大程度的发展，在市场中获得了前所未有的话语权；加上这个时期受"社会达尔文主义"思潮的影响，因而企业对价值共蕃责任持消极态度。许多企业不是主动承担价值共蕃责任，而是对与企业有密切关系的供应商和员工等极尽盘剥，以求尽快变成市场竞争的强者。这种理念随着工业的大力发展产生了许多负面的影响。19世纪中后期，企业制度逐渐完善，劳动阶层维护自身权益的要求不断高涨，加之（以）美国（为代表的发达国家政府）接连出台《反托拉斯法》和《消费者保护法》以抑制企业不良行为，客观上对企业履行价值共蕃责任提出了新的要求，企业市场与大众价值共蕃责任观念的出现成为历史必然。

20世纪后半叶，共蕃经济文明的孕育已加速推进，突出表象就是企业"社会责任运动"的兴起。其主要代表人物有大卫·施沃伦博士、迈克·雷、约翰·勒内舍、杰·康杰、马修·福克斯和马丽·斯考特等。其中不少是企业家。拥有远见卓识的该运动的倡导者，不满传统企业不顾一切地追逐利润的短视做法，试图使企业的决策与雇员及他们的家庭、客户、环境和雇主的健康发展保持和谐。强调"设身处地替他人想一想"的理念，推崇双赢原则。传统上，人们一直将企业的赢利与企业的社会责任感对立起来，以美国学者大卫·施沃伦为代表的"企业社会责任运动"的倡导者则试图从有机整体概念出发，用一种"双赢"思想，超越这种二元对立思维，主张兼顾企业、员工、大众共同体和环境的利益。当然这里的兼顾距离共蕃的理念还有一定差距。企业实践一再表明，勇于承担价值共蕃责任对企业的盈利有一种积极的肯定性的影响。此外，"企业社会责任运动"实践在提高企业形象的同时，也提高了企业吸引优秀员工和回头客的能力。施沃伦据此得出结论：赚钱必须与整体的价值结合起来，道德整体、差异及可持续增长，将成为一个新的"框架"。施沃伦这里所说的新"框架"，其实是一种新的范式或新模式，可以称为"共蕃经济文明生态"。1976年，经济合作与发展组织(OECD)制定了《跨国公司行为准则》，这是一项重要的由政府签署并承诺执行的多边、综合性跨国公司行为准则。这些准则虽然对任何国家或公司没有约束力，但要求更加保护利害相关人士和股东的权利，提高透明度，并加强问责制（2000年该准则重新修订，更加强调了签署国政府在促进和执行准则方面的责任）。当然，这还只是价值共蓄责任的底线思维。

价值共蓄责任法理之一，来自人类的共生性。法国现象学大师勒维纳斯认为：人类应该有一种圣洁性，那就是人在他的存在中是更依恋他人的存在，而不是更依恋他自己。这是第一价值，一种不可否认的价值。在企业社会责任运动方兴未艾的背景下，企业竞争从以生产为主的刚性竞争扩张到了蕴含着伦理道德精神的柔性竞争。这就意味着，现代企业不仅被认定为大众的经济机体，更是承担着价值共蓄责任的伦理机体，是"经济人"和"道德人""公共大众人"的统一，具有经济和伦理的双重使命。企业必须追求"创造利润"的"利己"与"承担起劳动者、消费者、环境、社区等利益相关方的共蓄责任"的"利他"相统一，个体利润和公共大众绩效的统一，局部短期效应和整体持续发展的统一。显然，这是人类共同熵运逆熵使然。

进入21世纪，世界上一些国际组织对推进共蓄经济文明建设越来越重视，并成立了相关机构和组织，以企业价值共蓄责任为显著外在特征的共蓄经济文明建设在全球迅速扩展。2000年7月《全球契约》论坛第一次高级别会议召开，参加会议的50多家著名跨国公司的代表进行了承诺。《全球契约》行动计划已经有包括中国在内的30多个国家的代表参与。联合国2000年实施的"全球契约"计划，提倡包括人权、劳工、环境和反腐败4个方面的十项原则，已有2900多家世界著名企业加入《全球契约》。2002年，联合国正式推出《联合国全球协约》。世界经济合作与发展组织、国际劳工组织、国际标准化组织、国际雇主组织等，也都积极推行本书所说的企业价值共蓄责任，就如何进一步推动企业价值共蓄责任达成共识。

2. 共建共享：人类迈向共蓄经济文明新的纪元

目前，全球各国仍然在分灶吃饭，但市场经济推动的全球化正在打破分灶吃饭、各扫门前雪的传统格局。民族国家主权的疆界，也是民族共同体价值的边界，民族国家政权并没有义务对国界外的族群承担义务。如果说，从200多年的历史看，民族国家所诉求的价值确实是现代人类价值的主要内容的话，那么，这种价值也只为本国人民专享。到今天为止，美国共存在将近200个各有历史传统的族裔。在全球化今天的中国，人员的跨国流动，以及中国"绿卡"的产生，使得在中国居住的族裔远远超过56个，而且还会不断地增加。56个之外的族裔利益显然也不能被歧视或忽视。因此，国家主权之边界，绝不是民族熵运之边界，更不应是共蕃经济文明共建共享的边界。现代民族国家的定义出自西方，其出现也并不久远。历史学家认为：正是法兰西共和国的建立，才导致法兰西民族的出现。1789年法国大革命时，只有半数的法国人说一些法语，只有百分之十二、十三的法国人说"比较好"的法语。民族国家给这个世界带来一种新政体，它不同于传统的王朝，也不同于古代的帝国。它赋予自己一套独特的符号作为象征：宪法、主权、国名、国徽、国歌……①

现代民族国家只是人类发展的一个现象，一个过程。而且这个现象也可能是过眼云烟，这个过程也许百年，也许不会太长久。因为，人类已可能不再孤单，初步发现，仅银河系就可能有36个类人类文明。分灶吃饭至少不利于银河系文明之间的交流与竞争，更不利于银河文明或宇宙文明的共蕃。因而，共蕃之全球化关系人类熵运。问题是人类如何认识民族国家，如何处理好民族国家与共蕃之全球化的关系，尤其是如何平和地结束这一历史过程。全球共建共享人类共蕃经济文明生态（或称"价值共蕃生态"），可能是一个最佳的路径，现在看这至少是一条有效的路径。随着共蕃经济文明的发展，人们看到，今天企业的安全感已不主要来自武装的保护。

共蕃经济文明下的经济全球化，必然要打破民族国家政权的界限，由全球性法人公民提供一国政府难以提供的公共需求供给，否则不仅共蕃经济文明难以持续发展，而且会带来可悲的灾难。美国第28任总统威尔逊认为：

第一次世界大战祸起欧洲内部，是因为欧洲各国处理事务的旧方法所带来的必然结果。很显然，民族国家的价值边界以及双重标准，必然导致国家之间弱肉强食的竞争关系。而双重标准并不能保证这个"民族国家俱乐部"之间的安全，随着殖民地被瓜分殆尽以及革命风暴的风起云涌，俱乐部会员之间的强弱关系每时每刻都在改变，那么民族国家之间兵戎相见就不可避免②。

这是一个伟大的预见。共蕃经济文明要求民族国家间也必须让渡一部分权力给一个国际性组织，提供一个全球性治理供给，以保证各国之间的基本权益。正如他们要求国民让渡一部分权力给政府，以此保证其国内公民的基本权利一样。这是威尔逊总统从第一次世界大战中吸取的宝贵历史教训。尽

---

① ② 鱼宏亮：《民族国家与价值边界》，四月网，2011年11月15日。

管美国国会坚持孤立主义的基本国策，最终并没有批准美国加入"国际联盟"，威尔逊总统竭尽全力赴全国各地演讲号召国民支持加入国联，但他并未所愿。遗憾的是，支撑威尔逊洞见的，是一组组冰冷的数字：在"第一次世界大战"阵亡的名单上，最终有112432000名美国人的名字。1941年，罗斯福在国情咨文中说道："我们将努力保证未来的安定，我们期望世界建立在四种基本的自由之上：首先，在世界任何地方，人人都享有发表言论和表达见解的自由；其次，在世界任何地方，每个人都能以自己的方式享有崇拜上帝的自由；第三是免受贫困的自由……第四是免受恐惧的自由。在第二次世界大战中，美国以320000人的死亡人数，换取了他们心目中一个'免受恐惧的自由'的世界。"

尽管今天人类有了联合国，可其真正的作用有目共睹，与国际性论坛并没有质的差距。但这并不影响人类经济文明逆熵而迈向一个新的纪元。应该说，其中美国担当了独一无二的责任。

（二）企业法人生命价值共蓄转型

在人类现代共蓄经济文明，企业法人必将转型为价值共蓄生态新公民。就是要以建立共生、共建、共创、共享命运共同体为重点，关注和维护各关联方利益，着力于价值共蓄命运共同体建设。

1. 经济与人文：企业转型法人公民的重要推手

随着市场的不断扩大，消费者与供给者成为最主要大众公共关系，公司与个人的联系变得前所未有的紧密。企业法人公民负责员工自然人工作环境、生活方式保障与改进。大型企业纷纷通过提供资金的方式，以影响政治局势。人们正身处于工业时代与信息时代的转移过程。在价值共蓄生态环境下，大量法律、游戏规则正在失效，而商业活动已经确信成为新规则的主要推动者。企业法人公民有实力、更有强大的公众形象，来参与规则的制定与改变。比如，在面对全球环境危机面前，壳牌石油公司的重要性与英国政府同样重要。1977年，罗纳德·英格尔哈特正式提出了后物质主义概念，这个后物质主义是相对于物质主义而言的。他指出：强调经济和人身安全的价值取向，是物质主义价值观；强调自我表现、生活质量胜过经济和人身安全的价值观被称为后物质主义价值观。

经济发展之所以能够改变世界有很多原因，最重要的原因是生存条件的不同，人们的文明状态不同。在告别了短缺经济，面对不断改善的生存条件，已经有不少人不会再去过多地思考生存是不是不成问题这一命题。这是一个历史性的，也是带有根本性的转变，对文明的发展起着一个非常重要的客观上的基础作用。因为，在人类历史的大部分时间里，大部分的人都处于饥饿的边缘，或受到饥饿的威胁。这种生存的不确定性决定着人们的生活策略。最近一些年，世界上大部分地区，人们的平均寿命大大提高，因饥饿而死的情形越来越少。人们的生存战略当然会随之发生变化。在曾经的大萧条那个历史阶段，因饥饿而死的人口还是占很大的数量，但第二次世界大战后人们的情形出现了变化：第一，战后经济奇迹，人们的生存有了可靠的经济保障；第二，福利国家制度的出现，社会保障越来越健全，人们有更多的钱用于生存以外的消费和投资，包括提升自己文化、技术素质的投资。这样，在一些西方发达国家，如在澳大利亚、美国、西欧，人们的生存战略发生了根本性的转变，生存被普遍地认为是一种不成问题的问题。占世界人口1/5的中国，创造了世界发展的奇迹，就像日本和德国在"二战"后创造的奇迹一样。中国正在发生一个转型，由生存不稳定和贫穷状况转型到比较富裕的阶段。有人预测，在20年或25年之后，中国会有个代际的转变，这个代际的转变会类似美国、西欧国家20世纪60年代的情形。美国、西欧国家在20世纪60年代出现了代沟，这和他们的经济奇迹以及受经济奇迹所影响的那一代人有关。有人曾经在几十年以前就预测了西方会发生这样的转型，而这些转变确实已经发生。中国也一定会是如此。从长期的角度讲，中国即将或已经发生这样的转型。这种转型是非常广泛的，包括性观念、朋友之间关系、家庭观念等。对政治科学家来说，这样的转变，也包括大众宽容度，从层级制、防御性态度的大众观点向比较开放的、利他主义的态度转变。这一切都会归因于生存的物质条件的改变。一方面，在物质极其匮乏的条件下，人们的反应会集中于关于生存不安全的反应。生存不安全会导致很多现象，如排外、很强的群体内部团结、对传统文化的严格遵从等。另一方面，在告别短缺经济时代后，日益增长的安全感则促进人际信任、对外国或外部群体的宽容态度、支持性别平等、权威式微、民主政治制度（包括文化和大众的互动）。这为企业法人共蕃转型创造了非常有利的人文环境。

因而，在这样的市场人文环境下，企业转型法人公民、履行法人公民责任，是人类熵运大势所趋、共蕃经济文明必然要求。

2.权力（利）与责任（义务）：企业转型法人公民的天然法理

与自然人公民一样，作为共蓄经济文明下的法人公民，天然地赋予相互对等的权利与义务，以及权力与责任。

权利，首先是指自然权利，然后才是法人公民权利。自然权利指自然界生物普遍固有的权利，并不由法律或信仰来赋予，它是不可转让、不可剥夺的，是理论上存在的权利。自然权利是自然生物所共有的、任何个体都可对隶属对象或其他物种或大众所要求的重要利益。但是，法人不可能是一种孤立的组织，不仅要在自然世界遵循自然法则，也要在人类大众遵循包括法律和道德在内的各种行为规则，然后才能持续生存。所以，自然权利最终要通过大众权利实现。

法人公民权力主要是法律规范赋予的，也有些是道德规范赋予的。"权力"一词在大部分情况下与"责任"相对应，是现代政治学和法学的基本范畴之一，也是法律规范的关键词。从通常的角度看，权力是为道德、法律或习俗所认定为正当的利益、主张、资格、力量或自由，是法律赋予权力主体作为或不作为的许可。凡是存在权力的地方，责任也是存在的；凡是存在责任的地方，也必然有权力的影子，而权力与责任的相互匹配正是大众公共生活和谐与否的关键所在。无论一个人，还是一个法人组织，如果享有充分的权力却不能承担相应的责任，那么这种权力的合理性就会受到质疑、受到挑战；另外，如果一个人或者一个法人组织肩负诸多责任却没有相应的权力，那么责任就难以承担起来。这时，人或者法人组织都会浮躁不安。责任是把该做的事情看作分内的事情，是主动承担的使命，因而有责任也能担当责任的人更容易获得自由，因为他比一般人少了一份被动性。负责任的人在自身的自由中行动，除了他的言行以外，再没有其他东西能够强迫他，这就是他自由的证据。

企业价值共蓄责任导源于企业与市场主体，以及公共大众的关系。企业与自然人一样在公共大众中都是公民，都享有特定的权利和义务或权力和责任。因而，企业法人公民、企业价值共蓄责任的概念便合乎逻辑地推导出来。

在共蓄经济文明中，法人公民权力（利）与责任（义务）方面的制度与规范，应该是世界各国规范市场经济秩序以及整个大众公共生活秩序的一项重要法律制度。一般认为，法人公民制度肇始于罗马法。在罗马法中，有关法人的术语非常多。在一个比较发达的市场经济体里面，法人公民一定很多。这些法人公民在现代公民大众中间，被称为"支撑市场发展的从业者团体"。它们跟私营经济的长期发展命运相关，是一个命运共同体。与自然人公民有重大区别，本书主张在共蕃经济文明下，企业法人公民与政府、政党、公共大众团体等一起，共同肩负完善市场经济体制的法人公民价值共蕃生态之责。企业法人公民是企业在大众公共生活上的公民形象，是企业将大众基本价值与日常商业实践、运作和政策相整合的行为方式，反映了大众对企业的信心和信任的原因。

二、共蕃逆熵理念共识

哈佛大学政治学教授迈克尔·桑德尔认为，需要重建非市场价值观。但是，市场至上的逻辑已经侵入了当代公共大众的家庭生活、人际关系、健康、教育、法律等众多领域。迈克尔·桑德尔实际表达的是对市场经济的担忧。而人们应该认识到，市场经济法则是不可抗拒和不可或缺的人类熵运法则。那种把市场经济仅作为工具的思想，与共蕃经济文明的通世理念是不相容的。人们不得不面对的一个无法改变的事实，在市场经济文明的规则中，任何事物都待价而沽，人类生活的所有角落都被市场交换关系所统领。但是，这并不是说，市场经济文明不需要发展与改进。经济文明的共蕃逆熵构建，是为了推进市场经济文明向更高层次发展。

（一）自律互惠理念通世共识

共蕃经济文明具有两种最基本的元素：一个是主观上的，主要指为价值共蕃生态所必需的自由、平等、权利等契约伦理，它是共蕃经济文明合法性论证的终极基础；另一个是客观上的，是具有共同的认同基础的法人公民和自然人公民。这就意味着，只有共同立约的法人公民和自然人公民才有权享用他们所共同声明的用毕生去追求的基本价值。

契约理念初始于一种交易，即各方同时为获得更大利益而进行的基于平等地位的一种自由交易，各方并因此而建立起一种权利、义务关系。共蕃经济文明的契约理念包含四种含义。其一，契约首先确定了共蕃经济文明中法人即自然人个体的主体地位。个体是独立的行为主体，有自己认知的自由、选择的自由和行为的自由。其二，契约强调了行为双方的权利和义务。个体在享受共蕃经济文明中公共大众服务时，必须给予公共大众一定的付出，这样每个人都处于共蕃经济文明的宏大背景中，每个人都成为价值共蕃生态中公共大众的一分子，无法逃避，无法抹杀。共蕃经济文明的公民意识在这种权利与义务的交互中产生。每个人都关心和履行共蕃责任，共蕃经济文明才有持续发展的动力。其三，契约需要双方信守承诺。从市场交易的买卖行为演变为共蕃经济文明的交往原则，从商品经济的诚实守信演变为共蕃经济文明的道德体系，诚信未变。其四，契约需要评判工具，当交易无法进行时，需要一种机制的介入来协调双方关系。在传统"国家"，这种关系是权威和情感，有很大的浮动性，缺乏统一的标准。但法律是标准而严格的，它一视同仁，能够很稳定地处理公共大众的纠纷。在法制化健全的国度，公平和正义也就有了切实推行的依据。

姚大志认为："契约论"长盛不衰的魅力存在于两种不同的理想之中。一种是"自律"的理想，它将契约看作一种意志行为，其道德性存在于订立契约的自愿性质之中；另一种是"互惠"的理想，它将契约看作为一种交易行为，其道德性依赖于交易的公平之中。"自律"理想突出了缔结契约是人们的自愿行为，而"互惠"理想则强调了契约应具有的公平性质。有人认为，此两种理想间存在一个内在理念冲突：按照"自律"理想，当自然人或法人自由而且自愿地达成契约的时候，自然人或法人就必须履行契约的义务，无论这些义务是什么；是按照"互惠"理想，自然人或法人之所以履行契约义务，只在于自然人或法人预期它能产生公平的结果。实际上的确如此，但也体现了契约精神所蕴含的客观存在的神奇性。无论是企业法人还是自然人，都是由一个个个体所组成。在价值共蕃生态中，整体利益是一致的，但每个个体的利益并不完全一致，必须通过无形之手和有形之手的作用，使利己与利他高度一致。不管是无形之手还是有形之手，在共蕃经济文明发挥作用，都必须通过契约来达成。达成契约后，还必须完整履约，为此，必须靠每个法人和自然人的自律；而保证履约的动力，则来自互惠。没有自律必有他律，契约精神的保持则不仅仅需要自律，同时也需要他律。没有互惠，契约精神就失去了利益根基，市场经济就失去了存在的可能。而且，自律和他律也是互惠存在的必要条件。

但由于任何事物都不可能是绝对完善的，所以任何实际的缔约情境都是不完善的，自然人或法人在知识、信息和能力等方面都不可避免地存在着各种局限性。因此，契约论两种理想之间的内在冲突往往使自然人或法人处于两种可能处境之中：出于"自律"，自然人或法人应该承担履行自愿达成的契约义务，但契约包含着产生不公平结果的内容；出于"互惠"，自然人或法人应该承担履行具有公平结果的契约义务，但契约的最初缔结是不自由的，自然人或法人当时没有选择的余地。对此，无须过多论述。任何自律都是不完整的，所有才有他律，但这并不影响契约的达成和执行，因为还有他律。任何互惠都不能做到均等互惠，但只要有互惠，尽管有一定的不均等，同样不影响契约的达成和执行，因为只要有互惠就会有契约的达成与执行。理想很丰满，现实很骨感。非完善情景下的契约也是契约，而且是现实的契约。

（二）休戚与共思维通世共识

21世纪，是人类文明前所未有的巨变期。市场经济的发展，把人类带入共蕃经济文明时代。在告别短缺经济、物质极大丰富的今天，靠掠夺和榨取已难以为继，彼此已成为生存与发展的前提和必要条件，包括企业与企业的关系，虽然竞争依然或者永远存在，但共建共享的共蕃经济文明生态构建则成为必然要求。人们越来越清晰地意识到，休戚与共思维的必要性、重要性和迫切性，尤其是在新冠病毒肺炎疫情暴发后，休戚与共思维正向通世共识不断扩展。

从宏观经济角度看，供给方的发展必须依靠需求方的发展；反之亦然。在自然环境上，靠牺牲环境来发展已经难以为继，过度掠夺自然，已经开始受到自然的强烈回击与制裁。随着经济，尤其是市场经济的发展，人们越来越清醒地意识到，人类要更好地生存与发展，既依赖企业的发展，更依赖于对企业发展理念、发展思维、发展方式的矫正。实际上，也是企业的自我矫正。没有企业的发展，就没有科技的进步，面对人类面临的威胁，面对地球面临的威胁，将束手无策。但是，如果没有对企业的矫正，尤其是休戚与共式的矫正，让企业野蛮生长，人类和地球或将面临更大的威胁。人们应该认识到：市场，无论是内涵还是外延都在前所未有地扩展。人类的各类法人、各类组织，都已纳入到了市场经济制度的大范畴之中。市场经济如同黑洞，在吸收一切。在市场经济这个无法抗拒的巨大黑洞里，人类如何矫正企业，企业如何矫正自己，是一个必须破解的重大课题。树立休戚与共思维，构建全球休戚与共思维通世共识，则是必然选项。在扩展的宏观市场中，企业的交易成本与收益，无不受到宏观市场各要素的影响，无不纳入整个市场经济的制度成本与收益之中。在共蕃经济文明生态下，你就是我、我就是你，你就是他、他就是你，关起门来我行我素、任尔东西南北风已被彻底否定。

休戚与共思维对企业的可持续、负责任运营，提出了更高的要求，在

"赚钱"之上的公司治理、环境足迹、雇主品牌、包容性和多元化，风险管控等各个方面，都提出了更深入、更严格的诉求。企业在战略决策、运营管理、市场拓展时，必须兼顾利益相关方诉求，这些诉求不仅仅是企业承担对外责任时必需的考量，也是建立正确的竞争优势的重要资源。这些资源，包括政策、公众认可、媒体观点等，它们都关乎企业的成败。

1995年，戴维·巴伦就在《市场与非市场环境》中提出了，企业战略需要指导企业在市场与非市场环境中行动，即同时并有机地整合企业经营、供应链、客户契约型作用机制，及交易之外的社会、政治、法律等方面的制约和非市场调节因素；从而系统地、有效地、负责任地应对政府、社会、文化等非市场影响对企业的挑战，确保良好的竞争战略、商务目标的实现与企业的核心价值协调一致。当然，巴伦提出的非市场概念，也应纳入扩展了的宏观市场之中。

人们欣慰地看到，近年来，越来越多的公司CEO开始认真谈论企业对外责任与使命，其表述越来越接近共蕃经济文明的定义；而且越来越多的企业，尤其是市场常青树企业，开始以共蕃经济文明的要求在重写、修订其使命和愿景以及企业叙事。有观点认为，2019年美国顶级公司首席执行官在华盛顿召开的美国商业组织"商业圆桌会议"上联合签署的《公司宗旨宣言书》，其重大意义在于，商界领袖们对企业的初心、企业相对于外部环境、利益相关方的存在意义，以及企业在推动人类进步、环境和谐进程中的角色、作用，给出了新的和明确性指引，历史性地为力图在创造经济价值的同时，创造外部环境和相关方共蕃价值打开了通途。该宣言书最后强调："每一个利益相关方都至关重要"。

事实证明，这是非常正确的抉择，也是市场常青树企业在休戚与共思维主导下的必然选项。据《哈佛商业评论》2019年第5期刊登的研究报告表明，那些关注外部环境和相关方议题，并将其转化为与企业生存和发展紧密相关的实质性议题的企业，他们的综合业绩往往比不关注的要好很多，也往往更持久地得到投资人、股东和公共大众的认同与支持。

第二节　企业共蕃正途

随着市场经济的发展，企业无论是生产还是管理，都处于开放、共蕃的生态之中。美国波音公司B-747巨型客机的研制和生产，就是在1100家大企业和15000家中小企业之间分工协作基础上共同完成的。大企业之间以及大企业和小企业之间的共蕃表现为直接合作或间接合作，各企业按照大企业的生产决策和对产品的关键部件、零部件和工艺过程的生产和加工。由此可见，企业价值共蕃既是市场经济发展的必然趋势，也是企业价值成长的客观要求，是人类共蕃经济文明使然。显然，是任何企业都无法抗拒的历史潮流。

原则上讲，企业价值共蕃责任是指，一个公司应该对以自己的经营行为和后果对他人的价值实现负有责任。共蕃经济文明中，企业价值共蕃值必须在防止其外部负面影响的底线之上。这些影响在很多领域都可能发生并且会涉及各种各样的利益关系群体。企业价值共蕃责任实际上是企业与其他法人及公共大众之间的价值共蕃"契约"，在大众公共生活上显示着"公司的法人公民形象"。实施企业价值共蕃责任的体系框架是由政府、企业、各种利益相关的非政府组织和个人构成的。一些善意的宗教组织也利用对于公司各级人员的影响介入了这一活动。

共蕃经济文明下的市场由自利到共蕃的转变，不仅对企业来说是颠覆性的革命，对整个人类熵运来说，也是意义非凡。无论是法人，还是自然人，其存在的价值及其发展，都建立在互联互利的基础之上。在围绕着企业价值共蕃责任运动展开的以伦理和文化为核心竞争力的博弈中，企业法人要按照市场规制和大众伦理要求建设以企业市场责任为核心的共蕃逆熵，依据公共大众主流规范价值期望作出自身企业价值共蕃责任的战略调整，基于其他竞争者的责任决策而寻找新的价值共蕃点。

一、坚守内在逻辑

在传统相对封闭的市场生态中，经济、政治等，各司其职，互不干预（当然，计划经济中，政治、经济等完全统一，唯独把市场排除在外），自我封闭，各自价值成长相对独立、割裂，没有形成有意识的互联互通。企业在相对封闭的市场环境，价值成长取决于自身；在与外界的博弈中，基本是一种零和游戏。经济有时甚至以损害自然环境、公共大众心智环境、政治环境而增长。显然，这种环境下，包括企业价值成长在内的经济增长是不可持续的，由此出现了"马尔萨斯陷阱"（土地资源被完全占用后，经济无法再继续增长）、"中等收入陷阱"（人均国民收入达到一定水平经济再也无法增长）。历史上，率先实现工业化的国家，在向后工业化过渡时期，也曾遇到过经济发展与环境和资源紧张关系带来的所谓"增长极限"问题。所有的"陷阱"说、"极限"说，都是相对封闭的市场生态环境下的必然现象，是零和游戏使然。显然，这是熵增的逻辑。价值共蕃则与之格格不入，这是因为其具有内在的、极其鲜明的逆熵逻辑。因此，企业更应该坚守核心逻辑，把握价值共蕃生态市场的运行规律。

（一）共成长逻辑

突破经济发展与环境和资源紧张关系带来的"增长极限"、跳出"中等收入陷阱"陷阱，就必须走共蕃经济文明正途，以此建设一个开放型的共蕃市场生态。目前来看，开放型的共蕃市场生态建设，工具和手段日益增多，建设速度也在加快、水平也在提高。在互联网、大数据、智能化新的时代背景下，一切都正在转换为数据，所有的东西都在迭代升级，没有东西可以停留在原来的框架之下；边界不断地被打开，市场主体可以跟更多的人、更多的组织、更多的机构做链接；颠覆不是出现在内部，而是在外部。

在共蕃经济文明下，"发展自己，发展他人"，没有共就没有创，没有共就不会有生，没有共就没有赢。由此，很多行业被重新定义，边界被打破，游戏规则被改变。任何市场主体都是一个共生型的组织，不是一个独立的组织，也不是简单的平台型组织，而是互为主体，从而打破价值活动分离的模式。企业必须变成共创共赢生态圈的一分子，用户和利益攸关方都在共蕃生态圈中，共创、共生、共赢、共享价值，提升价值。固化利益格局或者阻碍共生价值的企业，难以获得发展，只会熵增，不会逆熵。在人类共蕃经济文明的世界，开放型共蕃市场生态必将逐步进入到一个比较健康和良性的商业交易结构，因此一定要实现各方的价值增值、价值成长。人类依赖于共同生活的规律而生息繁衍，分工制造了利益分配的差异，商人及其代表他们利益的公司最有可能或者说必然是拥有利益最多的群体。人类公共生活出现的不公，很容易在公司股东与普通员工之间体现出来。在企业群体中，因为企业历史、经营成功、资源占有、市场影响力等原因的不同，而造就了大小规模的不同，在原生态的竞争环境中势必产生大企业掠夺市场、掠夺资源排挤中小企业的垄断局面，公众群体所期望的共同繁荣的目标受到威胁，甚至政府对公共领域的管理面临挑战。因而，共成长就是企业法人公民必须遵循的共蕃逆熵逻辑。否则，其他法人会借助各种手段迫使企业遵循这一逻辑。通过建立反垄断法律制度，对排他性竞争现象进行扼制，就是一种必然选择。

事实上，公司价值共蕃责任制度建立的序幕就是反垄断立法的开始。只是这个行动的目标比较单一，不能涵盖其丰富的内涵。起始的东西总是比较简单甚至是粗糙的，但一种概念，一个念头，一种现象的本能的制度化的反映，都可能会演变为一种时代运动。从这个意义上讲，反垄断立法可以被看成现代公司价值共蕃责任运动的起源或源头。通过规制垄断企业的行为，调整该企业与其他企业在生存发展中的冲突，解决外部市场主体共同利益与特定企业利益之间发生的冲突，以此维护竞争秩序和消费者利益。而被法律认可的一定经济秩序，包括竞争秩序本身就是一种市场共蕃利益。

有不少学者及其理论为垄断辩解，认为自由竞争的制度安排符合资本主导经济的自然生存法则，这种法则的完美载体是自由市场和企业资本主导经济。而反对者指出，这种理论事实上忽视了资本原始积累中的野蛮、残暴以及资本本身的血腥，忽视了人的灵魂被资本支配情景下的贪婪、自私对整体公共大众和谐的践踏，特别是对大规模企业利用经济优势地位对整个经济秩序体系的毁坏。反对者前半部分的评判值得商榷，因为没有血腥的原始积累，就没有人类经济文明的今天。积累是经济文明发展的需要，这是最大的道德，以农业文明的道德标准衡量工业文明时代大公司的道德显然是站不住脚的。美国率先制定反垄断立法，正是出于对上述反对者后半部分的认识和把握，其宗旨是维护自由公平的市场经济竞争秩序，制约大公司对大众公共组织结构的磨损与腐蚀，以维护大众公共利益。实际上是共蕃市场生态对原始市场生态的进化。

（二）价值链逻辑

任何一个市场主体都无法独立生存，它总是处在一个明确的价值链条之中。如果企业不明白价值链是今天竞争的基础，战略不能以价值链为出发点，那么市场将会淘汰这些企业。企业需要的是真正可以满足市场价值共蕃要求的能力。因此，企业需要好好理解"什么才是当今企业的战略出发点"这个问题。1985年，波特在《竞争优势》一书中提出价值链的概念。波特的价值链定义是狭义、微观的定义,是指从原材料的选取到最终产品送至消费者手中的一系列价值创造的过程。在共蕃经济文明的开放型市场生态环境中,价值链作为一种分析的工具,已超越企业的边界而扩展到政治、经济、公共大众全要素市场主体,涵盖了市场主体外部价值链和内部价值链的总和。包括企业在内的市场主体各项活动之间都有密切联系,每项活动都可能给市场主体创造有形的或无形的价值。

有观点认为,当今企业的战略出发点应该是共享价值链。持这些观点的学者告诫企业,一定要记住其他同行不是企业的对手,从某种意义上讲,它们是合作伙伴,都正在逐渐扩展产品的使用范围。企业必须致力于企业的服务是对顾客价值的贡献,必须致力于能否带动业绩成长的营销服务;企业应该知道服务营销的目的是创造价值分享的可能。无疑,这些学者的观点和告诫有其积极意义。但是,需要进一步指出的是,在共蕃经济文明中,由于数据、协同、智能等要素的持续激烈碰撞,则必将重构价值系统结构,带来连续性、可预测性和关联思维。由此,价值链的核心不仅仅是分享,更重要的是协同、互联、创造。

开放型市场生态的本质特征是去中心化,每个企业在市场中既处于中心位置,又不在中心点之上。在共蕃经济文明的开放型市场生态环境中,企业不再独立创造价值,而转变成企业和各市场主体、个体互动,共同创造价值,形成"互联价值体系"。仅从企业的商业形态看,一方面,获取消费者和商业价值的入口变得分散;另一方面,随着消费的升级,市场更加挑剔和细分。比如,一个零售企业在规模方面的真正实力,并不仅仅取决于其在一个相对封闭的市场中所占某一类产品的市场份额,更重要的是其在整个价值链当中共蕃价值:沃尔玛曾连续位居世界 500 强的首位,人们在分析它成功原因时,多是从战略和业态创新方面。而事实上,相对于年收入 3100 亿美元的数据而言,沃尔玛真正让业界动心的是这样一组数据——宝洁、可口可乐、卡夫等企业的产品,超过 10% 是通过沃尔玛销售的;全美国儿童的圣诞节玩具超过 30% 是从沃尔玛购买的,数以万计的消费品生产企业唯一的客户就是沃尔玛。沃尔玛所代表的正是消费者和供应商的依赖,这是沃尔玛成功的关键。这也是共蕃经济文明的开放型市场生态环境下,企业法人公民共蕃市场价值的真谛。

二、肩负共蕃责任

一个成功的企业必定有其核心的价值理念和价值追求，构成其独有的价值理性。这种价值理性成为支撑企业生存与发展的脊梁。在相对封闭的市场环境下，企业往往关注企业自己，普遍认为企业价值成长是提高自身的管理水平、战略水平、发展水平和竞争能力。而在开放的市场生态环境下则强调，自身的存在是相对其他市场主体和市场个体来说，具有价值。也就是说，企业个体的价值成长，是建立在有利于其他市场主体、市场个体价值成长的基础上。这样，企业导向发生了根本性转变，共蕃逆熵显得越发重要。而且，在共蕃经济文明的开放型市场生态中，由于信息透明度的提高，包括政府在内的各市场主体间的博弈，已不可能是"零和游戏"。因此，按照生物学家菲布莱曼提出的"整合层次的理论"，只有那些自觉投身于共蕃逆熵的企业个体，才能在贡献市场生态主体的整个价值提升中，有效实现自身的企业价值成长，并在市场生态的激烈自然淘汰中立足、生存和发展。

（一）内在需求

作为市场个体的企业，其价值共蕃，也是自身价值成长的内在需求。

第一，解决企业痛点的内在需求。在共蕃经济文明的开放型市场生态环境下，作为市场个体的企业，无法独立实现价值成长，而需要构建价值成长网络。因此，绝不可能以自我为中心去独自发展，而要与外部各要素形成共生关系。为此，价值共蕃有利于解决企业在共蕃经济文明的开放型市场生态中生存与发展的诸多痛点，包括企业无法独家拥有所有的技术和资源，网络技术导致企业必须是一个能够与网络结合的企业而非独立的个体，信息时代的不确定性成为常态等。价值共蕃建设，就是推动市场价值链各要素共生、共建、共创、共享，经由价值链成员的优势互补来实现双赢、共赢，从而成为解决企业这些痛点的最佳路径。

第二，打开企业边界的内在需求。市场个体自我独立和万物互联互通，是开放型市场生态的一大内在冲突。这是因为任何一个企业都有两个边界：一个是组织边界，一个是价值成长边界。组织边界是指能够跟多少人合作，价值成长边界是能不能整合整个供应链和价值链。打开两大边界，是价值共蕃建设的要义所在。这是因为，推进价值共蕃可以提升企业理解全球化的能力，为企业注入全球化理念，改变思维方式，推动企业自觉遵从"整体大于部分之和"的规律，将一种"物质"转换成一种"资源"，将现有的资源结合在一种新型的、更具生产力的结构里；激励企业打破边界，增强不断打破边界的能力。

第三，持续匹配环境的内在需求。在共蓄经济文明中，企业与环境匹配的能力，是企业生存与发展的重要能力。达尔文在《物种起源》中指出，不是那些最庞大的物种能存活，也不是最聪明的，而是那些最能适应变化的。企业全球化价值互联的能力，就是适应共蓄经济文明的开放型市场生态环境能力。因为，企业间的竞争不只是在某个环节能力上的竞争，而是企业在整个价值链作用上的竞争——在整个价值链作用上的综合能力，决定企业的竞争力。企业与环境互为主体，企业如果不能顺应共蓄经济文明的发展要求，不能与各市场主体形成价值互联，企业就不可能具有竞争力。价值共蓄建设核心，就是推动企业主动深刻地理解共蓄经济文明的开放型共蓄市场核心逻辑，走出一条共生、共建、共创、共享的价值互联发展之路，形成价格、服务和质量的平衡优势能力，使企业在共蓄经济文明的开放型市场体系中赢得促进自身价值成长的最佳位置。

共蓄经济文明时代，是一个令人兴奋的时代。企业通过大力推进价值共蓄建设，能够以更加饱满的热情和其他市场主体、个体融合在一起，和市场生态整体价值链融合在一起，成为市场主体的常青树，成就百年伟业。

（二）价值共蓄

放眼全球，企业价值共蓄的责任担当，已经在悄无声息地重塑企业商业模式。优秀企业已经在展示全新的企业发展方式：追求高品质的企业价值成长；搭建良好的价值互联平台，有力推动企业自身和市场系统互联价值的提升。尤其难能可贵的是，在共蓄经济文明还没有被充分认知的情况下，企业，尤其是一些优秀的企业，其大众价值共蓄责任自需求意识已经日趋显现。

在迈向共蓄经济文明的开放型市场生态环境下，大众价值共蓄责任履职能力已成为衡量企业持续发展能力的重要指标，很多跨国公司都把"企业法人公民"作为公司的核心价值观之一，并付诸实践。《财富》和《福布斯》在全球企业排名评比时，不仅以总收入、利润等作为定量指标，还加上了大众价值共蓄责任标准。一个没有共蓄责任意识的企业不可能永续经营，只有"取之于市场，用之于大众"的企业，才能在自身发展中与市场相关方形成良性互动。

　　欧美企业：共蕃经济文明的探索与实践。

　　企业大众价值共蕃责任理念的产生，始于19世纪末的西方，主要是欧美国家。19世纪末叶是美国资本主导经济发展走向规范和法治的关键时期。1892年12月，《政治经济杂志》创刊。拉夫林教授，第一篇文章的作者和芝加哥大学经济系的创立者，这样描述美国公共大众的道德觉醒：

　　我们似乎正在经历一种非常特殊的或许可以被称为没有相应的头脑发育的良心发育阶段。全国各阶层的人民，看上去都患了来自真正高尚德性的传染病。每一位具备常识、教养和有智慧的人，都被一种从未有过的欲望所感动着，要去帮助更低下阶层的人们。这一运动背后的毫无疑问如此细腻与高级的动机，使任何试图改变这一运动的建议显得即便不是非正义的也是不光彩的①。

　　德国 WESCO 公司董事长艾格贝特·瑙浩斯说过：“德国有 2/3 以上的企业都是我们这样规模的家族企业。因此，我们认为家族企业和大企业一样，必须勇于勤于承担当地的社会（大众共蕃）责任，向各种协会、体育俱乐部、文化组织等投入大量人力物力。”如果没有德国企业的支持，德国的文化事业将捉襟见肘。世界上很少有像德国这样的国家，96% 的企业都自觉自愿地赞助文化事业。2000 年，福特汽车公司发布了公司历史上第一份企业法人公民报告，着重阐述公司产品及全球业务活动所带来的经济、环境及公共大众生活形态方面的影响。美国大都会集团（纽交所：MET）是全球大型寿险公司之一，在其发布的 2016 年企业责任报告中有不少亮点，包括其在环境、公共大众和治理 (ESG) 等方面的表现以及对公共大众和经济作出的积极影响。可以说，在共蕃经济文明的大趋势中，企业共蕃市场价值的选择取向已十分明确。苹果、亚马逊和谷歌组成了一个罕见的联盟以改进智能家居设备，此举是为了避免争夺地盘的战争导致 Alexa、Siri 和 Google Assistant 支持的智能设备市场受限。这些在语音助手设备市场上激烈竞争的硅谷科技公司已同意相互合作，并与包括三星、宜家和康卡斯特等数十家公司的 Zigbee 联盟 (Zigbee Alliance) 合作。

　　纵观人类300多年市场经济文明，从全球的角度看，强大的百年老店，无一例外，都要选择持续坚持逆熵思维和正确的逆熵选择。以此为企业注入不竭动力，唤起一种不可估计的能量、热情、主动性和责任感，以保障企业

---

① 汪丁丁：《企业家、经济学家与媒体的分工》，四川大学哲学研究所，2007 年 1 月 10 日。

达到一种更高的发展目标，以及在遭遇各种生存风险中实现涅槃，脱胎成为更具成长性的全新企业。格局、治理、制度、人本、天职、交易、品质、维新、共蕃等，是极为重要的逆熵之道，其背后有着深厚的理论和案例支撑。市场、梦想和未来，对今天的企业逆熵选择充满期许、充满期待。借用生物学的观点，逆熵思维和抉择实际上是一种企业进化的神圣使命所使然，而逆熵之道也是企业实现生命价值的成功之道。最新的进化理论认为，进化是以快速爆发的方式发生的，随后会有很长的稳定期，直到危机再次发生。物种要么发生变异，适应新的环境，要么灭绝。

显然，对逆熵的选择，对逆熵之道的遵循、尊重、遵守，是企业生命价值的必然要求。企业熵运有其自身规律，法人存亡有其自身生命价值逻辑。决定企业法人熵运的逆熵也不仅仅是本书所解读之内容，但这些逆熵解读是企业的常识。常识必须认知，不可轻视，更不应违背。否则，企业的生存发展就很难避免不必要的挫折，给股东、给员工、给消费者、给公共大众、给国家带来资产和精神损失。往往失去的，人们才会感到其可贵。自然人如此，包括国家、政府、政党、社团业等在内的法人组织皆是如此。尤其是企业，尊重商道、遵循逻辑、遵守逆熵法则，就是珍视生命价值。

参 考 文 献

[1] 中共中央文献编辑委员会编辑，《邓小平文选》（第一、二、三卷），人民出版社出版 1993年版。

[2] 帕克斯·M.小科布尔著，蔡静仪译：《上海资本家与国民政府（1927—1937）》，世界图书出版公司 2015年版。

[3] 吴晓波：《跌荡一百年：中国企业1870—1977（上）》，中信出版社 2009年版。

[4] 亚当·斯密著，郭大力、王亚南翻译：《国民财富的性质和原因的研究》，商务出版社 1983年版。

[5] 吴敬琏等：《大中型企业改革：建立现代企业制度版》，天津人民出版社 1993年版。

[6] 钱乘旦：《第一个工业化社会》，四川人民出版社 1988年版。

[7] 吴广义、范新宇：《苦辣酸甜——中国著名民族资本家的路》，黑龙江人民出版社 1988年版。

[8] 梁志安：《起死回生——著名企业家智度难关精彩事例》，学苑出版社 1994年版。

[9] 约瑟夫·E.斯蒂格利茨著，周立群等译：《社会主义向何处去》，吉林人民出版社1999年版。

[10] 贝尔纳·夏旺斯著，吴龙波译：《东方的经济改革》，社会科学文献出版社1999年版。

[11] 魏杰：《企业前沿问题——现代企业管理方案》，中国发展出版社

2002年版。

[12] 汤应武：《抉择——1978年以来的中国改革历程》，经济日报出版社1998年版。

[13] 卡尔·A.魏特夫著，徐式谷等译：《东方专制主义》，中国社会科学出版社1989年版。

[14] 卡尔·马克思著，王亚楠译：《资本论》，人民出版社1990年版。

[15] 米歇尔·博德著，吴爱美等译：《资本主义史》，东方出版社1987年版。

[16] 埃冈·约伯格、威廉·达菲等著，荣敬本、吴敬琏翻译：《比较经济体制》，商务印书馆1986年版。

[17] 伊保云：《现代化通病》，天津人民出版社1999年版。

[18] 托马斯·K.麦格劳著，赵文书、肖锁章译：《现代资本主义》，江苏人民出版社2000年版。

[19] 厄尔斯特·罗德尔著，孟婕译：《权力与货币》，中央翻译出版社2002年版。

[20] 约翰逊著，安佳、肖遥译：《政府到底该干什么》，云南教育出版社1990年版。

[21] 杜恂诚：《民族资本主义与旧中国政府》，上海社会科学院出版社1991年版。

[22] 埃德蒙·惠特克著，徐崇士译：《经济思想流派》，上海人民出版社1974年版。

[23] 费尔南·布罗代尔著，顾良、施康强译：《15至18世纪的物质文明、经济和资本主义》，生活·读书·新知三联书店1992年版。

[24] 王梦奎：《在经济转折中》，华文出版社2000年版。

[25] 万峰：《日本资本主义史研究》，湖南人民出版社1984年版。

[26] 保罗·A.萨姆尔森，威廉·D.诺德豪斯著，胡代兴等译：《经济学》，北京经济学院出版社1996年版。

[27] 柳随年、吴敢群：《中国社会主义经济简史》，黑龙江人民出版社1985年版。

[28] 王方中：《中国近代经济史稿》，北京出版社1982年版。

[29] 谭宗级、郑谦：《十年后的评说》，中共党史出版社1987年版。

[30] 吴江：《中国资本主义改造问题》，人民出版社1982年版。

[31] 严中平:《中国近代经济史》,人民出版社1989年版。

[32] 阿瑟·刘易斯著,梁小民翻译:《增长与波动》,华夏出版社1987年版。

[33] 尼尔弗格森著,顾锦生翻译:《罗斯柴尔德家族》,中信出版社2009年版。

[34] 坂本光司著,蔡昭仪译:《日本最了不起的公司》,宁夏人民出版社2010年版。

[35] 韩克庆:《经济全球化、社会分层和社会保障》,中国劳动社会保障出版社2005年版。

[36] 保健云:《知识资本》,西南财经大学出版社1999年版。

[37] 克洛德法尔马著,郑鹿年译:《欧洲文明史》,上海人民出版社1988年版。

[38] 汪海波、董志凯:《新中国工业经济史》,经济管理出版社2010年版。

[39] 户川猪佐武著,刘春兰译:《战后日本纪实》,天津人民出版社1984年版。

[40] 巴林顿·摩尔著,拓夫译:《民主和专制的社会起源》,华夏出版社1987年版。

[41] 杰尔斯·比尔法著,朱增文译:《美国政府与政治》,商务印书馆1988年版。

[42] 罗德内克·麦克法考尔著,翻译组译:《文化大革命的起源》,河北人民出版社1989年版。

[43] 孟德斯鸠著,婉玲译:《罗马盛衰原因论》,商务印书馆1997年版。

[44] 马克斯·韦伯著,黄宪起、张晓玲译:《文明的历史脚步》,生活·读书·新知三联书店1988年版。

[45] 爱德华·克麦诺尔·伯恩斯、菲利普·李·拉尔夫著,罗经国等译:《世界文明史》,商务印书馆1990年版。

[46] 崔文华:《权力的祭坛》,工人出版社1988年版。

[47] 希尔斯曼著,曹大鹏译:《美国是如何治理的》,商务印书馆1988年版。

[48] 张军:《中国经济改革的回顾与分析》,山西经济出版社1998年版。

[49] 黄仁宇:《中国大历史》,生活·读书·新知三联书店2002年版。

[50] 塞穆尔·亨廷顿著,张岱元译:《变动社会中的政治秩序》,华夏出版社1988年版。

[51] 李泽厚：《中国现代思想史》，天津社会科学院出版社 2003年版。

[52] 克拉潘著，姚增廙译：《现代英国经济史》，商务印书馆 1974年版。

[53] 约翰·肯尼思·加尔布雷斯著，朱世军译：《权力的分析》，河北人民出版社1988年版。

[54] 彼得·布罗夫斯基著，姜志军译：《阿道夫希特勒》，群众出版社1983年版。

[55] 求盛：《日本发展神话的崩溃》，经济科学出版社 2000年版。

[56] 穆罕默德·礼萨·巴列维著，元文奇译：《我对祖国的责任》，商务印书馆 1977年版。

[57] 艾伦·帕麦尔著，高年生译：《俾斯麦传》，商务印书馆 1982年版。

[58] 埃德文·哈特里奇著，范益世译：《第四帝国的崛起》，世界知识出版社1982年版。

[59] 黄苇町：《中国的隐形经济》，中国商业出版社 1996年版。

[60] 何大隆：《外国经济体制概论》，新华出版社 1985年版。

[61] 邓家荣、赵瑞：《资本主义原始积累史》，吉林人民出版社1981年版。

引 用 文 献

[1] 周瑞金：《社会管理的历史、现状与创新》，《炎黄春秋》2012年第4期。

[2] 中央电视台：大型纪录片《公司的力量》，2010年播出。

[3] 夏忠：《美国企业文化具有哪些基本特色》，《商场现代化》2008年第7期。

[4] 许知远：《首席执行官——新商业政治家》，企业文化网，2013年3月1日。

[5] 习近平：《在企业家座谈会上的讲话》，人民网，2020年7月21日。

[6] 寂寞的红酒：《盘点英国那些著名的企业巨头》，一点资讯网，2020年8月14日。

[7] 王永：《中日企业家的差距》，《发现》2011年第3期。

[8] 瀚海观察：《Facebook拒绝美国拆分，为啥美国那么喜欢拆分大企业》，新浪网，2019年6月27日。

[9] 钱颖一：《未来经济六大趋势与企业家精神》，腾讯网，2017年10月12日。

[10] 罗天昊：《大企业集中北京是好是坏？》，中国陶瓷网，2012年10月26日。

[11] 尹建龙：《关于英国企业家"乡绅化"现象的争论与反思》，《世界历史》2009年第6期。

[12] 刁博：《来认识一下"熵"这个重要的概念》，网易网，2019年6月11日。

[13] 罗远承：《日本为什么有那么多百年企业？》，商界招商网，2015年5月26日。

[14] 郑永年：《中国企业家为何缺少格局？》，新华网，2018年6月20日。

[15] 王元丰：《马云做了一次伟大的演讲》，搜狐网，2017年10月17日。

[16] 苏小和：《民国"黄金时代"的个体小业主》，华夏时报网，2013年6月5日。

[17] 苏小和：《民国企业家的"黄金时代"》，财识网，2013年5月24日。

[18] 胡羽：《"雪印"倒闭破产——丢掉商德的代价》，锐思管理网，2005年9月4日。

[19] 郑永年：《中国企业家为何缺少格局？》，新华网，2018年8月4日。

[20] 约翰·凯：《科斯：诠释"企业为何存在"的诺奖得主》，豆瓣，2013年9月4日。

[21] 禾刀：《民国实业家的家国情怀》，团结报团结网，2019年1月24日。

[22] 傅国涌：《民国企业家的"黄金时代"有什么特点》，《南方都市报》2015年12月21日。

[23] 蒋丰：《日本社是社训中所体现的人性化》，搜狐网，2017年12月21日。

[24] 杰里·乌斯埃姆：《暴君、政客和破坏者——首席执行官简史》，新浪网，2003年2月1日。

[25] 马天宇：《中国企业家前传：近代民族资本家中的家国情怀》，搜狐网，2019年3月11日。

[26] 姬康：《日企长寿DNA诠释东方哲学历久弥新的价值》，搜狐网，2012年5月23日。

[27] 吴建斌：《现代公司治理结构的新趋势》，《法学杂志》1996年第4期。

[28] Phillip Lipton：《股份制公司的演化：从起源到1800年——制度变迁的视角》，搜狐网，2018年10月31日。

[29] 张华、邹东涛：《权责利对称的现代企业公司治理模式探讨》，《商业时代》2012年第4期。

[30] 武心波：《试论日本大企业的"藩共同体"性格》，《日本学刊》2004年第5期。

[31] 姚大志：《国家是如何产生的》，搜狐网，2019年3月14日。

[32] 李连：《公司的起源与发展》，道客巴巴网，2018年2月12日。

[33] 史正富 、刘昶：《静悄悄的革命：西方现代企业产权社会化》，人民网，2012年4月16日。

[34] 仲继银：《德国的企业职工委员会与劳资共决制度》，中国社会科学网，2013年10月14日。

[35] 安德鲁·希尔：《管理者要像马云还是马斯克？》，搜狐网，2018年10月15日。

[36] 范银怀：《陈永贵 禹作敏个人专权的悲剧》，《炎黄春秋杂志》2000年第6期。

[37] 蒋伏心：《现代企业制度：起源与演化》，《南京社会科学》1994年总第67期。

[38] 孙海蓝：《企业文化与执行力》，《企业管理》2008年第8期。

[39] 孟怡昭：《执行力的三种境界和三个层次》，中国营销传播网，2011年9月2日。

[40] 袁晓明：《制度创新让美国超越欧洲》，《环球时报》2007年2月7日。

[41] 刘景华、沈琦：《商人研究新视角：亲属关系和家族企业——格拉斯比转型期英国商人亲属关系和家族企业研究评述》，《史学理论研究》2004年第1期 。

[42] 史亚娟：《为什么说"没有任何成功能够弥补家族传承的失败"？》，新浪网，2020年4月27日。

[43] 苏小和：《中国企业家的光荣与梦想》，财新网，2013年10月11日。

[44] 苏小和：《"民国第二伟人"沉浮录》，搜狐网，2016年6月20日。

[45] 黄 钟：《政体与大国的兴衰》，《炎黄春秋杂志》2012年第1期。

[46] 西蒙·库柏：《下一波人才大流失将发生在英美》，FT中文网，2018年10月22日。

[47] 陈 渊：《日本企业中人的因素分析》，中国营销传播网，2000年7月14日。

[48] 刘植荣：《外国企业高管薪酬怎样拿》，凤凰网，2012年10月20日。

[49] 史正富 、刘昶：《静悄悄的革命：西方现代企业产权社会》，中国网， 2012年4月11日。

[50] 伊恩·桑德尔斯：《物超所值的企业津贴》，网易，2016年8月17日。

[51] 马训科：《IBM公司的企业管理》，易迈管理学习网，2005年12月6日。

[52] 王兰云：《企业战略企业文化与人力资源管理的一致性效应分析》，《人力资源开发与管理》2008年第1期。

[53] 黄卫伟：《华为的人才帕累托曲线》，搜狐网，2018年10月16日。

[54] 托拜厄斯·巴克：《德国初创企业呼唤股票期权》，FT中文网，2019年12月24日。

[55] 叶生：《日本企业文化和宗教信仰》，中国营销传播网，2003年4月18日。

[56] 宋澄宇、李恒全：《理解市场伦理》，凯迪社区，2005年8月24日。

[57] 张辉：《现代公民的权力和责任》，共识网，2011年11月17日。

[58] 张维迎：《自由是一种责任》，凯迪社区，2017年7月6日。

[59] 戴木才：《西方管理伦理的发展趋势》，《中国党政干部论坛》2012年7月10日。

[60] 何钰烽：《权力伦理和经济学》，凯迪社区，2008年11月1日。

[61] 孙兵：《企业信仰塑造》，企业文化兵之道，2016年8月29日。

[62] 赵晓：《商业伦理的重建与企业社会责任的担当》，共识网，2010年8月17日。

[63] 徐直军：《华为为什么重新确立愿景？》，心声社区，2018年4月24日。

[64] 冯钢:《责任伦理与信念伦理:韦伯伦理思想中的康德主义》，《社会科学研究》2001年第4期。

[65] 赵晓：《从市场伦理角度理解西方文明》，《南方周末》2004年4月22日。

[66] 童文红：《阿里巴巴十九年以来的重要内核》，新浪网，2018年4月23日。

[67] 袁宏刚：《个体、群体、契约与企业文化》，中国玻璃网，2015年12月29日。

[68] 项文彪：《浅析犹太教对犹太商魂的塑造》，《江苏商论》2002年第12期。

[69] 周掌柜：《任正非与华为价值观》，搜狐网，2018年10月23日。

[70] 项文彪：《浅析犹太教对犹太商魂的塑造》，《江苏商论》2002年第12期。

[71] 何增科：《公民社会和第三部门研究导论》，西祠胡同，2000年6月

2日。

[72] 罗树忠：《从客户信息到客户知识管理》，中国营销传播网，2001年3月15日。

[73] 刘怡君：《颠覆也会被颠覆：传统企业拉开逆袭大幕》，腾讯网，2018年4月8日。

[74] 张小平：《影响中国的七大商业偶像》，新浪网，2008年5月16日。

[75] 张维迎：《市场与企业家》，凯迪社区，2012年5月23日。

[76] 弗朗科·马雷尔巴等：《回顾计算机产业发展的4个阶段：美国企业统治全球市场了吗》，搜狐网，2019年5月27日。

[77] 王瑞、蒋运通：《西方企业管理重心转移的路径及启示》，《前线》2012年8月15日。

[78] 杨佩昌：《德国企业为什么这样强》，新浪网，2012年5月22日。

[79] 禾刀：《民国企业家精神高地》，中保网，2016年11月4日。

[80] 周掌柜、宋欣、顾思·凯德：《德国博世百年风雨启示录》，搜狐网，2019年5月3日。

[81] 汪静：《寻找品牌"原力"》，《商学院》2017年第7期。

[82] 胡新民：《我们要向日本学习什么》，搜狐网，2018年10月20日。

[83] 毛耀森：《品牌全球化势在必行》，网易，2020年4月30日。

[84] 姜业庆、周子勋：《以品牌建设引领中国质量提升》，搜狐网，2017年11月8日。

[85] 寻空：《消费升级时代下的消费变化和品牌行动指南》，搜狐网，2017年9月20日。

[86] 马晓晖：《美国促进中小企业发展的做法及启示》，《台州日报》2012年10月31日。

[87] 杨壮：《以色列创新的启迪》，《经济观察》2014年3月22日。

[88] 吕丽莹：《犹太人大规模创新的秘密是什么？》，凤凰网，2019年1月7日。

[89] 杰里米·里夫金：《中国为什么可以引领下一次全球变革浪潮？》，FT中文网，2017年9月19日。

[90] 袁伟时：《辛亥革命的意识形态陷阱》，《炎黄春秋杂志》2012年第2期。

[91] 马天宇：《近代民族资本家中的家国情怀》，搜狐网，2019年3月

11日。

[92] 陈春花：《顾客价值时代，要成为价值型企业，要共享价值链》，搜狐网，2018年9月26日。

[93] 苏小和：《民国企业家精神和非政府组织》，华夏时报网，2014年4月18日。

[94] 浮泊凉：《美国科技是如何发展起来的？》，评历史网，2019年7月1日。

[95] 陈功：《世界进入双边贸易协议时代》，博客中国，2018年10月18日。

[96] 张辉：《从公民到现代公民》，共识网，2011年11月17日。

[97] 郑若娟：《西方企业社会责任理论研究进展》，《国外社会科学》2006年第2期。

[98] 张庆熊：《社会体制、价值交流和超越精神》，天益社区，2007年6月27日。

[99] 孙孝文：《全球企业社会责任运动中的"权力博弈"》，《南方周末》2019年11月16日。

[100] 孙尚诚、徐朝旭：《多元语境中的企业社会责任运动》，中国社会科学网，2015年6月25日。

[101] 郭冉：《古典社会契约理论与国家》，《国家地理》2013年第1期。

[102] 罗纳德·英格尔哈特：《迈向后现代社会的价值观念》，共识网，2013年1月4日。

[103] 陈健民：《你可能不知道的公民社会》，公民社会网，2009年4月3日。

[104] 南菁：《美国为什么这么强大》，凯迪社区，2012年3月23日。

[105] 邹啸鸣：《普适性人类价值观是和谐的基础》，凯迪网络，2007年11月12日。

[106] 甘培忠、雷驰：《公司社会责任的制度起源与人文精神解构》，《北京大学学报（哲学社会科学版)》2010年第2期。

[107] 赵晓：《有十字架的变革与无十字架的变革》，共识网，2010年6月30日。

[108] 戈兰·海登：《"公民社会""社会资本"与发展》，《马克思主义与现实》2000年 第1期。

[109] 戴研:《公民社会理论及其价值观刍议》,《东方法眼》2009年12月16日。

[110] 丁学良:《公民社会与商人阶层不对立》,凯迪网络, 2009年8月6日。

[111] 苏力:《从契约理论到社会契约理论》,天益社区, 2007年6月6日。

[112] 杨民:《改革开放与普世价值》,《炎黄春秋》2008年第12期。

[113] 王治河:《当代西方的"企业社会责任运动"》,《人民论坛》2001年第7期。

[114] 陈春花:《价值型企业的8个共性》,公众号"春暖花开", 2018年4月12日。

[115] 汤春来:《美国公司社会责任的流变及其启示》,《法学论坛》2006年第3期。

[116] 林军:《美国企业的社会责任及对我国的启示》,《经济管理》,2004年第1期。

[117] 王凌飞、陈亚楠:《德国企业社会责任信息披露制度及对我国的启迪》,搜狐网,2020年5月19日。

[118] 中华人民共和国旧金山商务室:《美国硅谷的发展情况介绍》,中华人民共和国驻旧金山商务处,2008年6月27日。

[119] 徐静波:《中国人被蒙了20年》,《陀螺财经》2020年6月21日。

[120] 杨文佳:《从"时间就是金钱,效率就是生命"到"新发展理念"》,中央纪委国家监委网站,2018年11月26日。

[121] 陈斯文:《枪与半导体:上一场科技世界大战》,搜狐网,2020年6月29日。

后　记

　　谨以此书向生生不息、勠力前行的中国商人，向保护大众生命健康、以生命抗击新冠病毒肺炎疫情的白衣天使，表达最崇高的敬意！

　　感谢命运，使我能够在近年职业生涯中，始终工作在企业，能够对企业有一些较为全面的认知。感谢本书参考和引用的文献。应该说，此书的成稿，完全是站在这些理论和思想巨人的肩膀上。严格来讲，本书只是对这些理论和思想进行了归纳、整合。这里，我最需要感谢的还是我的爱妻李书爱。她像女神一样给予这个家、给予我倾心的爱护、呵护。她也是一位医护工作者，在一家医院工作，直至退休。爱妻来到我的身边，是上苍赐予我的最大幸福。

　　在此，特别祈求上苍保佑令人肃然起敬的医护人员和商人！